डॉक्टर हर दिन लाखों जन्म और पुनर्जन्म जीते हैं। यह एक ऐसा जीवन है, जो डॉक्टरों के अलावा कोई नहीं जी सकता। ज़िंदगी और मौत, जीत और हार के अनुभव कुछ डॉक्टरों की आत्मा को उस हद तक ट्रांसफॉर्म कर देते हैं, जहां तक पहुंचना सिर्फ एक योगी के लिए संभव है। डॉ. सरोज भी कुछ ऐसे ही हैं। वह कमाल के गैस्ट्रोएंटेरोलॉजिस्ट, और मरीज़ों को समझने वाले एक नेक इंसान हैं। अपनी किताब 'Rx फॉर रेज़िलिएंस' में उन्होंने अपनी ज़िंदगी के एक मुश्किल दौर के बारे में लिखा है जिसने उन्हें खुद को और करीब से जानने में मदद की। उन्होंने बहुत ही खूबसूरती से बताया है कि कैसे डॉक्टर इतनी सारी चुनौतियों के बावजूद एक खुशहाल और संतुष्ट ज़िंदगी जी सकते हैं। ये किताब हर डॉक्टर को ज़रूर पढ़नी चाहिए। और हां, आम लोगों को भी ये किताब पढ़नी चाहिए, ताकि वे डॉक्टरों की ज़िंदगी को समझ सकें।

डॉ. शिव के सरीन,

एम.डी., डी.एम., डी.एस.सी. (मानद)

सीनियर प्रोफेसर, हेपेटोलॉजी विभाग,

कुलपति और निदेशक

यकृत एवं पित्त विज्ञान संस्थान, नई दिल्ली

अध्यक्ष, राष्ट्रीय आयुर्विज्ञान अकादमी (भारत)

डॉ. सरोज दुबे ने अपनी इस पुस्तक में, अपने व्यक्तिगत जीवन में 'ध्यान/सचेतनता' (mindfulness) के अभ्यास की यात्रा और उससे अपने जीवन में आए परिवर्तन को साझा किया है। अपनी इस कहानी के माध्यम से, वे आज के जाने-माने आध्यात्मिक गुरुओं के उद्धरणों और शिक्षाओं के द्वारा पाठक को सचेतनता की मूल अवधारणाओं से परिचित कराते हैं। डॉ. दुबे ने बड़ी ही सुंदरता से दैनिक जीवन में सचेतनता की शक्ति को दर्शाया है।

—एलन सील

अवार्ड विनर राइटर, मोटिवेशनल स्पीकर, लीडरशिप और ट्रांसफॉर्मेशन कोच, तथा सेंटर फॉर ट्रांसफॉर्मेशनल प्रेज़ेंस के संस्थापक और निदेशक हैं।

एक डॉक्टर शायद ही अपनी कमी को उजागर करता है। लेकिन डॉ. सरोज अपनी वल्नेरबिलिटी को सहर्ष स्वीकार करते हैं। वे साझा करते हैं कि कैसे एक मरीज़ की मृत्यु ने उन्हें भय और निराशा के भंवर में पहुंचा दिया था। पुस्तक 'Rx फॉर रेज़िलिएंस' को खास बनाने वाली बात है लेखक के जीवन के अनुभवों से उपजी ध्यान की प्रज्ञा। यह पुस्तक व्यक्ति को अपनी वल्नेरबिलिटी को ईमानदारी से स्वीकार करने और ज़िंदगी के कड़वे अनुभवों के प्रति समर्पण करने का विवेक जागृत करती है। सोच-विचार और कर्म में उलझे इस संसार में, 'Rx फॉर रेज़िलिएंस' व्यक्ति की सहजता और उसके अस्तित्व पर रोशनी डालती है। यह पुस्तक उन सभी लोगों के लिए ज़रूरी है, जो अपने मूल स्वरूप से जुड़ने की राह तलाश रहे हैं।

—अजय कालरा

Thrive (थ्राइव) के लेखक, मनोचिकित्सक और माइंडफुलनेस कोच

डॉ. सरोज की प्रोफेशनल लाइफ़ में आए एक चुनौतीपूर्ण वाकये ने उनके मन में ज़िंदगी के मकसद को लेकर गहरे सवाल खड़े कर दिए। इसने उन्हें एक ऐसी राह पर अग्रसर किया, जिस पर यात्रा करते हुए उन्हें आत्मज्ञान मिला। 'Rx फॉर रेज़िलिएंस' सरोज की खुद को जानने की इसी कोशिश के बारे में विस्तार से बात करती है और उन लोगों के लिए एक बेहतरीन गाइडबुक है जो अपनी असली पहचान को समझना चाहते हैं।

-डेविड बिंघम

आध्यात्मिक गुरु और Effortless Being (एफर्टलेस बीईंग) के लेखक

दुनिया भर के डॉक्टरों के साथ भी वैसी घटनाएं होती हैं जिसने डॉ. दुबे की ज़िंदगी और उनके काम करने के तरीके को बदल दिया। लेकिन डॉक्टरों की दुनिया में, दुख को अंदर ही अंदर सहने का चलन है, खासकर जब हमसे कोई गलती हो जाए या कुछ बुरा हो जाए। हमें कभी सिखाया नहीं जाता कि अपने दुख या तकलीफ के साथ कैसे रहें। अक्सर हमें जल्दी से आगे बढ़ने को कहा जाता है। डॉ. दुबे हमें एक अलग और बेहतर तरीका बता रहे हैं - इस पल में जो है उसे स्वीकार करके ठीक होना। इससे हमारे जीने और काम करने का नया तरीका निकलता है।

उनकी ईमानदारी और हिम्मत (वल्नेरबिलिटी) डॉक्टरों के लिए एक तोहफ़ा है। उनके शब्द हमें जगा रहे हैं कि हम डॉक्टरों को अपने और एक-दूसरे के दुख के बारे में सोचने का नया तरीका अपनाना चाहिए।

- डॉ. रीना कोटेचा

चिकित्सक और Mindful Medics (माइंडफुल मेडिक्स) की फाउंडर

Rx फॉर रेज़िलिएंस
(Rx for Resilience)

वर्तमान में जीने और खुश रहने का
एक डॉक्टर का नज़रिया

डॉ. सरोज दुबे

HOLISTIC Publishing

Published by “The Great Indian Book Tour”
Imprint : **Holistic Publishing**
www.tgibt.com
106/91, Ashok marg, Vijay path
Mansarover, Jaipur, Rajasthan-302020
Phone : +91-72400-68114
email : prashant@tgibt.com

Title : **Rx फॉर रेज़िलिएंस**
Author : **डॉ. सरोज दुबे**

First published in 2025
First Edition 2025
Printed in India
Printer : Repro Printers
ISBN : 978-93-93262-77-6
Price : 299

अनुक्रमणिका

भूमिका

कुछ किताबें ज़िंदगी में ऐसे आती हैं जैसे ऊपरवाले ने कोई पैगाम भेजा हो। डॉक्टर सरोज दुबे की किताब मेरे लिए भी कुछ ऐसी ही थी। जब सरोज ने तकरीबन एक साल पहले मुझे ये किताब भेजी थी और एडिट करने की गुज़ारिश की थी, उस वक़्त मैं कई बीमारियों से जूझ रही थी। इलाज का भी कोई असर नहीं हो रहा था, जिससे मुझे अपनी बीमारी की वजह से होने वाला वो भयानक डर बार-बार सताने लगा था।

मैं आम तौर पर पांडुलिपियां संपादित नहीं करती, लेकिन इस पुस्तक पर एक बार सरसरी नज़र डालने पर ही इसकी अहमियत समझ आ गई और मैं संपादन कार्य के लिए तैयार हो गई। हालाँकि मैं अपनी आध्यात्मिक यात्रा में हमेशा से 'अद्वैत' की गहरी अध्येता रही हूँ, फिर भी इस पुस्तक का हर अध्याय पढ़ते हुए मुझे नए दृष्टिकोण और साधना के नए तरीके सीखने को मिले। महीनों तक, मेरी रोज़ की साधना में ये गतिविधियां शुमार रहीं — कुछ पन्ने पढ़ना, उन्हें संपादित करना और उनकी बातों को आत्मसात करना। इस पुस्तक में कई चीज़ों ने मुझे आकर्षित किया, और मैंने उन्हें अपना लिया। इसे पढ़ने के बाद विचारों, भावनाओं, और शारीरिक संवेदनाओं के प्रति मेरी समझ और गहरी हुई। पुस्तक की सबसे खास बात है, सरोज का चीज़ों को दिल से समझाना। स्वीकृति, ध्यान, भय, कोमलता (वल्नेरबिलिटी) जैसे भावों, जीवन में विचारों और भावनाओं की भूमिका, या फिर अपने अंत:करण का दायरा बढ़ाने जैसे मुश्किल कॉन्सेप्ट्स को उन्होंने अपने तजुर्बे से जोड़कर समझाया है। यह उनके समझाने के तरीके का ही कमाल है कि ये बातें दिलचस्प, जुड़ने लायक, और आसान लगने लगीं। जब मैंने एडिटिंग खत्म की, तब तक मेरी सेहत का सबसे बुरा दौर भी बीत चुका था। अब मैं शारीरिक रूप से तो ठीक थी ही; मानसिक, भावनात्मक, और आध्यात्मिक रूप से भी मैं पहले से एक बेहतर जगह पर थी। इसके लिए, मुझे सरोज और उनकी खूबसूरत किताब का शुक्रिया अदा करना चाहिए।

"Rx फॉर रेज़िलिएंस" की शुरुआत एक दुखद हादसे से होती है - सरोज की एक मरीज़, रश्मि की मौत के साथ। इससे सरोज बहुत गहरे सदमे में

चले जाते हैं। लेकिन एक सच्चे आध्यात्मिक योद्धा की तरह सरोज अपने डर, अपमान, असफलता, दुख, और बाकी सभी भावनाओं का हिम्मत के साथ सामना करते हैं। वह इन भावनाओं के साथ धैर्य के साथ पेश आते हैं, और धीरे-धीरे उनकी मानसिक उथल-पुथल और वेदना, शांति-सुकून में बदल जाती है। जैसा कि वो खुद कहते हैं, "जब मैं अपने गहरे डर और भय से घिरा था, तो मैंने देखा कि उस एहसास के चारों ओर धीरे-धीरे एक छोटी सी जगह बन गई थी। और ऐसा लगता था जैसे यह जगह हर स्थिति को खुलेपन के साथ और निःसंकोच गले लगा रही हो। कैसा विरोधाभास था यह - एक तरफ तो अकल्पनीय दुख और लाचारी थी, फिर भी साथ ही, एक शांति और सुकून था जो डर के एहसास से कहीं बड़ा था।" यही तो असली आध्यात्मिक शक्ति है जो सरोज को एक अनुभवी साधक के रूप में चिह्नित करती है।

इस किताब में सरोज का पूरा ध्यान इस बात पर है कि कैसे हम अपने अंदर झांकें। वो हमें हमारी भावनाओं की गहराइयों में ले जाते हैं और बताते हैं कि किस भावना का असर शरीर के किस हिस्से पर होता है। वो कहते हैं, 'अपने अंदर के डर, दिल की अनियंत्रित धड़कन, पेट में उमड़ने वाली अस्थिरता, इन सबके साथ तब तक रहो जब तक इन भावनाओं के आस-पास की जगह बढ़ती हुई न लगे।' यही 'वर्तमान' है, यही असली हम हैं, एक विशाल और प्रेमपूर्ण जगह जो हमें पूरा करती है, हमें स्वयं को फिर से पाने में मदद करती है।

सरोज कहते हैं, 'जब हम अपनी गहरी भावनाओं और दर्द को करीब से महसूस करना सीख लेते हैं, तो हमें पता चलता है कि उन्हें एक बड़े से, खुले दिल में जगह दी जा सकती है। एक ऐसी जगह जो शांत और बिना किसी जजमेंट के हो, जहां सबसे गहरे दर्द को भी जगह मिल सके। यह जगह संपूर्णता और करुणा से भरी है और हमारी सभी भावनाओं को प्यार से गले लगाती है। यही हमारा असली स्वभाव है, और यह अविनाशी है।' सरोज जिस मजेदार बात पर हमारा ध्यान खींचते हैं, वो ये है कि हमें अपनी भावनाओं, विचारों या उन सारे दर्द और परेशानियों के बारे में कुछ करने की ज़रूरत नहीं है, जिन्हें हम ढोते रहे हैं। हमें बस उनके साथ बैठना है, वो खुद ही हमारे असली रूप में समा जाएंगे।

यह सच है, और हम इसे नहीं भूल सकते कि एकांत में बैठना और खुद में डूबना सबसे मुश्किल काम है। कोई भी इंसान जब तक अपने अंदर की गहराइयों में नहीं जाता, तब तक उसे तरह-तरह की तकनीकों, थेरेपी, गुरु

ज्ञान और तीर्थ यात्राओं से गुजरना पड़ता है। लेकिन इस पुस्तक के लेखक डॉ. सरोज़ ने तो इस मामले में भी हमारा पूरा ख़याल रखा है! पता नहीं कहां-कहां से इतने सारे लेखकों की किताबें पढ़ डाली हैं, जिनके ज़रिये वह हमें अपने अंदर झांकने, अपने विचारों की सीमा से बाहर जाने, मौज़ूदा पल को जीने और अपनी भावनाओं को समझने के सहज, आसान तरीके बताते हैं।

ये रही एक बात जिसने मेरे लिए ध्यान के नए रास्ते खोल दिए। पहले, ज़्यादातर ध्यान करने वालों की तरह, मैं भी एकदम शांति चाहती थी। जब पड़ोसी के घर से ड्रिल मशीन की आवाज़ आती, तो मेरा ध्यान भंग हो जाता और मैं झुंझला उठती। पर सरोज ने मेरी सोच बदल दी। उन्होंने समझाया कि आवाज़ें हमें वर्तमान में वापस लाती हैं। हमें उन्हें नकारना नहीं चाहिए, बल्कि उन्हें अंदर आने देना चाहिए। उन पर प्रतिक्रिया करने की ज़रूरत नहीं, बस उन्हें होने देना है। उन्होंने बताया कि वो तो एयरपोर्ट की सारी आवाज़ों को भी एक संगीत की तरह सुनते हैं, जो उन्हें ध्यान की गहराई तक ले जाती हैं! ऐसी कई सरल तकनीकें हैं जो हमें और ज़्यादा जागरूक बना सकती हैं। इस किताब का हर अध्याय सरोज के निजी अनुभव, विचार, बेहतरीन बातें, तकनीकें और उन्हें अभ्यास में लाने की रोचक जानकारी से भरा है। ये किताब ध्यान की मेरी समझ को एक नया आयाम देती है। अध्याय के अंत में अभ्यास के लिए कुछ सुझाव भी दिए गए हैं, जिन्हें जीवन में उतारने के कई फायदे हो सकते हैं।

किताब खत्म करने के बहुत बाद तक कुछ उद्धरण मेरे दिल और दिमाग में गूंजते रहे। बौद्ध शिक्षक, पेमा चोड्रोन की किताब 'व्हेन थिंग्स फॉल अपार्ट' में एक बात बड़ी गहरी लगी - वो कहती हैं कि जब हम बार-बार खुद को मुश्किलों के सामने लाते हैं, तभी हमारे अंदर की अटूट शक्ति बाहर आती है। इसी किताब का एक अध्याय, 'एम्ब्रेस द प्रेज़ेंट मोमेंट', लेखक मार्क नेपो की एक खूबसूरत सीख देता है। मार्क नेपो कहते हैं: 'हमें अपने जीवन में परिस्थितियों की गहराई में उतरना चाहिए, और जो भी हमारे सामने आए, उसे पूरे दिल से स्वीकार करने की हिम्मत जुटानी चाहिए।' और इन पंक्तियों में बायरन केटी सच्चाई की ओर इशारा करती हैं: 'अगर तुम सच में कंट्रोल चाहते हो, तो इस भ्रम को छोड़ दो कि तुम सब कुछ कंट्रोल कर सकते हो। ज़िंदगी को खुद जीने दो, वैसे भी वो यही करती है।'

किताब के आखिरी हिस्से में, सरोज इस बात पर खुलकर लिखते हैं कि जब हम 'मौजूदा पल' में जीना शुरू करते हैं, तो हमें क्या-क्या अनमोल तोहफे

मिलते हैं। वो कहते हैं कि ज़िंदगी की छोटी-छोटी चीज़ों में भी अचरज और विस्मय छुपा होता है, बस हमें उसे देखने की ज़रूरत है। जब हम एक काम पर अपना पूरा ध्यान लगाते हैं, तो हमारी कार्यक्षमता में जबरदस्त इज़ाफा होता है। ये तोहफे यहीं खत्म नहीं होते। सरोज आगे बताते हैं कि वर्तमान में जीने से हमें रचनात्मकता का वरदान मिलता है, जिससे हम नई चीज़ें सीखते हैं और अपनी सोच को नया आयाम देते हैं।

अगर आप आध्यात्मिक रास्ते पर चल रहे हैं, सब कुछ त्याग कर 'स्वयं' की पहचान तलाशने में लगे हैं, तो ये किताब आपके लिए किसी खजाने से कम नहीं है। लेकिन अगर आप अब भी ये समझने में लगे हैं कि अध्यात्म में आपकी कितनी दिलचस्पी है, तो भी ये किताब आपके लिए बिल्कुल सही है। ये किताब आपको अध्यात्म की दुनिया के बारे में एक नया नजरिया देगी, आपके अंदर के सवालों के जवाब ढूंढने में मदद करेगी। मैं तो कहती हूँ, चाहे हम कहीं भी हों, चाहे हमारे जीवन में कितनी भी व्यस्तता हो, ये किताब हमारे बेड के पास होनी ही चाहिए। सुबह उठते ही या रात को सोने से पहले इसके कुछ पन्ने पढ़ने से हमारे मन को एक अलग ही शांति और सुकून मिलेगा। ये बिल्कुल वैसी है जैसी डॉक्टर के नुस्खे पर लिखी दवाएं, जिन्हें हम समय पर लेना नहीं भूलते हैं!

सुमा वरुगीस एक लेखिका हैं. वह "**द ज़ेन ऑफ गुड राइटिंग कोर्स**" की फाउंडर और प्रेरक (facilitator) हैं, और साथ ही वह Life Positive और Society मैगजीन की पूर्व संपादक भी हैं।

अपनी बात...

'क्या आप कोई किताब लिखने के बारे में सोच रहे हैं?'

मुझे एक सेल्फ-पब्लिशिंग कंपनी से मैसेज आया था। वो पूछ रहे थे कि मैं किताब लिखने में इंट्रेस्टेड हूं क्या। उन्होंने बताया कि कैसे वो मेरे इस ड्रीम को पूरा करने में मदद कर सकते हैं। मैं पहले तो ये सुनकर ही हैरान रह गया। मेरे कई शुभचिंतकों ने मुझसे कहा था कि अपने आर्टिकल्स वगैरह को एक किताब की शक्ल दे दूं, लेकिन इस आइडिया पर मैं काम कर भी सकूंगा या नहीं, मुझे इसमें संदेह था। एक तो डॉक्टर की इतनी बिज़ी लाइफ़ में वक्त की मारामारी, और मैं जैसे-तैसे अपने अनुभवों को अगर समेट भी लूं तो उसे पब्लिश कौन करेगा? और सबसे बड़ी बात, कौन पढ़ेगा मेरी किताब? मैंने उस टाइम तो किताब के आइडिया को साइड में कर दिया, पर यह बात दिमाग में कहीं बैठ गई थी।

मुझे "सेल्फ-हेल्प जंकी" कहलाने में ज़रा भी गुरेज़ नहीं है। मैंने "पर्सनल डेवलपमेंट," "सेल्फ-हेल्प," और "स्पिरिचुअलिटी" पर इतनी किताबें पढ़ डाली हैं कि अगर कोई गिनती करे, तो शायद मुझे जेल हो जाए! .....मज़ाक कर रहा हूं, लेकिन हां, मैंने वाकई इस विषय पर खूब पढ़ा है। लेकिन ये सिर्फ किताबें ही नहीं थीं जिन्होंने मुझे बदला। ज़िंदगी में एक बहुत बड़ा वाकया हुआ, जिसने मुझे हिलाकर रख दिया। उस दर्द ने मुझे एक ऐसी भूख, एक ऐसी प्यास दी, जो सिर्फ किताबों से नहीं बुझ सकती थी। मैं जानना चाहता था कि ज़िंदगी क्या है, मेरा वजूद क्या है, मैं असल में कौन हूं। यहां से शुरू हुआ एक सफ़र, एक तलाश, जो मुझे किताबों से बहुत आगे ले गई। ये तलाश मुझे उस जगह ले गई जहां हर लम्हा मायने रखता है, जहां ज़िंदगी खुली हुई है, जहां हर चीज़ में एक अजीब सा विस्मय है। अब बस यही लगता है कि ये जो मैंने सीखा है, जो मैंने जिया है, वो सब किसी को बताऊं। शायद मेरी कहानी किसी और के काम आ जाए, किसी और को राह दिखा दे। इसलिए, इसे लिखने की, बांटने की इच्छा है।

थोड़े सदमे के साथ, अपने तजुर्बों से मुझे एहसास हुआ कि मैं ज़िंदगी के ज़्यादातर हिस्से में बस नींद में चलता रहा हूं। डॉक्टर के तौर पर मैं एक कामयाब और आरामदायक ज़िंदगी तो जी रहा था, लेकिन ऐसा लगता था

कि मैंने ज़िंदगी की ऊपरी परतों को ही छुआ है, उसकी असली गहराइयों में उतरा ही नहीं। मेरे ज़्यादातर फैसले, चुनाव, वो सब अब मुझे अपने आप लिए गए, पहले से तय, और दूसरों के विचारों से प्रभावित लगते हैं। जैसे मैं किसी और की ज़िंदगी जी रहा था, अपनी नहीं। और तो और, ऐसा भी लगता था कि मैं ज़िंदगी से सौदेबाज़ी कर रहा था, लगातार अच्छे पलों को चुन रहा था और बुरे पलों को नकार रहा था। जैसे ज़िंदगी कोई मेला हो, जहां से मैं सिर्फ अपनी पसंद की चीज़ें उठा रहा हूं।

ज़िंदगी में आगे बढ़ने का यही तरीका सही लगता था, पर अब समझ आया कि ये कितना सीमित और दकियानूसी था। जैसे-जैसे मेरी 'समझ' विकसित हुई, मुझे यह एहसास होने लगा कि हर पल को 'हां' कहने से ज़िंदगी आसान और खुशनुमा हो जाती है। हर लम्हा नई संभावनाओं से भरा है, बस हमें दिल खोलकर और उत्सुकता के साथ उसे जीना आना चाहिए।

अक्सर हम अपने मन के दायरों में ही उलझे रहते हैं, विचारों और भावनाओं की उथल-पुथल में। हमें लगता है कि हम अकेले हैं, बाकी दुनिया से अलग-थलग। लेकिन जब हम मन को शांत, खुला और वर्तमान में रखते हैं, तो हमें एक नई चेतना, एक नई जागरूकता का एहसास होता है, जो बहुत सुकून देने वाला होता है। तब हमें ये भी समझ आता है कि हमारे मन में जो आवाज़ें गूंजती हैं, जो कहानियां चलती हैं, वो बस हमारे मन का एक हिस्सा हैं। हमारे अंदर एक बहुत बड़ा हिस्सा अभी भी अनछुआ और अनजाना है। जैसे हमारी आंखें पहली बार खुली हों। मार्सेल प्रूस्त ने बिल्कुल सही कहा था, "नई जगहों को ढूंढने में नहीं, बल्कि नई नज़र से देखने में ही असली खोज है।"

हम में से कई लोगों ने ये भी महसूस किया होगा कि भले ही चीजें ऊपर से बिल्कुल सही और अच्छी दिखें, फिर भी अंदर ही अंदर कोई बहुत बड़ी कमी रह ही जाती है। हम हमेशा कुछ ऐसा पाने की कोशिश में लगे रहते हैं, जिससे सब कुछ एकदम सही हो जाए, लेकिन वो पल कभी आता नहीं दिखता। इस किताब के ज़रिए मैं एक छोटी सी, लेकिन गहरी बात बताना चाहता हूं। ये बात नई नहीं है, लेकिन मैंने इसे अपनी ज़िंदगी के तजुर्बों से सीखा है। दरअसल, यही पल, अभी का पल ही हमारा असली ठिकाना है, हमारा सुकून है, यही पल काफ़ी है और इसी में हम पूरे भी हैं। इसका मतलब यह नहीं है कि हमारे पास कोई ख्वाहिशें, प्लान या सपने नहीं होने चाहिए। उन्हें पूरा करना इंसान होने का एक बहुत ही खूबसूरत हिस्सा है, लेकिन ये किसी 'कमी' के एहसास की वजह से नहीं होने चाहिए। जब हम अभी में,

इस पल में खुद को 'पूरा' महसूस कर पाते हैं, बिना कुछ ठीक करने, दबाने या बदलने की ज़रूरत के, तभी हम एक खुशहाल और संतुष्ट ज़िंदगी जी सकते हैं और अपने दिल की चाहतों को पूरा करने की तरफ बढ़ सकते हैं।

जब हम दिल खोलकर जीना शुरू करते हैं, तो सच्ची ख़ुशी और संतोष मिलता है। दिल खोलकर जीने का मतलब है कि हम अपने जीवन के हर पहलू को बिना अस्वीकार या दबाए स्वीकार करने को तैयार हैं। हम अपनी वल्नेरबिलिटी, डर और अंधेरे को स्वीकार कर सकते हैं, बजाय उन्हें छिपाने के। हम अपनी विफलताओं और असुरक्षा को बिना किसी झिझक के गले लगाने को तैयार हैं। जब हम अपनी सभी भावनाओं को स्वीकार करते हैं और उन्हें पूरी तरह महसूस करते हैं, तभी असली जादू होता है। मुझे 'जादू' शब्द और इसकी संभावनाएं बहुत पसंद हैं। मैंने तो भावनाओं और उनके जादू पर एक पूरा अध्याय ही लिख दिया है। मेरे अनुभवों ने मुझे भयानक डर और निराशा के करीब ला दिया, और केवल कृपा ने ही मुझे इसे पूरी तरह से अनुभव करने में मदद की, बिना इसकी तीव्रता को कम किए। इसे और करीब लाने और इसके साथ मौजूद रहने की कोशिश में, मैं शांति और निडरता की गहरी भावना का अनुभव करने में सक्षम हो पाया। मुझे उम्मीद है कि इस किताब को पढ़ने से आपको इस बात का भरोसा हो सकता है कि 'जादू' किसी के भी साथ हो सकता है, चाहे उसकी स्थितियां कितनी भी निराशाजनक क्यों न लगें।

अपने इस सफर में मैंने ये बात समझने की कोशिश की है कि अपने अंधेरों का जितना सामना करने लिए और अपनी ज़िन्दगी के हर हिस्से को अपनाने के लिए मैं जितना ही अधिक तैयार होता हूं, मुझे ज़िन्दगी से उतनी ही ज़्यादा ख़ुशी और अचंभा मिलता है। जैसे खलील जिब्रान ने कहा है: 'दुख तुम्हारे अंदर जितना गहरा उतरता है, उतनी ही ज़्यादा ख़ुशी तुम समेट सकते हो।' हम अपने आस-पास घटित हो रही चीज़ों से जितना ही सरोकार रखते हैं, उनके बारे में जितना ज़्यादा उत्सुक रहते हैं, हमें उतने ही ज़्यादा विस्मय, प्रवाह और अचरज के मौके मिलते हैं।

और सबसे ज़रूरी बात, ये किताब "होने" (बीईंग) और "करने" (डूईंग) के बारे में है। ये बताती है कि कैसे हम अपने 'करने' की आपाधापी को, अपने 'होने' की स्थिरता के साथ जोड़ सकते हैं। कैसे हम एक सक्रिय और ऊर्जावान ज़िन्दगी जीते हुए उस निहायत ज़रूरी शांति और गहराई को न खोएं, जो कहीं हमारे भीतर बिल्कुल कोर में मौजूद है। जीवन में भले ही कितनी भी

मुश्किलें आ जाएं, हमें अपने अंदर की शांति और गहराई से रिश्ता नहीं तोड़ना चाहिए। ये अंदरूनी सुकून और शांति ही हमें ज़िन्दगी के उतार-चढ़ाव से पार पाने की शक्ति देती है। अगस्त 2023 में, पुणे में मुझे TEDx Talk में अपनी बात रखने का अवसर मिला था। वहां मैंने इस किताब के कुछ आइडियाज़ शेयर किए। इसमें मैंने बताया कि कैसे हम अपनी भागदौड़ भरी ज़िन्दगी में, अपने अंदर की शांति को बनाए रख सकते हैं, और कैसे "होने" और "करने" के बीच संतुलन बिठा सकते हैं।

आप शायद सोच रहे होंगे कि यह किताब किसके लिए सबसे ज़्यादा उपयोगी होगी? हालाँकि मुझे लगता है कि इसे पढ़ने वाला हर कोई इससे कुछ न कुछ सीखेगा ज़रूर, लेकिन यह किताब खासतौर पर उन लोगों के लिए मददगार साबित होगी जो ज़िन्दगी के किसी बड़े मोड़ पर खड़े हैं, जिन्होंने हाल ही में कोई बड़ा सदमा झेला है, और अब खुद को टूटा हुआ और निराश महसूस कर रहे हैं। यह किताब उन लोगों के लिए एक सहारा बनेगी जो अंधकार में भटक रहे हैं, उन्हें हिम्मत और आशा की किरण दिखाएगी। यह उन्हें नकारात्मकता और निराशा का सामना करने की ताकत देगी और उन्हें शांति और ख़ुशी की राह पर ले जाएगी। उन्हें अपने अंदर के डर का सामना करने, कठिनाइयों से लड़ने और अपनी कमज़ोरियों को स्वीकार करने की सीख देगी। यह किताब उन सभी के लिए उपयोगी होगी जो ख़ुशी को और गहराई से समझना चाहते हैं।

इस किताब को पढ़ने का कोई खास क्रम नहीं है। किताब की शुरुआत उस अध्याय से होती है जिसमें मैंने अपनी ज़िन्दगी बदल देने वाली घटना का ज़िक्र किया है। इसके बाद, मैंने ध्यान, स्वीकृति, विस्मय, प्रवाह, और उपस्थिति/अस्तित्व जैसे विषयों को अलग-अलग अध्यायों में छुआ है। साथ ही 'ख़ुशी' के स्वरूप में इनकी उपस्थिति की खोज का प्रयास भी किया है। हर अध्याय के अंत में मैंने कुछ आसान अभ्यास भी दिए हैं, जो इन विषयों को समझने में मदद करेंगे और आपको अपनी सोच के दायरे से बाहर झांकने में सहायक होंगे। 'विचार: वास्तविक लेकिन भ्रामक' और 'तलाश:कौन हूं मैं' वाले अध्याय शायद कुछ लोगों को पूरी तरह से आत्मसात करने में आसान न लगें, लेकिन मैं आपको आमंत्रित करता हूं कि आप इन अध्यायों को बिल्कुल खुले दिमाग से पढ़ें और उनके कथ्य को अपने भीतर समा जाने दें। आदतों के जादू और उन्हें ज़िन्दगी में सकारात्मक भावनाएं पैदा करने के लिए कैसे इस्तेमाल किया जा सकता है, मैंने एक अध्याय इस पर भी शामिल किया है।

एक डॉक्टर के तौर पर, मैंने इलाज के लिए न जाने कितने पर्चे लिखे हैं, लेकिन "Rx for Resilience" मेरे दिल के सबसे करीब है। इस किताब में बताई गई दवाएं — 'मौजूदगी', 'स्वीकार्यता', 'समर्पण' और 'भावनात्मक जागरूकता' — हमें हर एक पल को, बिना किसी डर के और खुले दिल से जीने में मदद कर सकती हैं। विस्मय, आश्चर्य और कृतज्ञता के साथ दिन के अनमोल पलों का आनंद लेने की खुराक, हमें अपनी ख़ुशी वापस दिलाने में मदद करती है, और ज़िंदगी एक खूबसूरत प्रवाह बन जाती है। मेरी दिली इच्छा है कि यह किताब आपके जीवन में शांति, सुकून और ख़ुशी के लिए सबसे अच्छी थेरेपी बन जाए।

डॉक्टर के पर्चे में अक्सर हमें टैबलेट, कैप्सूल, एंटीबायोटिक दवाएं लिखी मिलती हैं, लेकिन 'Rx फॉर रेज़िलिएंस' में लाइफ़ और खुद को समझने के बेहतरीन के नुस्खे दर्ज हैं।

इस पुस्तक पर काम शुरू करने से पहले मैं मान रहा था कि यह मेडिकल डोमेन की कोई टिपिकल किताब होगी। लेकिन जब पहले चैप्टर 'ब्रोकेन ओपेन' से पढ़ना शुरू किया, तो लगा कि विचारों की एक नई दुनिया में प्रवेश कर रहा हूं, जहां हमारे आसपास की चीज़ें तो वही हैं, लेकिन उन्हें देखने-समझने का नज़रिया बिलकुल ज़ुदा।

यह सच है कि हम हमेशा अपने वर्तमान से कटे होते हैं, और अक्सर किसी बनी-बनाई धारणा, बने-बनाए लक्ष्यों के पीछे भाग रहे होते हैं। परेशान रहते हैं कि हम उन कसौटियों पर परफेक्ट उतरेंगे या नहीं।

यह किताब किसी भी पूर्व-निर्मित धारणा या कसौटी पर विफल होने की चिंता से मुक्त करती है। यह हमें अपने वर्तमान से जुड़ना सिखाती है। बताती है कि हम मुश्किल वक्त में भी 'हां' कैसे कह सकते हैं, और कैसे अपने आसपास की चीज़ों में आनंद की तलाश कर सकते हैं।

एक अनुवादक के तौर पर, इस किताब के एक-एक पैराग्राफ़, एक-एक पृष्ठ से गुज़रते हुए मैं तर्क और चिंतन के उस मुकाम तक पहुंचा जहां शायद निजी अनुभवों से, अपनी दिनचर्या के बंधनों को तोड़कर, नहीं पहुंच पाता।

Rx फॉर रेज़िलिएंस' शीर्षक वाला यह नुस्खा हमें हमारे 'होने', 'करने', और 'सोचने' - इन तीनों से जुड़ी व्याधियों के निदान की ओर ले जाता है।

हिंदी पाठकों के लिए मेरा विनम्र सुझाव है कि 'Rx फॉर रेज़िलिएंस' के हर पन्ने को दवा की खुराक के रूप में लें। इसे अपने सिरहाने रखें। सुबह-शाम अनिवार्य रूप से इसकी एक डोज़ लें।

यकीन मानिए, जब तक यह पुस्तक खत्म होगी, तब तक आप खुद अपनी कई सारी समस्याओं को डायग्नोज़ कर चुके होंगे और उसका समाधान भी आपके हाथों में होगा।

मैं आदरणीय डॉ. सरोज दुबे को आभार ज्ञापित करना चाहता हूं कि उन्होंने इस पुस्तक के अनुवाद का अवसर दिया।

- सिद्धार्थ श्रीवास्तव, अनुवादक

1

ब्रोकेन ओपेन (दिल टूटना)

"इस बात से मुझे कोई मतलब नहीं है कि आपने सुखी, समृद्ध लोगों के बीच वक्त गुज़ारा है या नहीं;

मुझे इस बात से मतलब है कि आप टूटे-बिखरे हुए लोगों के साथ कभी बैठे हैं या नहीं।"

-सू फिट्ज़मौरिस

मरीज़ के पेट का एक्स-रे देखकर मैं सन्न रह गया। डायफ्राम के नीचे दाईं तरफ गैस का कॉलम मेरी आशंकाओं को सही साबित कर रहा था। पेट में छेद हो गया था। आसान भाषा में कहें तो एंडोस्कोपी से पित्त की थैली की पथरी निकालते वक्त छोटी आंत में कहीं छेद हो गया था। ये जो ईआरसीपी (एन्डोस्कोपिक रेट्रोग्रेड चोलैंगियोपैंरेग्रोफी) प्रक्रिया होती है ना, इसमें पेशेंट को बेहोश करके एंडोस्कोप से पित्त की थैली वाली नली में छेद करके पथरी निकालते हैं। वैसे तो ये परेशानी एक परसेंट से भी कम लोगों को होती है, लेकिन फिर भी ये हो सकती है, इसलिए हम हमेशा मरीज़ों को पहले ही बता देते हैं। कई बार केस ही पेचीदा होता है और प्रोसीजर करते वक्त डॉक्टरों को लग जाता है कि कुछ गड़बड़ हो सकता है। ऐसे में हम और भी ज्यादा चौकन्ने हो जाते हैं। लेकिन ये प्रोसीजर तो बिल्कुल आसानी से हो गया था, बीस मिनट में खत्म। फिर भी ये गड़बड़ हो गई।

कुछ घंटों बाद जब मैं अपनी मरीज़, रश्मि को देखने गया, तो वो तेज दर्द से कराह रही थी। मैंने फौरन एक्स-रे कराने का फैसला किया। फिर तो मुझे एक डॉक्टर होने का सबसे मुश्किल काम करना था — परेशान परिवार वालों को यह समझाना कि कुछ गड़बड़ हो गई है और अब ध्यान से इसका इलाज करना होगा। मैं रश्मि के पति, बहन और मां से मिला। वे सब चिंता में डूबे

हुए थे। मैंने उन्हें बताया कि मुझे क्या आशंका लग रही है और मरीज़ को ठीक करने के लिए अब हमें क्या-क्या करना होगा। मेरे हिसाब से तो एक और ऑपरेशन ही सबसे सही रास्ता था, क्योंकि सर्जन भी इससे सहमत थे। तो जल्द से जल्द ऑपरेशन की तैयारी शुरू हो गई।

कुछ घंटे चला ऑपरेशन कामयाब रहा और मरीज़ को आईसीयू में शिफ्ट कर दिया गया। ये सब देखकर मैं काफ़ी परेशान था, क्योंकि मरीज़ ने इस प्रोसीजर के लिए मेरा एक हफ्ता मेरा इंतज़ार किया था। उस वक्त मैं बार्सिलोना में चल रही कॉन्फ्रेंस में शामिल होने के लिए गया हुआ था। तब मैंने उन्हें अपने एक साथी डॉक्टर को दिखाने की सलाह दी थी, लेकिन उस परिवार ने मेरी वापसी तक रुकने का फैसला किया, क्योंकि उनको मेरे बारे में अपने किसी भरोसेमंद से पता चला था।

और तो और, उनका एक छह साल का बच्चा भी था, और मैंने तो उनसे वादा किया था कि वो 48 घंटे में घर वापस आ जाएंगी। हां, एक सुकून की बात ये थी कि समस्या को वक्त रहते पकड़ लिया गया था और ये ऑपरेशन कामयाब रहा था। मैंने खुद को समझाया कि मरीज़ को ठीक होने में थोड़ा वक्त तो लगेगा ही, लेकिन इसमें कोई शक नहीं था कि वो बिल्कुल ठीक हो जाएंगी।

लेकिन कई बार हालात आपके सोचने के अनुसार नहीं होते। वे बद से बदतर हो जाते हैं। रश्मि का ऑपरेशन तो हो गया, लेकिन उसके बाद भी उसकी हालत सुधारने के बजाय बिगड़ने लगी। अस्पताल में ही उसे इन्फेक्शन हो गया और उसे वेंटिलेटर पर रखना पड़ा। मुझे समझ ही नहीं आ रहा था कि आखिर गड़बड़ कहां हो रही है। हर दिन बस मुश्किलें बढ़ती जा रही थीं। मैं रोज़ मरीज़ को चेक करता। जब उसकी हालत में कोई सुधार नहीं दिखता, तो मेरा दिल बैठ जाता। ऐसे में मरीज के डरे-सहमे हुए रिश्तेदारों को उसकी मेडिकल कंडीशन के बारे में समझाना, ये और भी मुश्किल था।

अस्पताल प्रबंधन का भी खूब दबाव था, और मैंने पाया कि हर बीतते दिन के साथ हालात और भी मुश्किल,असहनीय होते जा रहे थे। रश्मि तीन हफ्ते तक संघर्ष करती रही, और हर दिन मेरी सांसें उम्मीद और आशंका के बीच झूलती रहीं। आखिरकार, वो बहादुर महिला शरीर में लगातार फैलते हुए इन्फेक्शन के आगे हार गई।

ये खबर जिस पल मुझे रश्मि के परिवार वालों को देनी पड़ी, वो मैं ज़िंदगी भर नहीं भूल पाऊंगा। मुझे उस परिवार, खासकर उस बच्चे के लिए बहुत

गहरा दुख हुआ। इस घटना से मैं भी कमोबेश उसी सदमे से गुजर रहा था जिससे रश्मि का परिवार। मैं इलाज के दौरान हुई इस मौत के नतीजों से भी बेहद डर गया था। मैं उस बच्चे की कल्पना कर रहा था, जो अपनी मां का इंतजार कर रहा होगा, रो रहा होगा। ये सब मेरे दिमाग में लगातार घूमता रहा और मुझे कई दिनों तक नींद नहीं आई। मायूसी, दुख, डर और अपमान का ये जो मिश्रण था, ऐसा मैंने पहले कभी महसूस नहीं किया था, और न ही अपने लिए कभी इसकी कल्पना की थी।

जहां दरार होती है, वहीं से रोशनी भी आती है

डॉक्टरों के लिए ऐसी परिस्थितियों का सामना करना कोई नई बात नहीं है। प्रोसीजर सही होने के बावजूद कई बार जानलेवा समस्याएं हो सकती हैं, हालांकि बहुत से डॉक्टर इसके बारे में खुलकर बात नहीं करना चाहते। ये वो खतरे हैं जिनके साथ हमें जीना सीखना चाहिए। हम खुद को संभालते हैं और आगे बढ़ते हैं, यह जानते हुए कि हमने अपना सर्वश्रेष्ठ दिया और कुछ चीजें हमारे नियंत्रण से बाहर होती हैं। लेकिन इस घटना ने मुझे असहनीय मानसिक वेदना दी और लंबे समय तक तोड़ कर रख दिया।

बाद में जब मैंने इस बारे में सोचा, तो मुझे लगा कि इसमें कोई लॉजिक नहीं है कि क्यों कुछ घटनाएं हमें बहुत गहराई से छू जाती हैं और हमेशा याद रहती हैं, जबकि बाकी वैसी ही घटनाएं बस थोड़ा सा असर करके चली जाती हैं। यही ज़िंदगी की खूबसूरती और रहस्य है। शायद, मेरी आध्यात्मिक खोज और ध्यान करने की आदत की वजह से मुझे पहले ही अंदाज़ा हो गया था कि ये मामला मेरी ज़िंदगी बदल देगा। ज़मीन तो पहले से ही उपजाऊ थी, बस एक दरार की ज़रूरत थी, रोशनी के अंदर आने के लिए।

इस घटना से पहले कुछ चीज़ें हुई थीं जिनसे मैं ज़िंदगी की असलियत के बारे में और जानने की चाहत रखने लगा था। मुझे लगने लगा था कि ज़िंदगी में बस डिग्रियां लेना, पैसा कमाना, परिवार की परवरिश करना और आराम की ज़िंदगी जीना ही नहीं है, बल्कि इसके अलावा भी कुछ और है। लेकिन जब भी मैं ज़िंदगी के सच की गहराइयों में उतरकर सोचना शुरू करता, कोई न कोई ज़रूरी काम आ जाता और मेरा ध्यान भटका देता। इस तरह मैं गहरी बातों को छोड़कर बस सामने जो ज़रूरी काम होता, उस पर लग जाता।

लेकिन इस घटना ने तो मेरी ज़िंदगी हिलाकर रख दी। अपमान, डर और मायूसी का एक अजीब सा मिश्रण था। मरीज़ के जाने के बाद, आगे क्या होगा, मेरी पहचान का क्या होगा, इसका डर मुझे सता रहा था। लेकिन ध्यान करने की आदत और उस दौरान मेरी ज़िंदगी में आई अलग-अलग किताबों और गुरुओं के सान्निध्य ने मेरा साथ दिया। उस घने अंधेरे और निराशा के वक्त में, ये सब मेरे लिए सहारे की तरह थे।

मैंने ठान लिया था कि इस घटना को नज़रअंदाज़ करके अपनी सामान्य ज़िंदगी में नहीं लौटूंगा। मुझे लगा कि इस दुख को पूरी तरह से महसूस करना चाहिए। यही मेरी तपस्या होगी। मुझे याद है, मेरी पत्नी मुझे उदास देखकर दिलासा दे रही थीं, कह रही थीं कि ऐसी बातों को दिल से न लगाऊं, इसमें मेरी कोई गलती नहीं थी। मैंने उन्हें बताया कि मैंने मरीज़ के लिए पूरी कोशिश की थी, ये मेरा अंतर्मन जानता है। कुल के बावजूद, यह मेरी जिंदगी का एक ऐसा मोड़ था, जहां मैं भी चाहता था कि यह मेरे अस्तित्व की बुनियाद को गहराई तक हिला दे ताकि मैं 'सत्य' के असली स्वरूप को समझ सकूं।

मैं अपने डर और हताशा की गहराई में उतरना चाहता था, भले ही वे मुझे निगल जाएं। बौद्ध लेखिका पेमा चोड्रोन की किताब 'व्हेन थिंग्स फॉल अपार्ट' की ये बातें मेरे कानों में गूंज रही थीं: "जब तक हम खुद को बार-बार विनाश के सामने नहीं लाते, तब तक हमारे अंदर जो अविनाशी है, वो हमें नहीं मिल सकता।" मैं ये पता लगाने के लिए दृढ़ था कि वो अविनाशी चीज़ क्या है? या कहें कि इस कोशिश में मैं खुद को पूरी तरह से मिटा देना चाहता था।

जब से होश संभाला है, तब से मैं बाहरी हालात के रहमो-करम पर रहा हूं - और मुझे लगता है ज्यादातर लोगों के साथ यही होता होगा। हालात अच्छे तो मैं खुश, वरना दुखी। मुश्किल वक्त में तो बस दुआ ही कर सकता था कि सब जल्दी ठीक हो जाए। तब तक तो बस जैसे-तैसे दिन काटने की कोशिश करता था।

पहले तो ये सब चल जाता था, लेकिन अब ऐसा लगने लगा था कि अगर ज़िंदगी बस इतनी ही है, तो ये तो किस्मत का खेल है। किस्मत अच्छी तो मज़े ही मज़े, लेकिन अगर हालात खराब हुए तो बस हाथ मलते रह जाओ।

तो क्या आखिर में सब कुछ किस्मत, सितारों या ज्योतिष पर निर्भर करता है? मैं हर हाल में इसका जवाब जानना चाहता था। अगर जिंदगी का खेल ऐसे ही खेला जाना था, तो मैं भी अपना पूरा दम लगाने के लिए तैयार

था। लेकिन ध्यान और मेडिटेशन की वजह से, मुझे ऐसी हकीकत की कुछ झलक दिखने लगी थी जो बाहरी हालात पर निर्भर नहीं थी। अद्वैत वेदांत की शिक्षाओं ने मुझे ये समझाया कि ज़िंदगी और हमारा असली स्वरूप, दोनों ही हमारे अंदाज़े से कहीं ज्यादा विशाल और अनंत हैं। मुझे अल्बर्ट कामू की वो बात याद आई: "सर्दियों के बीचों-बीच, मैंने पाया कि मेरे भीतर एक अजेय गर्मी है।" लेकिन उस गर्मी की झलक तो बस अपने दर्द और टूटे हुए दिल की गहराइयों में उतरकर ही मिल सकती थी। मुझे अपने डर और अंधेरे के आगे समर्पण (सरेंडर) करना था। लेकिन क्या मुझमें इतनी हिम्मत थी कि मैं इस रास्ते पर चल सकूं या फिर मैं बीच में ही कहीं भटक जाऊंगा?

नामंजूर को मंजूर करना

लेखक और आध्यात्मिक गुरु एकहार्ट टोले ने अपनी मशहूर किताब 'द पावर ऑफ नाउ' में लिखा है: "इस दुनिया में बदलाव का सबसे बड़ा जरिया है - जो अस्वीकार्य है, उसे स्वीकार करना।" मेरे साथ यही हो रहा था। मैं अपनी वास्तविकता को स्वीकार ही नहीं कर पा रहा था। मैं अपने दर्द और दुख को सह नहीं पा रहा था। और ना ही मैं इस बात को सह पा रहा था कि मेरी वजह से किसी परिवार को इतने दुख और तकलीफ से गुजरना पड़ा। मुझे लग रहा था कि मैं ही इस घटना के लिए जिम्मेदार हूं और इस अपराधबोध ने मेरे दुख को और बढ़ा दिया था, जिससे पूरी स्थिति मेरे लिए और भी असहनीय हो गई थी।

समझ से परे वाली शांति

मैं अंदर दबे जज़्बातों के वशीभूत होकर बैठ जाता — अंजाम का डर, अपराधबोध, ये खौफ और शर्मिंदगी — काश सब कुछ अलग होता। ये शर्मिंदगी तो ज़्यादा मेरे दिमाग की ही उपज थी। बस यही ख़याल आते — मेरे साथी डॉक्टर मेरे बारे में और मेरे हुनर के बारे में क्या सोच रहे होंगे।

इन जज़्बातों से भागने का कोई रास्ता नहीं था, इसलिए नहीं कि कोई और चीज़ करने को नहीं थी, बल्कि मैं इसके बारे में सोचना बंद ही नहीं करना

चाहता था। मैं चाहता था कि मुझमें इतनी हिम्मत हो कि मैं अपने सारे जज़्बातों को महसूस कर सकूं क्योंकि मुझे लग रहा था कि खुले दिल से सब कुछ महसूस करके ही मैं ठीक हो सकता हूं। फिर रोज़ इन जज़्बातों के साथ बैठे-बैठे, एक दिन मुझे लगा कि कुछ बदलाव आया है। मुझे अपने होने का एक हल्कापन महसूस हो रहा था।

एक रोज़ जब मैं अपने भय और बेचैनी के साथ एकांत में बैठा था, तो मैंने पाया कि मेरी इन भावनाओं के चारों ओर एक छोटी-सी जगह बन गई थी। यह जगह कुछ ऐसी थी जो सब कुछ स्वीकार करने के अंदाज़ में बाहें फैलाए हुए थी। हां, आशंकाएं, हताशा और भय अब भी थे, लेकिन अब ये दम घोंटने वाले या भारी नहीं लग रहे थे। धीरे-धीरे वह जगह बड़ी होने लगी, उसका दायरा बढ़ने लगा। इससे भीतर एक शांति और सुकून का एहसास होना शुरू हुआ। कितना अजीब था ये... एक तरफ तो दुख और हताशा का पहाड़ था, और दूसरी तरफ एक विशालकाय शांति और सुकून जो उस डर से भी कहीं बड़ा था।

ये वाकई मेरे लिए एक ज़बरदस्त प्रकाश था जिसने मेरी ज़िंदगी बदल दी। मुझे एहसास हुआ कि बाहरी तौर पर चाहे जो भी हो रहा हो, लेकिन अंदर मैं एक गर्मजोशी भरे आलिंगन में सुरक्षित था। गहरी निराशा में डूब जाने और सारी उम्मीदों और इच्छाओं को छोड़ देने के बाद ही मुझे अंदर एक रोशनी चमकती हुई महसूस हुई। मैं इसे क्या कह सकता था? क्या यह ब्रह्मांड या परमसत्ता की मौजूदगी थी? मुझे बस इतना पता था कि मौत के साथ इस सफ़र में मुझे वो चीज़ मिल गई थी जो अजेय और अविनाशी थी।

जब हम इस 'विशाल उपस्थिति' तक पहुंचते हैं, तो कुछ बदल जाता है, कुछ अच्छा हो जाता है। हमें पता चलता है कि बाहर चाहे जो भी हो रहा हो, हमारे अंदर एक अटल शांति और स्थिरता है - वो शांति जो हमारी समझ से परे होती है।

ज़िंदगी के इस सफ़र में हम सबको कभी न कभी दिल टूटने का और किसी के चले जाने का सदमा सहना ही पड़ता है। इससे कोई नहीं बच सकता। चाहे शादी टूट जाए, कोई बड़ी बीमारी घेर ले, परिवार का कोई सदस्य चल बसे, नौकरी चली जाए या आर्थिक तंगी के दौर से गुजरना पड़े, दुख तो आना ही है। रोज़ अखबार पढ़ते या खबरें सुनते समय लगता है कि कहीं न कहीं किसी परिवार पर कोई न कोई मुसीबत टूट पड़ी है।

कुछ महीने पहले, मेरे आसपास के इलाके में एक बच्चे की करंट लगने से

मौत हो गई थी, खेलते-खेलते ही। एक और परिवार में चार में से तीन लोग एक हादसे में चल बसे। मैं सोचता रहता था कि जो बच गए, उन पर क्या बीत रही होगी? इतनी बड़ी मुसीबत को वो कैसे झेल पाएंगे?

मुझे लगता है कि हम खुद को जितना श्रेय देते हैं, हम उससे कहीं ज्यादा बहादुर हैं। हम सबमें बहुत कुछ झेल जाने की ताकत है। लेकिन साथ ही, मुझे ये भी लगता है कि इन दोनों में एक फ़र्क ज़रूर होता है—किसी मुसीबत या सदमे से उबरकर ज़िंदगी में आगे बढ़ने में, और पूरी तरह टूटकर बिखर जाने में।

टूट जाना अक्सर एक वरदान सा होता है, क्योंकि ये आपको एक ऐसी चीज़ की तरफ ले जा सकता है जो आपकी ज़िंदगी बदल दे, जो बहुत बड़ी हो और जिसका कोई तोड़ न हो। संभव है कि जब ये सब हो रहा हो, तब हम इसे शांति से स्वीकार न कर पाएं। लेकिन बाद में हमें एहसास होता है कि इसने हमारी ज़िंदगी कैसे बदल दी। मेरे साथ भी यही हुआ। इस घटना के बाद मुझे पूरी तरह समझ आया कि ये मेरी ज़िंदगी में क्यों हुआ था। उस वक्त मुझे लगा था कि ये घटना मुझे कुछ ऐसा सिखाने आई है जिसे मैं कभी नहीं भूल पाऊंगा, लेकिन मुझे यह नहीं पता था कि मैं इसे सह पाऊंगा या नहीं।

दूसरा जन्म/दो बार जन्मा

एलिजाबेथ लेसर, एक मशहूर लेखिका हैं और ओमेगा इंस्टीट्यूट (जहां सेहत, तंदरुस्ती और अध्यात्म पर ध्यान दिया जाता है) की सह-संस्थापक हैं। उन्होंने अपनी किताब "ब्रोकन अपार्ट" में अमेरिकी दार्शनिक, इतिहासकार और मनोवैज्ञानिक विलियम जेम्स की बात कही है। वो कहती हैं कि इस दुनिया में मोटे तौर पर दो तरह के लोग होते हैं: एक बार जन्मे और दो बार जन्मे।

एलिज़ाबेथ कहती हैं कि एक बार जन्मे लोग वो होते हैं जो खुद के बारे में अपनी धारणा और दूसरों की उनसे जो उम्मीदें हैं, उससे बाहर नहीं निकलना चाहते। उन्हें ज़िंदगी के मुश्किल सबक से कुछ नया सीखने की कोई इच्छा नहीं होती है। वो सुरक्षित और स्वीकार्य चीज़ों के साथ ही रहना पसंद करते हैं। कभी-कभी अंदर से आत्मा उन्हें झकझोरती है, लेकिन वो चुपचाप उस

आवाज़ को दबा देते हैं और ऐसे जीते रहते हैं जैसे कुछ हुआ ही नहीं।

इसके उलट, जो इंसान दो बार जन्मा है, वो जब उसकी रूह आधी-अधूरी ज़िंदगी के बादलों में से झांकती है, तो वो उस पर ध्यान देता है। चाहे वो अपनी मर्ज़ी से ऐसा करता हो या किसी मुसीबत की वजह से - हालांकि, ज़्यादातर तो मुसीबत ही होती है। दो बार जन्मा इंसान गलतियां करता है, नुकसान झेलता है, और अपने अंदर की उन चीज़ों का सामना करता है जिन्हें बदलने की ज़रूरत है, ताकि वो एक सच्ची ज़िंदगी जी सके। जहां एक बार जन्मे लोग ज़िंदगी के उतार-चढ़ाव से या तो मुंह मोड़ लेते हैं या फिर बस मजबूरी में झेलते हैं, वहीं दो बार जन्मे लोग मुश्किलों को एक नई शुरुआत की तरह देखते हैं। धोखा, बीमारी, तलाक, मौत, नौकरी छूटना या बदनामी - ये सब एक गहरी और सार्थक ज़िंदगी की तरफ पहला कदम हो सकते हैं।

पीछे मुड़कर देखता हूं, तो लगता है कि किस्मत की मेहरबानी से मैं दो बार जन्मा हूं। इसमें आग से गुज़रना होता है, एक ऐसी आग जो जलाएगी, झुलसाएगी, लेकिन भस्म नहीं करेगी। मेरी ज़िंदगी में कई बड़े मोड़ आए हैं - डॉक्टर बनना, शादी करना, पिता बनना - लेकिन क्या दोबारा जन्म लेने से बड़ी कोई बात हो सकती है? जैसा कि मशहूर अमेरिकी लेखक और व्यंग्यकार मार्क ट्वेन ने कहा है: "तुम्हारी ज़िंदगी के दो सबसे ज़रूरी दिन होते हैं - जिस दिन तुम पैदा होते हो और जिस दिन तुम्हें पता चलता है कि तुम क्यों पैदा हुए।"

इससे गहरी बात ज़िंदगी में क्या होगी कि आप अपने असली रूप को पहचानें और ये जानें कि आप अपनी कल्पना से कहीं ज्यादा महान हैं। पेमा चोड्रोन अपनी शानदार किताब "वेलकमिंग द अनवेलकम" में हमें "टूटे हुए दिल से शुरुआत" करने के लिए प्रेरित करती हैं। वो लिखती हैं कि खुद को अपनी वल्नेरबिलिटी से बचाने की कोशिश हमें ज़िंदगी के पूरे अनुभव से दूर कर देती है। अपनी वल्नेरबिलिटी को स्वीकार करके ही हम अपनी इस रंग-बिरंगी ज़िंदगी के हर पहलू को अपना सकते हैं। अपने कच्चे जज़्बातों और दर्द को महसूस करके, कहानियों में खोए बिना, हम अपने असली रूप को छू सकते हैं।

टूटे हुए दिल की बेचैनी, घबराहट भरी धड़कन, पेट में ऐसी हलचल, जैसे कयामत आने वाली हो, कैसा लगता है इन एहसास के बीच जीना? एक अनिश्चितता को करीब से महसूस करना, उथल-पुथल के बीच थोड़ा सा सुकून ढूंढना, दर्द और डर के कच्चे जज़्बात का डंक लगातार सहना, और

उन्हें अपने दिल में चुभने देना...कैसा लगता है ये सब? सुनने में यह डरावना लग सकता है, लेकिन ये जज़्बाज यकीन दिलाते हैं कि इस नाज़ुक मोड़ पर खुद को छूने की हिम्मत करने से ही हमारा दिल जागता है। एक बार जब हम इस निडर सफ़र पर निकल पड़ते हैं, तो धीरे-धीरे अपने दर्द और दुख के साथ रहने की हमारी क्षमता बढ़ जाती है, और इसके जरिए हम दूसरों के दर्द को पहले से बेहतर समझ पाते हैं।

जब अस्तित्व की बुनियाद खो जाए तो खुद की फिर से तलाश

जब हमारे जीवन में वे सारी निश्चित चीजें अपनी जगह से हिल जाएं, जिनके बीच हम रहने के आदी हैं, अभ्यस्त हैं, तब क्या करें? जब अचानक से हमारे पैरों के नीचे की ज़मीन खिसक जाए, तब कैसे संभलें? जब चंद दिनों में ही हमारी सारी पक्की धारणाएं चकनाचूर हो जाएं, तब कैसे खड़े हों? ये तो ब्रह्मांड हमें अपने असली रूप को खोजने का न्योता दे रहा है। जब आपकी हर वो चीज़ जिस पर आप यकीन करते थे, वो टूट जाए, तब ये जानने का मौका है कि 'आप कौन हैं'। इस घटना के बाद कुछ महीनों तक मैं इन्हीं सवालों से जूझ रहा था। एक काबिल और हुनरमंद गैस्ट्रोएंटरोलॉजिस्ट वाली जो छवि मैंने बड़ी मेहनत से बनाई थी, वो तो जैसे टूटकर बिखर गई थी। अब मैं खुद से ही पूछने लगा था कि मैं असल में हूं क्या? अगर ये छवि टूट गई है, तो क्या एक डॉक्टर होने के अलावा, जिसे गढ़ने में मैंने सालों लगा दिए हैं, मेरी पहचान का कोई और भी अर्थवान पहलू है?

उस वक्त मुझे एहसास नहीं था, लेकिन ये न जानने की स्थिति बहुत ही ताकतवर हो सकती है। जैसे एकहार्ट टोले ने बड़ी खूबसूरती से कहा है: "जब आप अनिश्चितता के साथ सहज हो जाते हैं, तो आपके जीवन में अनंत संभावनाओं के द्वार खुल जाते हैं।" हालांकि जब ये हो रहा होता है, तो ये एक ऐसी अनजानी जगह जैसी लगती है जहां हम आगे बढ़ना ही नहीं चाहते। मैंने हर मुमकिन कोशिश की कि जो कुछ भी पक्का और भरोसेमंद लग रहा था, उसे कसकर थामे रहूं।

मुझे याद है पेमा चोड्रोन ने कहा था कि जब उनकी शादी टूटी थी, तब उन्हें लगा था कि उनकी ज़िंदगी की ज़मीन खिसक गई है। लेकिन बाद में वो अपनी शादी टूटने के लिए हालात की शुक्रगुज़ार थीं। हम सब बस इसी

कोशिश में लगे रहते हैं कि ज़िंदगी में कोई ठोस सहारा मिल जाए, ताकि हमें ये एहसास न हो कि हम हवा में झूल रहे हैं। उन हफ्तों के दौरान, मैंने चाहे कितनी भी कोशिश की, लेकिन मेरे पैरों के नीचे की ज़मीन लगातार खिसकती जा रही थी। आज मैं इसके लिए हालात का शुक्रगुज़ार हूं, क्योंकि उस बेसहारेपन के खौफ ने रोशनी को अंदर आने दिया। इसी अनिश्चितता और अनजानेपन में मैंने अपनी मौजूदगी और अपने होने की असली ताकत को खोज लिया।

दुख की ताकत को कभी कम मत आंकें, खासकर जब उसका सामना हम खुले दिल और करुणा के साथ करते हैं। इससे हमारा दिल बड़ा होता है और ज़िंदगी और भी गहरी और सार्थक बन जाती है। जब हम किसी के जाने या किसी चीज़ के खोने के गम से टूटते हैं, तो ये हमें ज़िंदगी के उस भ्रम से जगा देता है जिसमें हम खोए रहते हैं। लेखक जेफ्री रुबिन का कहना है कि गहरे दुख को गले लगाने से हमारी आंखें खुलती हैं, हम अपनी आलस भरी जिंदगी से बाहर आते हैं और पूरी शिद्दत और ईमानदारी से जीने लगते हैं।

ज़िंदगी का शुक्रिया

हममें से ज्यादातर लोग अपने परिवार और सेहत को हल्के में लेते हैं। जब कुछ गड़बड़ होती है, तभी हमें इनकी असली कीमत समझ आती है। डॉ. सुजाता शर्मा एक इंडियन स्ट्रक्चरल बायोलॉजिस्ट, बायोफिजिसिस्ट और एम्स दिल्ली में बायोफिजिक्स डिपार्टमेंट में प्रोफेसर हैं। वह बताती हैं कि कैसे उनकी ज़िंदगी में गुलियन बेरी सिंड्रोम (तंत्रिका तंत्र से जुड़ी एक कमजोर कर देने वाली बीमारी) एक बिन बुलाए मेहमान की तरह आया, लेकिन जाते-जाते अनमोल तोहफे दे गया। वो अपनी किताब "अ ड्रैगनफ्लाईज़ पर्पज़" में बड़ी खूबसूरती और मार्मिक ढंग से इसे समझाती हैं, "जब तक जीबीएस मेरी ज़िंदगी में नहीं आया था, मैं अपनी ज़िंदगी को पूरा समझती थी। लेकिन अब मैं अपनी ज़िंदगी को दो हिस्सों में बांटती हूं, जीबीएस के पहले और जीबीएस के बाद। जीबीएस के बाद मेरा नज़रिया और ज़िंदगी इतनी बदल गई कि मुझे लगा जैसे मैं बिल्कुल नया इंसान बन गई हूं। जीबीएस से हर पल लड़ते हुए मुझे लगता है कि मैं अपने हर कदम के लायक बन रही हूं। मैं इसे अपना जीबीएस कहती हूं, ये पूरी तरह मेरा है, क्योंकि जीबीएस ने मुझे सिखाया है कि मेरे पास जो भी है, उसके लिए मैं आभारी रहूं।"

दिवंगत भारतीय अभिनेता इरफान खान ने न्यूरोएंडोक्राइन ट्यूमर (अग्नाशय के कैंसर का एक प्रकार) के साथ अपने संघर्ष के बारे में खुलकर बात की थी। इस बीमारी का पता चलने के कुछ महीनों बाद दिए एक इंटरव्यू में, उन्होंने बताया था कि उन्होंने अपनी बीमारी को किस तरह से स्वीकार किया। उन्होंने अपनी ज़िंदगी की तुलना एक तेज रफ्तार ट्रेन से की, जिस पर वो अपनी महत्वाकांक्षाओं और योजनाओं के साथ सवार थे। अचानक टिकट कलेक्टर ने उन्हें थपथपाया और कहा कि आपकी मंजिल आ गई है, अब आपको उतरना होगा। उन्होंने बताया कि जब पहली बार दर्द ने उन्हें जकड़ा, तो वो कितना असहनीय, तीव्र और कष्टदायी था, इसे सिर्फ महसूस किया जा सकता है। उन्होंने कई तरह की दर्द निवारक दवाएं लीं, लेकिन कोई फायदा नहीं हुआ, दर्द तो बस बढ़ता ही गया। उन्हें लगने लगा था कि मानो पूरा ब्रह्मांड ही दर्द का एक समंदर है और कुछ नहीं।

फिर उन्हें अचानक समझ आया कि लड़ने से कोई फायदा नहीं है। बस फिर उन्होंने समर्पण (सरेंडर) कर दिया, दर्द के आगे, ज़िंदगी के आगे, और इस ब्रह्मांड की अद्भुत व्यवस्था के आगे। उस सरेंडर के साथ ही उनके शरीर से एक बड़ा बोझ उतर गया, और उनके ही शब्दों में कहें तो वो 'हल्के और आज़ाद' महसूस करने लगे, मानो पहली बार ज़िंदगी का जादू चख रहे हों। ज़िंदगी का ये जादू क्या था, क्या वो 'विशाल उपस्थिति' नहीं, जो उनके दर्द को गर्मजोशी के साथ थामे हुए थी? समर्पण की इस स्थिति में, उन्होंने बताया कि उन्हें ब्रह्मांड की परमसत्ता पर पूरा भरोसा था और इसी ने उन्हें इस मुश्किल को सहने की अपार शक्ति और धैर्य दिया।

मुसीबतों से टूटकर बिखरने के ये पल ज़िंदगी बदल देने वाले हो सकते हैं। सभी महान गुरुओं ने अपने अंदर के डर और बुराइयों का सामना किया है, और इसी टकराव के जरिए उन्हें अपना असली रूप मिला है। यही वो प्रक्रिया है जिसमें अंधेरा, रोशनी में बदल जाता है, और इसका ज़रिया हमेशा कोई दर्दनाक घटना ही होती है।

कई बार तो किस्मत हमारी बहुत बड़ी परीक्षा लेती है, और ऐसे वक्त में हमें अपने अंदर की गहराई में उतरना पड़ता है। यकीन मानिए इस गहराई का कोई अंत नहीं होता है, जितना चाहें उतना अंदर जा सकते हैं। मुझे एकहार्ट टोले की ये बात बहुत पसंद है, वो कहते है कि हमें किसी भी बड़ी मुसीबत या बीमारी को ज्ञान प्राप्ति के एक अवसर में बदलने की कोशिश करनी चाहिए। वो कहते हैं, "... जब एक बड़ी मुसीबत सामने आती है तो अहंकार की मोटी

परत टूट जाती है और आदमी सरेंडर कर देता है, और यहीं से वो जागृति की ओर बढ़ता है।" गहरे में जाकर चीज़ों को स्वीकार करने और खुद को उनके हवाले कर देने से हम अपने दुख-दर्द को ख़ुशी और शांति में बदल सकते हैं।

ये तो पक्का है कि न तो मैं पहला इंसान हूं जो इस तरह टूटा है, न ही आखिरी। जब तक ज़िंदगी है, तब तक चुनौतियां, उथल-पुथल और दुख के पल तो आते रहेंगे। लेकिन मैंने ये सीखा है कि हमें ऐसे पलों को पूरी तरह से अपनाना चाहिए, उनसे भागना नहीं चाहिए। इन पलों से घबराने की ज़रूरत नहीं होती, क्योंकि हमारा असली रूप हमारे ख़याल से कहीं ज्यादा बड़ा है। सत्य से साक्षात्कार की राह इसी बेबसी, दर्द और नाज़ुक पलों (वल्नेरबिलिटी) में ही छिपी है।

2.

वर्तमान को गले लगाना

वर्तमान में जो कुछ भी है, उसे ऐसे अपना लो जैसे तुमने उसे खुद चुना है। हमेशा इसके साथ काम करो, इसके खिलाफ नहीं। इसे अपना दोस्त और साथी बनाओ, दुश्मन नहीं। यह तुम्हारी पूरी जिंदगी को चमत्कारिक रूप से बदल देगा।

—एकहार्ट टोले

आज सुबह आंख खुली तो मन में एक अजीब सी घबराहट थी, जैसे दिन कुछ ठीक नहीं जाने वाला। वैसे भी आज ऑफ़िस में बहुत काम था, ऊपर से बेटे को तेज़ बुख़ार, करीबी रिश्तेदार की तबीयत नाज़ुक, और शाम को एक लेक्चर भी देना था, जिसकी तैयारी भी पूरी नहीं थी। रही सही कसर पूरी हुई जब ऑफ़िस के लिए निकलते वक़्त ड्राइवर का फ़ोन आया कि अचानक कुछ काम आ गया, आज वो नहीं आ पाएगा। दिमाग़ में बस यही चल रहा था कि कोई जादू-मंत्र मिल जाए जिससे दिन संभल जाए। ऐसे ही मैंने अपनी पसंदीदा किताब, 'द पावर ऑफ़ नाउ', उठाई और अचानक मेरी नज़र इन पंक्तियों पर पड़ी: 'हमेशा वर्तमान को "हां" कहो... ज़िंदगी को "हां" कहो—और देखो कैसे ज़िंदगी तुम्हारे खिलाफ़ नहीं, बल्कि तुम्हारे लिए काम करना शुरू कर देती है।'

एकहार्ट टोले की उस किताब में लिखी यह बात मुझे बहुत पसंद थी, इसलिए मैंने इसे कई बार पढ़ा था। पर यह बात मुझे बहुत अव्यावहारिक भी लगती थी। तो उस दिन, मैंने इसे खुद पर आज़माने का फैसला किया। पूरा दिन मेरा मंत्र "हां कहो" होगा, और मैं इसका नतीजा देखने के लिए दृढ़ था। जैसे ही मैंने धीरे से खुद से "हां" कहा, मुझे लगा कि मेरे ड्राइवर की गैरमौजूदगी से पैदा हुई मेरी चिढ़ और गुस्सा अचानक कम हो रहा है। मेरा

शरीर थोड़ा ढीला पड़ गया।

जैसे-जैसे दिन बीतता गया, इस अहिंसा और सकारात्मक दृष्टिकोण का असर मेरे अंदर साफ दिखने लगा। हां, ये नहीं कि सब कुछ बिल्कुल आसान हो गया या मुश्किलें गायब हो गईं। लेकिन, एक बात जरूर हुई कि अपनी भावनाओं के खिलाफ जाने की इच्छा कम होने लगी। उस दिन से, मैं इस विचार का कायल हो गया और इस तरीके का प्रचारक बन गया। फिर चाहे छोटी-मोटी झुंझलाहट हो या कोई बड़ी अड़चन, जब भी मैंने इस 'तरकीब' का इस्तेमाल किया, इससे मेरी भावनाओं पर गहरा असर पड़ा।

बाद में, अपनी आदत के अनुसार, मैंने पूरी स्थिति का विश्लेषण करने की कोशिश की। मुझे एहसास हुआ कि परिस्थितियां चाहे जो भी हों, अक्सर विरोध ही असली मुद्दा होता है। हम सहज रूप से घट रही घटनाओं का विरोध करते हैं और उन्हें अपने विचारों से लेबल करते हैं, सवाल करते हैं, 'यह मेरे साथ कैसे हो सकता है?', या 'वे ऐसा कैसे कह सकते हैं?' या 'यह काम करने का सही तरीका नहीं है'। वर्तमान स्थिति को स्वीकार न करने के कारण हम लगातार इससे जूझते रहते हैं।

विद्यामाला बर्च, जो एक माइंडफुलनेस एंड कंपैशन टीचर, वक्ता, कोच और पुरस्कार विजेता लेखिका हैं, अपनी किताब "लिविंग वेल विद पेन एंड इलनेस" में एक हड्डी की चोट के कारण अपने जीवन भर की पीठ दर्द की तकलीफों के बारे में बात करती हैं। इस किताब में वो बताती हैं कि दुख दो तरह के होते हैं - प्राथमिक और द्वितीयक। प्राथमिक दुख तो सीधा-सीधा शारीरिक तकलीफ, बेचैनी, या फिर मन के दुख जैसे उदासी या गुस्से से जुड़ा होता है। लेकिन द्वितीयक या दूसरे नंबर का दुख तब पैदा होता है जब हम इन शारीरिक, मानसिक और भावनात्मक दुखों के खिलाफ लड़ना शुरू कर देते हैं। हमारे मन में तरह तरह के ख़याल आते हैं, जैसे "मेरे साथ ऐसा क्यों हो रहा है, ये मुझे पसंद नहीं," या "ये सच नहीं हो सकता," या "मैं ये कैसे सहन करूं?"

एक रात जब दर्द बहुत बढ़ गया, तो उनके दिमाग में एक ही बात बार-बार आ रही थी, 'ये बिल्कुल बर्दाश्त से बाहर है, मैं ऐसे तो नहीं जी पाऊंगी।' अचानक, इसी उथल-पुथल में, उन्हें एक पल के लिए लगा जैसे कोई आवाज़ उसके कानों में फुसफुसा रही हो, 'तुम्हें सुबह तक इससे नहीं गुजरना है। तुम्हें बस इस पल से निपटना है।'

जैसे ही उन्होंने अपनी स्थिति को स्वीकार किया और प्रतिरोध छोड़ दिया

वैसे ही भीतर चल रहा संघर्ष खत्म हो गया। एहसास का वह क्षण महत्वपूर्ण था, जिसने दर्द और प्रतिरोध के साथ एक जीवन भर के सचेत जुड़ाव का मार्ग प्रशस्त किया, और जो अंततः 'ब्रेथवर्क्स' की स्थापना के रूप में सामने आया, जो दर्द प्रबंधन तकनीकों में विशेषज्ञता वाला एक विश्व स्तर पर मान्यता प्राप्त माइंडफुलनेस संगठन है। एक ऐसे परिदृश्य पर विचार करें जहां आप काम के लिए देर से उठते हैं। जैसे ही आप बाहर निकलते हैं, आपको ट्रैफिक जाम का सामना करना पड़ता है जो आपको और अधिक देरी कराता है। आपका दिमाग दिन के दुर्भाग्य, ट्रैफिक सेंस की कमी और दूसरों की कथित गैरजिम्मेदारी के बारे में निराशा की निरंतर कहानी में डूबा रहता है। आप गुस्से में आ जाते हैं और मानसिक रूप से दूसरों को दोष देते हैं। ट्रैफिक जाम बना रहता है, और आपकी बेचैनी तेज हो जाती है। ऑफिस पहुंचने पर आपका मूड पहले से ही खराब हो जाता है, जिससे आपके सहकर्मियों के साथ तनावपूर्ण बातचीत होती है। पूरा दिन इसी नकारात्मकता में डूबा रहता है।

एक पल रुक कर इस प्रतिरोध को महसूस करें। जो कुछ भी हो रहा है, उसका विरोध करना हमारी आदत सी बन गई है। लेकिन क्या सच में इससे कुछ फायदा होता है? स्थिति का विरोध करना और उसे वैसे ही स्वीकार न करना, जैसी वो है, क्या हमारे लिए वाकई में मददगार है? हकीकत तो यही है कि जो है, सो है। हमें पल की सच्चाई को मान लेना चाहिए, और जो हो रहा है उसे 'हां' कह देना चाहिए, फिर चाहे हमें अच्छा लगे या न लगे। इससे हमें तुरंत राहत का एहसास होगा। हो सकता है हम ऑफिस में किसी को फोन करके बता दें कि हम ट्रैफ़िक में फंस गए हैं और अपॉइंटमेंट्स को आगे बढ़ा सकते हैं। 'हां' कहने का मतलब यह नहीं है कि हम कुछ नहीं करेंगे या चुपचाप बैठ जाएंगे। इसका मतलब है कि हम बिना किसी विरोध या शिकायत के, स्वीकृति के साथ जो सही है वो करेंगे। इसे एक तरह की कार्रवाई के रूप में देखा जा सकता है, जिसमें हम किसी भी निर्णय या लेबल के बिना, पूरी तरह से सरेंडर कर देते हैं।

हर दिन नई चुनौतियाँ लेकर आता है। मैं 'समस्याओं' के बजाय 'चुनौतियां' शब्द का उपयोग करता हूँ क्योंकि ये हमारी प्रतिक्रिया करने की क्षमता को परखने के अवसर हैं, प्रतिक्रिया नहीं। दूसरे दिन मुझे किसी से मिलना था और मैं एक अप्रिय बातचीत की उम्मीद कर रहा था। मैं अपने शरीर में बेचैनी और घबराहट महसूस कर सकता था। मेरी पहली प्रतिक्रिया इस भावना से छुटकारा पाने और इसे बदलने की कोशिश करने की थी, लेकिन फिर मुझे

'हां' शब्द याद आया। मैं इस बारे में उत्सुक था कि क्या मैं इस असहज एहसास के लिए 'हां' कह सकता हूँ।

इस एहसास का सामना करना थोड़ा अजीब लगा, पर मैंने सोचा एक बार ट्राई करके देखते हैं। मैंने खुद से कहा, "इसका राज़ यही है कि इसे होने दो, इसे रोको मत, बस इसके साथ रहो। इसे शरीर में कहीं भी महसूस करो और इसे वहीं रहने दो। अपने मन को यह कहानियां बनाने मत दो कि तुम्हें ऐसा क्यों नहीं महसूस करना चाहिए।" मुझे हैरानी हुई कि विरोध न करने से बहुत फ़र्क पड़ा क्योंकि इससे मैं उस एहसास के साथ तब तक रह सका जब तक वो अपने आप कम नहीं हो गया।

कई मायनों में इसका मतलब है कि वर्तमान में जो है उसे स्वीकार करना... जो भी भाव आ रहा है, उसे मान लेना। यह इस बात को मानने जैसा है कि जो है, वह है। भले ही हमें यह पसंद ना हो, हम इसे महसूस ना करना चाहें, लेकिन इससे आंखें नहीं चुराई जा सकतीं। 'हां' हमेशा एकदम पूरे दिल से नहीं होता है, और हम खुद से कह सकते हैं, 'ठीक है, स्थिति मुझसे यही मांग रही है, तो मुझे इस स्थिति में अपना सर्वश्रेष्ठ देना चाहिए।' इसके साथ ही साथ, हमें बाहर की परिस्थिति को बेहतर बनाने की पूरी कोशिश करनी चाहिए।

स्वीकृति और प्रतिरोध न करने की यह सोच सदियों पुरानी है। इसे समझने के लिए जर्मन दार्शनिक फ्रेडरिक नीत्शे की बात को याद कर सकते हैं। उन्होंने "अमोर फाति" (Amor fati) यानी "भाग्य से प्यार" का ज़िक्र किया है। यानी जो हो रहा है, उसे स्वीकार करो, उससे भागो नहीं, बल्कि उससे प्यार करो। इसी विचार को स्टोइक दार्शनिकों ने भी अपनाया था। यह कोई नया विचार नहीं है, सदियों पहले रोमन सम्राट मार्कस ऑरेलियस ने भी कहा था: "धधकती आग में जो कुछ भी डाला जाता है, वह उसे और भी तेज कर देता है।"

स्टोइक लोगों का ये "अमोर फाति" वाला नज़रिया हर सिचुएशन में कुछ ना कुछ अच्छा ढूंढ ही लेता है। कितनी भी मुश्किल घड़ी हो, उसे ये स्वीकार करने की चीज़ मानते हैं, न कि भागने या नफ़रत करने की। इस तरह की स्वीकार करने वाली सोच हमारे अंदर के संघर्ष को कम करती है, क्योंकि ये पल को जैसे का तैसा अपना लेती है।

संभव है कि आप अपनी वर्तमान नौकरी से असंतुष्ट हों, अपने संबंधों में चुनौतियों का सामना कर रहे हों, या आपके व्यावसायिक प्रयास विफल

हो गए हों। परिस्थितियां प्रतिकूल लग सकती हैं, मानो सब कुछ आपके विरुद्ध हो। हालांकि, यह समझना महत्वपूर्ण है कि ये बाधाएं नहीं, बल्कि नए अवसरों के द्वार हैं। जब आप इन परिस्थितियों को रुकावट के रूप में देखना बंद कर देते हैं, तो आप अपने लिए अनगिनत संभावनाओं के मार्ग खोलते हैं। जब आप अपने मन को इन स्थितियों के बारे में आंतरिक संवादों, लेबलों और निर्णयों से मुक्त कर लेते हैं, तो आपके सामने उपलब्ध विकल्पों का पता लगाने की अधिक स्वतंत्रता होती है। एक शांतचित्त मन स्वतः ही सही निर्णय लेने में सक्षम होता है।

समर्पण की राह अपनाना

ज़िन्दगी को सबसे गहरा 'हां' कहने का तरीका है, समर्पण (सरेंडर)। जब हमारी सारी योजनाएं धरी रह जाती हैं, और हम निराशा के गहरे अंधेरे में खो जाते हैं, तब भी एक रास्ता होता है। बस इस पूरे ब्रह्मांड के सामने अपने आप को समर्पित कर देना। आप इसे ईश्वर कहें, परमसत्ता कहें, चेतना कहें या ब्रह्मांड कहें, इससे कोई फ़र्क नहीं पड़ता। बस हमें अपनी छोटी सी समझ से ये एहसास होना चाहिए कि हम एक बहुत बड़ी शक्ति के आगे झुक रहे हैं और उसे नियंत्रण सौंप रहे हैं।

अक्सर हम अपनी ज़िंदगी में बहुत कुछ प्लान करते हैं - बकेट लिस्ट बनाते हैं, आगे के लिए योजनाएँ बनाते हैं, पांच साल के लक्ष्य तय करते हैं। और फिर अचानक से ज़िंदगी एक ऐसा झटका देती है जिससे हम हिल जाते हैं, सब कुछ रुक सा जाता है। हम चाहे कितनी भी कोशिश कर लें, हालात पर काबू पाना मुश्किल हो जाता है।

पेमा चोड्रोन इसको "ज़िंदगी की अनिश्चितता" कहती हैं। इसमें कोई रास्ता नहीं होता, कोई जादुई फॉर्मूला नहीं जो हमें हर मुश्किल से बाहर निकाल दे। हमारे पास बस एक ही उपाय बचता है - समर्पण (सरेंडर)। समर्पण का मतलब हार मान लेना नहीं है, बल्कि ये समझना है कि हमारी ज़िंदगी में बहुत कुछ हमारे बस में नहीं है। जो चीज़ हमें पसंद नहीं, उससे लड़ने की बजाय, हम उसे स्वीकार करें, उसके साथ बहें, और दुनिया की अनिश्चितता को अपना लें। समर्पण का मतलब है कि हम ज़िंदगी के उतार-चढ़ाव से लड़ना बंद कर दें, और इस पल की अनिश्चितता में सुकून ढूंढ़ें।

बेहतरीन प्रोडक्टिविटी और सिम्प्लीसिटी ब्लॉग, 'ज़ेन हैबिट्स' के क्रिएटर, लेखक लियो बाबौटा के मुताबिक, सरेंडर करना यानी हार मान लेना नहीं है, बल्कि हर चीज पर काबू पाने की कोशिश छोड़ देना है। हम अक्सर चीजों को अपने हिसाब से चलाने की कोशिश में लगे रहते हैं, जिससे हमें लगता है कि हमारे पास कुछ ठोस आधार है और चीजें हमारे नियंत्रण में हैं। लेकिन बाबौटा के अनुसार, यही कोशिश हमें असल सुकून से दूर ले जाती है। जब हम इस कोशिश को छोड़ देते हैं, तब हम चीजों को उनके स्वाभाविक रूप में होने देते हैं, और यही हमें असली शांति और संतोष देता है।

जब हम चीज़ों को अपने कंट्रोल में रखने की ज़िद करते हैं, तो क्या होता है:

- जब चीज़ें अपनी मर्ज़ी से नहीं होतीं, तो हम स्ट्रेस और चिंता से भर जाते हैं।
- डर और घबराहट हमें घेर लेते हैं।
- हम दूसरों को जज करने लगते हैं, उन्हें बुरा-भला कहने लगते हैं, और उन पर गुस्सा उतारने लगते हैं, जैसे सारी गलती उनकी हो।
- हम चीज़ों को फिर से अपने कंट्रोल में लाने के चक्कर में अपनी सारी एनर्जी बर्बाद कर देते हैं, और जब हम इसमें नाकाम होते हैं तो उदास और निराश हो जाते हैं।

लेकिन अगर हम इस पल को उसके हर स्वरूप में बस स्वीकार कर लें, तो क्या हो? तब हम चीज़ों को कंट्रोल करने की कोशिश करना छोड़ देते हैं, संघर्ष करना बंद कर देते हैं। हम एक काल्पनिक बुरे भविष्य के बारे में अपने बुरे ख़यालों और चिंताओं को विराम दे देते हैं, और अपना पूरा ध्यान इस पल पर केंद्रित कर देते हैं। क्योंकि इस पल को जीना और इस काम को करना - यही वो चीज़ है जो हम निश्चित रूप से कर सकते हैं। जो कुछ भी हो रहा है, वह चाहे कितना भी अनिश्चित क्यों न हो, हम उसके प्रति समर्पित हो जाते हैं और उसे पूरी तरह से स्वीकार कर लेते हैं। उसका विरोध करना व्यर्थ है और हमारे दुख का कारण है। हम इस पल को, हमारे सामने अभी जो स्थिति है, उसे एक गहरी सहमति वाली "हां" में बदल देते हैं।

समर्पण का मतलब है खुलेपन से जीना, पूरी तरह से वर्तमान में रहना, जो

हमारे पास है उसकी कदर करना बजाय इसके कि जो हमारे पास नहीं है उसकी शिकायत करें। हम अपने डर को स्वीकार करते हैं और उसे महसूस करते हैं बजाय उसे दूर भगाने के। हम खुद पर दया करना शुरू करते हैं, खुद को प्यार और सराहना देते हैं, बजाय इसके कि जो कुछ भी गलत है उसके लिए खुद को दोषी ठहराएं।

मुझे "समर्पण" के विचार को समझने में थोड़ा वक्त लगा। बचपन के बाद ज़्यादातर ज़िंदगी, मुझे लगा कि मैं ही वो हूं जो फैसले लेता है, सब कुछ कंट्रोल करता है। हां, उतार-चढ़ाव तो आते रहे, लेकिन मुझे यकीन था कि बस सही तरह की मेहनत करो, और पूरी लगन से जुटे रहो, तो सब कुछ ठीक हो जाएगा। मेरे आस-पास मुझे सफलता और ख़ुशी का यही एक फॉर्मूला दिखता था।

मेरी पढ़ाई में मिली कामयाबी और उपलब्धियाँ इसी सोच को और मज़बूत करती रहीं।

मैंने जी-तोड़ मेहनत करके मेडिकल की एंट्रेंस परीक्षाओं में टॉप किया और प्रतिष्ठित सीएमसी वेल्लोर कॉलेज में दाखिला पा लिया। फिर एमडी पोस्ट-ग्रेजुएट एंट्रेंस परीक्षाओं में भी मैंने एड़ी-चोटी का ज़ोर लगा दिया, और उसकी मेहनत का फल भी मुझे मिला। लेकिन डीएम सुपर स्पेशलिटी परीक्षाओं में कुछ अलग ही अनुभव रहा, और हालांकि उस वक्त मुझे इस बात का एहसास नहीं था, लेकिन यही वो पहला मौका था जब मैंने अपने आप को परिस्थितियों के हवाले करना सीखा।

उस प्रतिष्ठित गैस्ट्रोएंटरोलॉजी कोर्स में सीटें बहुत कम थीं, और हम में से ज्यादातर हर छह महीने में परीक्षा देते थे, दो-तीन बार कोशिश करने के बाद ही सिलेक्शन होता था। पिछली एआईआईएमएस परीक्षा में मैं लगभग क्वालीफाई कर गया था और वेटिंग लिस्ट में था। मुझे पता था कि बस थोड़ी सी और मेहनत करनी है, लेकिन सीटें इतनी कम थीं कि कोई पक्का भरोसा नहीं था।

अगली परीक्षा जी. बी. पंत कॉलेज की थी, जिसमें सिर्फ तीन सीटें थीं। मुझे पूरा भरोसा था कि मैं ये परीक्षा निकाल लूंगा और इसके लिए मैं आराम से पढ़ाई कर रहा था, तभी अचानक एक बड़ी चुनौती सामने आ गई। मेरे पिताजी को यूरिन इन्फेक्शन हो गया। चूंकि उन्हें पहले दिल का दौरा पड़ चुका था, इसलिए ये संक्रमण पूरे शरीर में फैल गया। वो दो हफ्ते तक आईसीयू में रहे, और सच में वो दो हफ्ते मेरे लिए बहुत तनाव भरे थे। इस

बीच जो भी थोड़ा-बहुत समय मिलता, मैं पढ़ाई कर लेता था।

जब पिताजी आखिरकार घर लौटे, तो उन्हें ऑक्सीजन और इंजेक्शन की ज़रूरत थी, साथ ही उन्हें लगातार देखभाल की भी आवश्यकता थी। मैंने उनकी पूरी देखभाल की ज़िम्मेदारी अपने ऊपर ले ली, और परीक्षा की तैयारी के लिए जैसे-तैसे थोड़ा बहुत समय निकाल पा रहा था। मैं इस बारे में नहीं सोच रहा था कि मेरा सिलेक्शन होगा या नहीं; मेरी बस यही दुआ थी कि पिताजी स्वस्थ रहें और मैं किसी तरह परीक्षा दे सकूं। मुझे डर था कि कहीं पिताजी को कुछ हो गया तो मैं परीक्षा भी नहीं दे पाऊंगा। परीक्षा से एक रात पहले, मैंने अपनी पत्नी और भतीजे से कहा कि वे रात भर पापा का और उनकी दवाइयों का ध्यान रखें। मुझे परीक्षा देने के लिए एक अच्छी नींद की ज़रूरत थी। मैंने उनसे कहा कि अगर कोई बहुत ज़रूरी बात न हो, तो मुझे जगाना नहीं। अगली सुबह, मैं इस बात के लिए शुक्रगुज़ार था कि पापा की रात आरामदायक ढंग से बीती थी। लेकिन जब तक मैं अपनी परीक्षा में नहीं बैठ गया, तब तक मुझे कहीं न कहीं ये डर लगा रहा कि कोई बुरी खबर न आ जाए। मुझे यह यकीन ही नहीं हो रहा था कि मैं परीक्षा दे पा रहा हूं। मैंने बस यही कोशिश की कि मैं बिना किसी बड़ी परेशानी के इसे पूरा कर लूं। परीक्षा देने के बाद ही मैं इस बारे में सोचना शुरू कर पाया कि परीक्षा कैसी हुई, और मेरे क्या चांस हैं।

परिस्थितियों के प्रति इसी "समर्पण" भावना के साथ मैंने अपनी डीएम परीक्षा दी, और जब मैं दूसरी रैंक के साथ पास हो गया तो मेरे घर वालों को एकबारगी मेरी इस उपलब्धि पर यकीन ही नहीं हो रहा था। खासकर ये देखते हुए कि मैंने कितने मुश्किल हालात में परीक्षा दी थी। मेरे लिए सबसे बड़ी ख़ुशी की बात ये थी कि मेरे पिताजी उस वक्त जिंदा थे और ये खबर सुनकर उनकी ख़ुशी का ठिकाना नहीं था। जब मैं पीछे मुड़कर देखता हूं, तो मुझे एहसास होता है कि हम कितनी बार ये सोचकर धोखा खाते हैं कि सब कुछ हमारे कंट्रोल में है। सच तो ये है कि चीज़ें कभी भी हमारे नियंत्रण में नहीं होतीं; ये बात हम सिर्फ मुश्किल हालात में ही समझ पाते हैं। जैसा कि भारतीय प्रीस्ट और मनोचिकित्सक एंथनी डी मेलो ने बिल्कुल सच कहा है: "ज्ञान का मतलब है कि जो होना ही है, उसके साथ पूरा-पूरा सहयोग करना।"

रश्मि की बिगड़ती हालत को देखकर मुझे अंदर से ये बात समझ आ गई थी कि मेरे पास बस एक ही रास्ता बचा है, और वो है बिना किसी शर्त के, बिना किसी उम्मीद के, खुद को पूरी तरह से इस स्थिति के हवाले कर देना।

ब्रह्मांड को जो करना है, उसे करने देना। ऐसा नहीं कि हम ये सोचकर हार मान लें कि सब ठीक हो जाएगा। असली समर्पण तो ये है कि हम सारी उम्मीदें छोड़ दें, और ज़िंदगी हमें जहां भी ले जाए, जाने दें। हमें यकीन करना होगा कि ज़िंदगी जानती है कि हमारे लिए क्या बेहतर है। और मैंने यही किया, मैंने खुद को पूरी तरह से इस स्थिति के प्रति समर्पित कर दिया।

"द पावर ऑफ नाउ" में, एकहार्ट टोले कहते हैं कि किसी व्यक्ति की असली ताकत इस पल के यथार्थ को अपनाने में होती है। वह कहते हैं कि जो हो गया उसे बदला नहीं जा सकता, तो क्यों न हम जैसी भी स्थिति हो, उसे स्वीकार कर लें। इसका मतलब है कि चाहे बाहर की स्थिति कितनी भी मुश्किल क्यों न हो अपने अंदर की भावनाओं को पूरी ईमानदारी से स्वीकार करना। एकहार्ट टोले कहते हैं कि भावनात्मक दर्द से लड़ने की बजाय, उसे स्वीकार कर लेना चाहिए, चाहे वह दुख हो, निराशा हो, डर हो, अकेलापन हो, या कोई और तकलीफ़ हो। और अगर कभी आपको यह लगे कि जो घटित हो रहा है उसे स्वीकार करना मुश्किल है, तो इस बात को भी मान लेना चाहिए कि हम इसे स्वीकार नहीं कर पा रहे हैं।

एकहार्ट टोले के ये शब्द उस मुश्किल दौर में मेरे लिए किसी मरहम से कम नहीं थे। मैं रोज़ इन शब्दों को पढ़ता, बार-बार पढ़ता। दुख, निराशा और डर को स्वीकार करते हुए, उसे महसूस करते हुए, उसे गले लगाते हुए। पहले तो इन भावनाओं के साथ रहना, उन्हें स्वीकार करना बहुत मुश्किल लगा, लेकिन मुझे एहसास हुआ कि इससे बाहर निकलने का एक ही रास्ता है - इन भावनाओं के साथ रहना। जैसा मैंने पिछले अध्याय में बताया था, दर्द और निराशा को स्वीकार करने पर ही बदलाव की एक किरण दिखाई दी। जब ये बदलाव आया, तो मुझे समझ आया कि मैं सचेतन होकर किसी भी चीज़ का सामना कर सकता हूं।

इस मुश्किल दौर में, जब हर दिन एक नए दर्द के साथ शुरू होता था और मन में बस यही डर होता था कि कहीं मेरी सबसे बड़ी आशंकाएँ सच न हो जाएँ, तब मुझे इस बात से बहुत मदद मिली कि मैं बस अपने वर्तमान में जीने लगा। अपने आस-पास की चीज़ों के लिए शुक्रगुजार रहने लगा। हर सुबह, भयानक दर्द के साथ उठने के बावजूद, मैंने अपनी चिंताओं को अपने ऊपर हावी नहीं होने दिया। मैंने खुद से पूछा कि इस पल, इसी वक्त क्या करना ज़रूरी है। सिर्फ इस मरीज के लिए ही नहीं, बल्कि मेरे सभी मरीजों के लिए। काम पर रहूं, घर पर रहूं, या फिर ट्रैफिक में फंसा होउं, इसी पल मुझे

क्या कदम उठाने की ज़रूरत है? और फिर, मैंने बिना किसी झिझक के वही किया जो उस पल के लिए सबसे सही था। मैंने हर दिन को बस एक-एक पल करके जिया।

कई बार ऐसा हुआ जब मेरी कल्पना और डर हावी हो जाते थे, लेकिन मैंने अपने मन को वापस वर्तमान में लाना सीख लिया। ध्यान, मेडिटेशन बहुत काम आए, और मैं अपने पुराने अभ्यास का इस मुश्किल समय में इस्तेमाल कर पाया, इसके लिए मैं शुक्रगुज़ार हूँ।

सबसे बड़ी बात, मेरा सबसे बड़ा साथी और सहारा शुक्रगुज़ार होना ही था। जब हालात बहुत बिगड़ जाते, मैं खुद से पूछता, 'क्या मैं अभी ज़िंदा होने के लिए शुक्रगुज़ार हो सकता हूँ? क्या मैं इस बात के लिए शुक्रगुज़ार हो सकता हूँ कि मेरा एक प्यारा परिवार है, और वे सब ठीक हैं?' मैं ज़िंदगी की सबसे छोटी-छोटी चीज़ों पर लौट आता, इस बात का शुक्र मनाता कि मैं ज़िंदा हूँ, और उससे भी अच्छी बात, मैं स्वस्थ हूँ। मेरा परिवार मेरे साथ था, सब ज़िंदा और स्वस्थ हालात में थे।

हम अक्सर इन बातों को हल्के में ले लेते हैं, लेकिन कोविड महामारी ने हमें याद दिलाया कि ज़िंदगी का हर लम्हा कितना अनमोल है। खबरों पर एक नज़र डालने से पता चल जाता है कि कितने लोगों ने अपनों को खोया, और मौत कितनी अचानक और अनजाने तरीकों से आ गई।

"द सरेंडर एक्सपेरिमेंट" मेरी फेवरेट किताबों में से एक है। इसके लेखक माइकल ए सिंगर ने अपनी जिंदगी का एक अलग ही एक्सपेरिमेंट किया है। उन्होंने जवानी में ही ये ठान लिया कि दिमाग की बातों को सुनना बंद करके यूनिवर्स की बात सुनेंगे। बीस साल तक उन्होंने अपनी जिंदगी को बस बहने दिया, बिना किसी जबरदस्ती और जजमेंट के। यहां तक कि अगर कोई प्लान बिगड़ जाता, तो वो इसे जिंदगी का इशारा समझ लेते थे कि रास्ता बदलने का वक्त आ गया है।

समय के साथ उन्होंने अद्भुत सफलता हासिल की और फ्लोरिडा के 600 एकड़ हरे-भरे जंगल में एक फलती-फूलती आध्यात्मिक कम्यूनिटी शुरू कर दी, जहां दूर-दूर से लोग आध्यात्मिक शांति की तलाश में आते हैं। मेडिकल हिस्ट्री में उन्होंने एक नई क्रांति ला दी, जब उन्होंने अत्याधुनिक सॉफ्टवेयर पैकेज लॉन्च किया। उनकी दूरदर्शिता और नेतृत्व ने उन्हें एक बिलियन-डॉलर पब्लिक कंपनी का सीईओ बना दिया, जिनकी उपलब्धियों को स्मिथसोनियन इंस्टीट्यूशन में जगह मिली है। उन्होंने अपने जीवन के

उतार-चढ़ाव, आध्यात्मिक जागृति, और असाधारण अनुभवों को अपनी दो किताबों, द अनटेथर्ड सोल और द सरेंडर एक्सपेरिमेंट में बयान किया है। ये दोनों किताबें न्यूयॉर्क टाइम्स बेस्टसेलर बनीं और इनसे लाखों लोगों को प्रेरणा और एक नई दिशा मिली है।

जीवन से जुड़ाव

पिछले कुछ सालों में, अमेरिकी कवि और आध्यात्मिक गुरु मार्क नेपो की शिक्षाओं ने मुझे बहुत प्रभावित किया है। वो हमें दिल खोलकर जीने की बात बताते हैं। टैमी साइमन के साथ एक पॉडकास्ट में, उन्होंने मछली के गलफड़ों की मिसाल देकर अपनी बात समझाई। उन्होंने कहा कि मछली पानी में सिर्फ मंज़िल तक पहुंचने या किसी खास काम के लिए नहीं तैरती, बल्कि अपने प्राकृतिक माहौल से जुड़े रहने के लिए तैरती है, वरना वो मर जाएगी।

मार्क नेपो के मुताबिक, हमारी जिंदगी एक मछली की तरह है, जहां हमारा दिल उसके गलफड़ों की तरह काम करता है। हमें अपने अनुभवों के पानी में तैरते रहना चाहिए, तभी हमारी जिंदगी सफल होगी। उनका कहना है कि हमें जो कुछ भी मिलता है, उसे शांति और खुले दिल से स्वीकार करना चाहिए। उनकी बातें मुझे बहुत अच्छी और प्रेरणादायक लगीं। भले ही हमारी जिंदगी में या दुनिया में कुछ बुरा हो जाए, जिससे हमारा दिल थोड़ी देर के लिए बैठ जाए, लेकिन जैसे एक मछली अपने गलफड़ों से ज़रूरत की चीज निकाल लेती है, वैसे ही हम भी कर सकते हैं। जब हमारा दिल हर पल के लिए खुला रहता है, तो हम जिंदगी में हिम्मत, करुणा और दया के साथ आगे बढ़ सकते हैं। जब हम खुले दिल से जिंदगी को अपनाते हैं, तो हम जिंदगी के हर रूप को 'हां' कहते हैं।

जैसा कि आध्यात्मिक गुरु आद्यशांति कहते हैं, "खुश रहने का एक बहुत ही आसान तरीका है। बस इस पल की मांग छोड़ दो।" जब हम ये चाहत रखते हैं कि वर्तमान एक खास तरीके से हो, तो हम उस पल की तरलता को भूल जाते हैं। हमारे विचार और चाहतें अंदर से विरोध पैदा करती हैं। हमारी तकलीफ की जड़ जीवन को काबू करने और बदलने की चाहत में निहित है।

चूंकि हमने बचपन से ही जिंदगी को इसी तरह से चलाना सीखा है, इसलिए अलग तरीके से सोचना आसान नहीं है। लेकिन एक पल रुक कर खुद से

पूछें कि क्या चीजों को कंट्रोल करने की चाहत आपको ख़ुशी और सुकून देती है? या फिर चीजों को स्वीकार करना और उनका विरोध न करना आपको शांति देता है? अगर हम जिंदगी की गाड़ी चलाने की जिद छोड़ दें, तो हम इस सफर का मजा ले सकते हैं। जैसा कि अमेरिकी लेखिका बायरन केटी ने कहा है, "अगर आप असली कंट्रोल चाहते हैं, तो कंट्रोल के भ्रम को छोड़ दें। जिंदगी को खुद जीने दें। वैसे भी जिंदगी अपनी मर्जी से चलती है।"

अभ्यास

- ज़िन्दगी में अलग-अलग परिस्थितियों में "हां" कहने की कोशिश करें। ये छोटी-छोटी चीज़ें हो सकती हैं, जैसे कि नौकरानी या ड्राइवर का काम पर न आना, या फिर किसी बुरे हालात का सामना करना।
- रोजमर्रा की जिंदगी में सरेंडर करना सीखें। जब आप ट्रैफिक में फंस जाएं, तो बस आराम से बैठें और जो हो रहा है उसे स्वीकार कर लें। इस दौरान कुछ ज़रूरी काम कर लें, जैसे फोन करना, और वक्त को बस बीतने दें।
- दूसरों को जज करना और दोष देना छोड़ दें। देखिए कि क्या किसी चीज या किसी को जज किए बिना रहना संभव है? जब आप दूसरों को दोष देना बंद कर देते हैं, तो अपने अंदर कैसा महसूस करते हैं, इस पर ध्यान दीजिए। साथ ही, जब आप किसी की आलोचना करते हैं या उसे दोष देते हैं, तो कैसा महसूस करते हैं, इस पर भी ध्यान दें।
- जब मन में विरोध उठे, तो ध्यान दें। खुद से कहें, "ये रहा विरोध।" कुछ सेकंड के लिए बस "हां" कह कर इसे जाने देने की कोशिश करें।
- क्या आप विरोध को स्वीकार करके उसके साथ रह सकते हैं? उदाहरण के लिए, इस बात का विरोध कि आप पर्याप्त कमाई नहीं कर रहे हैं? क्या आप इसमें कुछ ऐसा भी ढूंढ सकते हैं जिसके लिए आप आभारी हों, जैसे कि काम करने के लिए आपका अच्छा स्वास्थ्य या दूसरी नौकरी मिलने की संभावना? देखिए क्या इससे विरोध खत्म हो जाता है, जिससे आप "हां" कह सकें।
- ध्यान दें कि जब आप "हां" या "ना" कहते हैं तो आपका शरीर कैसा

महसूस करता है। क्या संकुचन या विश्राम होता है, कसाव या विस्तार होता है? कौन सा हल्का और शांतिपूर्ण लगता है?

- पांच या दस मिनट के लिए सब कुछ वैसा ही रहने देने की कोशिश करें। अपनी आंतरिक या बाहरी स्थिति को ठीक वैसा ही रहने दें जैसी वह है, बिना कुछ बदलने की कोशिश किए।
- क्या आप अपने अनुभव में हर चीज का स्वागत करने का अभ्यास कर सकते हैं? कोई भी विचार, कोई भी भावना, कोई भी अनुभूति - क्या सिर्फ उसका स्वागत करना और उसे स्वीकार करना संभव है? किसी पल को अच्छा, बुरा या उबाऊ की श्रेणी में डालने के बजाय, बस उसे घटित होने दें।
- कोई भी स्थिति लीजिए और देखिए कि क्या आप प्राथमिक और द्वितीयक दुख के बीच अंतर कर सकते हैं। उदाहरण के लिए, ट्रैफिक में फंसना प्राथमिक दुख की वजह हो सकता है। द्वितीयक दुख में आपके मन की बनाई सभी कहानियां शामिल हैं, जैसे कि अधिक काम का बोझ महसूस करना और यह मानना कि कोई भी आपकी समस्याओं को नहीं समझता है।
- अपनी जिंदगी की कुछ ऐसी स्थितियों की एक सूची बनाएं जिनमें आप सरेंडर करने का अभ्यास कर सकते हैं। यह आपके निजी जीवन में हो सकता है, अपने जीवनसाथी और बच्चों के साथ व्यवहार करते समय, जहां कुछ पहलुओं को बदला नहीं जा सकता, वहां भी हो सकता है। उनके आगे झुकने और आत्मसमर्पण करने में कैसा लगेगा?
- आप कितनी बार स्थितियों पर नियंत्रण रखना पसंद करते हैं? क्या आप एक पल के लिए चीजों पर से नियंत्रण छोड़ने की कोशिश कर सकते हैं? अगर आप नियंत्रण छोड़ दें तो आपको कैसा लगेगा? क्या आप हल्का महसूस करेंगे या बोझिल? इस बात पर ध्यान दें कि आप कितनी बार चाहते हैं कि चीजें जैसी हैं उससे अलग हों - थोड़ी ठंडी, थोड़ी गर्म, थोड़ी अधिक व्यवस्थित। बस ध्यान दें कि एक दिन में ऐसा कितनी बार होता है।

3.
मौजूदा पल की ताकत
(द पॉवर ऑफ नाउ)

"क्या मैं इस पल का पूरी तरह से सामना कर सकती हूं। क्या मैं इससे एक मित्र के रूप में मिल सकती हूं।"

—सिल्विया बूरस्टीन

एक मामूली सी बात थी, पर यकीन मानिए, मेरे दिमाग में कहीं गहरी छप गई। वो मेरे गैस्ट्रोएंटरोलॉजी की ट्रेनिंग के दिन थे, जब मैं हर वक्त भागदौड़ में लगा रहता था। प्रोफ़ेसर साहब अपने चैंबर में कुछ लाइनें बोल रहे थे, और मैं उन्हें लिख रहा था। दिल बड़ा उदास था क्योंकि वीकेंड में भी हॉस्पिटल में 36 घंटे की ड्यूटी लगी थी। सोचिए, मेरे दोस्त पार्टी की तैयारी में मस्त थे, और मैं यहां अटका पड़ा था! ऊपर से सोमवार को एक ज़रूरी प्रेजेंटेशन भी था, जिसकी तैयारी के लिए वक्त मिलने का तो सवाल ही नहीं था। मुझे पहले से ही दिख रहा था कि वो प्रेजेंटेशन औंधे मुंह गिरने वाला था।

फिर भी, मैंने उन उदास विचारों से ध्यान हटाया और अपने प्रोफेसर की बातों को ध्यान से लिखना शुरू किया। मन में कहीं न कहीं ये उम्मीद थी कि ये काम पूरा करने से उन्हें ख़ुशी होगी। जब ये लगभग खत्म होने वाला था, मेरे प्रोफेसर ने कहा, 'तुम्हें इतने साफ और सुंदर तरीके से लिखते हुए देखना बहुत अच्छा लगता है।' उनकी इस तारीफ से मैं हैरान और खुश हो गया।

जब मैंने पहली बार "माइंडफुलनेस" और "प्रेज़ेंट" रहने के बारे में सुना, तो मुझे तुरंत वो घटना याद आ गई। मुझे समझ आया कि उस दिन छोटा-सा काम करते वक्त मेरी "प्रेज़ेंस" और "माइंडफुलनेस" प्रोफ़ेसर तक पहुँच गई थी, तभी उन्होंने वो बात कही। कोई भी काम पूरी तरह ध्यान से करता हुआ

देखना बहुत अच्छा लगता है, काम चाहे कोई भी हो। यही तो माइंडफुलनेस का असली मतलब है।

कई साल पहले, जब मैंने एकहार्ट टोले की किताब "द पावर ऑफ नाउ" पढ़ी, तो इसने मेरी सोच को पूरी तरह से बदल दिया। मुझे एहसास हुआ कि मैं वर्तमान में कितना कम जीता हूं। मुझे हमेशा से लगता था कि मैं औसत से ज्यादा बुद्धिमान, आत्मविश्वासी, भावनात्मक रूप से स्थिर और जीवन में काफ़ी हद तक सफल हूं। लेकिन किताब पढ़ते-पढ़ते मुझे समझ आया कि वर्तमान में न जीना एक बहुत बड़ी समस्या है, भले ही इससे हमारी सफलता या कार्यक्षमता पर कोई सीधा असर न पड़े। शायद इसीलिए हम अक्सर इसकी अहमियत को नज़रअंदाज कर देते हैं। हम कितनी बार ऐसा करते हैं कि किसी से बात करते हुए दिमाग में अगला काम चल रहा होता है, या नाश्ता करते हुए फोन पर मीटिंग की प्लानिंग कर रहे होते हैं, या फिर काम पर या मीटिंग में होते हुए रात के खाने के बारे में सोच रहे होते हैं। ये सब हमारे लिए आम बात हो गई है। हम मल्टी-टास्किंग को एक उपलब्धि मानते हैं, ये दिखाते हैं कि हम कितने एक्टिव और डायनामिक हैं। हम अपनी व्यस्तता और समय की कमी को एक तरह से अपनी कामयाबी का सबूत मानते हैं।

ये "वर्तमान में न होना" तो आजकल एक तरह की बीमारी बन गई है। अक्सर हम आज को कल की सीढ़ी समझ लेते हैं, मानो आज कुछ है ही नहीं, असली मज़ा तो कल आएगा। एकहार्ट टोले ने अपनी किताब में बिल्कुल सही समझाया है कि हम आज को बस एक रुकावट की तरह देखते हैं, जिसे पार करके हमें कहीं और पहुँचना है। और ये बात हम सबको बिल्कुल सामान्य लगती है कि हमेशा भविष्य के बारे में सोचें, वर्तमान को भूल जाएँ।

जॉन कबाट-जिन्न, जिन्हें पिछले चार दशकों में माइंडफुलनेस को दुनिया के सामने लाने का श्रेय जाता है, उनका मानना है कि माइंडफुलनेस का मतलब है बिना किसी आलोचना के अभी इस पल में पूरी तरह से जागरूक होना। हो सकता है आप सोचें कि जब हम बिना पूरी तरह से प्रेजेंट हुए भी अपने सारे काम कर लेते हैं, तो फिर माइंडफुल होना इतना ज़रूरी क्यों है?

चलिए, ध्यान (माइंडफुलनेस) के बारे में थोड़ी गहराई से बात करते हैं। उम्मीद है कि ये बातचीत हमें ये समझने में मदद करेगी कि ये हमारी खुशहाली के लिए कितनी ज़रूरी है।

'ऑटो-पायलट' बनाम 'अवेयरनेस'

जब हम 'जागरूकता' की बात करते हैं, तो शायद हमें लगे कि इसमें कुछ भी खास नहीं है। आखिरकार, सुनना, बोलना, ये पेज पढ़ना - ये सब हमारी 'जागरूकता' की वजह से ही तो हो रहा है! लेकिन अगर थोड़ा गौर से देखें, तो पता चलता है कि हम अक्सर 'ऑटो-पायलट' मोड पर चलते हैं। सुनना-बोलना, यहाँ तक कि पढ़ना भी - सब कुछ इतना रटा-रटाया लगता है कि दिमाग़ कहीं और भटक रहा होता है। जैसे कार चलाते हुए अक्सर हम गाने सुन रहे होते हैं, फोन पर बात कर रहे होते हैं या फिर ख़यालों में खोए होते हैं, गाड़ी तो जैसे अपने आप चल रही होती है। माइंडफुलनेस कहता है कि हमें इस नींद से जागना होगा। हर छोटे-बड़े काम में मन लगाना होगा, जैसे पहली बार कर रहे हों। फिर चाहे वो काम कितना भी छोटा या बड़ा क्यों न हो।

जैसे-जैसे हमारी समझ बढ़ती है, हमें ये भी एहसास होता है कि हम अक्सर अपने वर्तमान समय को एक रुकावट की तरह देखते हैं, जो हमें अगले, और ज़्यादा ज़रूरी लगने वाले, पल तक पहुंचने से रोक रहा है। मानो ज़िंदगी एक दौड़ हो, और हम बस अगले पड़ाव पर पहुँचने की जल्दी में हों। उदाहरण के लिए, अगर आपकी फ्लाइट लेट हो रही है, तो आप उस इंतज़ार के समय का विरोध करते हैं, और बस इसी चाह में रहते हैं कि कब फ्लाइट में बैठेंगे और अपनी मंज़िल के लिए उड़ान भरेंगे, जो आपको ज़्यादा ज़रूरी लगता है। मगर ये सोचते हुए हम भूल जाते हैं कि असली मज़ा तो सफ़र में है, मंज़िल में नहीं। ध्यान लगाने से, हम अपने वर्तमान पल को जैसे है वैसे ही स्वीकार करते हैं और उस पर ध्यान केंद्रित करते हैं। ये एक तरह से ज़िंदगी के हर लम्हे को जीने जैसा है। हम इस पल को बदलने या ठीक करने की कोशिश नहीं करते, बल्कि इसे बिना किसी शर्त के, जैसे भी है, वैसे ही स्वीकार करते हैं।

इसका यह मतलब बिल्कुल नहीं है कि हम ज़रूरी कदम नहीं उठा सकते। अगर कार का टायर पंक्चर हो जाए, तो उसे बदलना तो ज़रूरी है ही। या फिर बीमारी हो तो उसका इलाज कराएँगे, इसमें कोई दो राय नहीं। लेकिन, इससे पहले ज़रूरी है कि हम इस पल को, जैसा वो है, उसे वैसे ही स्वीकार कर लें। इस स्वीकृति से हमें इस पल के प्रति एक सहजता और आसानी मिलती है, जिससे हम आगे बढ़ सकते हैं।

असल में, हमारा दिमाग अक्सर चीजों को जज करने, उनमें नुक्स निकालने में लगा रहता है, और यही हमारे विरोध की सबसे बड़ी वजह है। अक्सर ये सब बहुत थका देने वाला होता है क्योंकि दिमाग चीजों के होने पर ही सवाल उठाता रहता है। पर सच्चाई ये है कि चीजें जैसी हैं वैसी ही होती हैं। अगर उन्हें बदलना है तो पहले उन्हें वैसे ही स्वीकार करना होगा।

सशरीर उपस्थिति

कितनी अजीब बात है न कि अक्सर हमारा ध्यान अपने शरीर से भटक जाता है। दिमाग जैसे अलग ही दुनिया में खोया रहता है और शरीर बस उसके पीछे-पीछे चलता रहता है। हम ख़यालों में इतने खो जाते हैं कि ये भूल ही जाते हैं कि शरीर के अंदर क्या चल रहा है। कब भूख लगी, कब प्यास लगी, कब थकान हुई, इसका पता ही नहीं चलता। ये शरीर बस एक सवारी बनकर रह जाता है जो दिमाग को उसके मनचाहे मुकाम तक पहुंचाता है।

जेम्स जॉय की कहानी "अ पेनफुल केस" में एक किरदार मिस्टर डफी है, जिसके बारे में कहा जाता है कि वह अपने शरीर से थोड़ी दूरी पर रहता है। सुनने में अजीब लगे, मगर यही हमारी ज़िंदगी की कहानी है। हम अपने अतीत या भविष्य में इतने खो जाते हैं कि अपने शरीर में जीना ही बंद कर देते हैं, जो कि हमेशा वर्तमान में ही जी रहा होता है। माइंडफुलनेस का मतलब है, वापस अपने शरीर में लौटना और उसमें पूरी तरह रम जाना। हम सीखते हैं कि कैसे अपने असली घर यानी शरीर में लौटें और खुद को पूरी तरह वर्तमान पर टिकाएं। माइंडफुलनेस का मतलब है वर्तमान में जीना, और यह मन और शरीर को एक साथ लाने का तरीका है, ताकि वे एक लय में काम करें।

ये बात तो सच है कि जैसे-जैसे हम अपने काम और ज़िंदगी में ज़्यादा पढ़े-लिखे, टेक्निकल और दिमागी बनते जाते हैं, वैसे-वैसे हम अपने शरीर से दूर होते जाते हैं। हमारी ज़िंदगी का एक बड़ा हिस्सा खयालों में गुज़रता है, जिसकी वजह से हम अपने शरीर की अनदेखी करते जाते हैं। वो शरीर, जो हमें बहुत कुछ समझाना चाहता है, बस हमें ठहर कर उसकी बात सुननी होगी। अपने शरीर के साथ दोबारा जुड़ने के लिए वक़्त निकालना ज़रूरी है। ध्यान से महसूस कीजिए कि आपका शरीर आपको क्या संदेश दे रहा है।

क्योंकि आपके शरीर में ही आपके सारे सवालों के जवाब छुपे हैं।

पेड (PAID) रियलिटी

आजकल की भागदौड़ भरी जिंदगी में इंसान एक नई सच्चाई का आदी होता जा रहा है। इसे रैसमस हौगार्ड ने "पेड रियलिटी" का नाम दिया है। रैसमस हौगार्ड एक अंतरराष्ट्रीय स्तर पर जाने-माने विशेषज्ञ हैं जो काम पर ध्यान और स्पष्टता के लिए दिमाग को प्रशिक्षित करते हैं। पेड इन शब्दों का संक्षिप्त रूप है:

1. दबाव (प्रेशर): चाहे नौकरी हो या घर, दबाव तो हर जगह है। अच्छा परफॉर्म करने का दबाव, सबसे आगे निकलने का दबाव, और दूसरों के साथ कदम मिलाकर चलने का दबाव।

2. हमेशा उपलब्ध (ऑलवेज ऑन): इससे तो कोई बच नहीं सकता। काम और निजी ज़िंदगी के बीच में कोई लकीर नहीं रही। मोबाइल और ईमेल के ज़रिए हम हमेशा उपलब्ध हैं, फिर चाहे घर से ही क्यों न काम कर रहे हों।

3. जानकारी का अंबार (इन्फॉर्मेशन ओवरलोड): इंटरनेट पर तो बस एक क्लिक में जानकारी का अंबार लग जाता है, और हमसे उम्मीद की जाती है कि हम हर चीज़ के बारे में अपडेट रहें। जानकारी का ये अतिरेक एक समस्या है, और अपडेट रहने की कोशिश तनाव का एक बड़ा कारण है।

4. ध्यान भटकाने वाली चीज़ें (डिस्ट्रैक्शन): सोशल मीडिया जैसी चीज़ें हर तरफ से हमारा ध्यान भटकाती हैं। हमारा ध्यान भटकना स्वाभाविक है, जिससे एकाग्र रहना मुश्किल हो जाता है।

आजकल के इस 'पेड रियलिटी' के ज़माने में, हमें अपने होने के आधार को संभाले रखना बहुत ज़रूरी है। खुद को हमेशा 'ऑन' रखने की प्रत्याशाओं के बीच, हमारे पास भीतर कहीं एक 'ऑफ' बटन भी रखना बहुत ज़रूरी हो जाता है। यहीं पर माइंडफुलनेस हमारी ज़िंदगी में बहुत काम आ सकती है, और हमें भौतिक यथार्थ से जुड़े रहने और वर्तमान में जीने में मदद कर सकती है।

माइंडफुलनेस के फायदे

ये माइंडफुलनेस का चक्कर क्या है जो हर कोई इसके बारे में बात कर रहा है? खासकर बड़ी-बड़ी कंपनियों में? और लोग इसके इतने दीवाने क्यों हैं? चलिए, मैं आपको अपने अनुभव से बताता हूं कि ये माइंडफुलनेस हमारे रोज़मर्रा के जीवन में कैसे कमाल की चीज है।

जगह/स्पेस

आपने शायद विक्टर ई. फ्रेंकल का ये बहुत ही बढ़िया विचार पढ़ा होगा, 'किसी भी उत्तेजना (stimulus) और प्रतिक्रिया (response) के बीच एक जगह होती है। इस जगह में हमारी प्रतिक्रिया चुनने की शक्ति होती है। हमारी प्रतिक्रिया में ही हमारा विकास और स्वतंत्रता निहित है।' माइंडफुलनेस की व्याख्या इस विचार से बढ़िया और कोई भी विचार नहीं कर सकता है। हम अपनी ज़िन्दगी का ज़्यादातर हिस्सा बस प्रतिक्रिया देने में ही निकाल देते हैं। हम अपने जीवनसाथी, बच्चों या माता-पिता से बहस करते हैं और बस प्रतिक्रिया देते हैं। बाद में हमें अपने शब्दों पर पछतावा हो सकता है, लेकिन तब तक बहुत देर हो चुकी होती है। 'माइंडफुलनेस' हमें अपने विचारों और भावनाओं के बीच एक छोटी सी जगह बनाकर प्रतिक्रिया देने के बजाय सोच-समझकर जवाब देने की अनुमति देती है।

इस जगह को 'पल भर का जादू' कहा जाता है। जब मैंने माइंडफुलनेस की प्रैक्टिस शुरू की, तब जाकर इसका जादू समझ आया। हालात तो नहीं बदलेंगे, लेकिन अगर हम अपने रिएक्शन को बदल दें, तो बहुत फ़र्क पड़ सकता है। मान लीजिये, लाइफ़ पार्टनर या बच्चों से कोई कहासुनी हो जाए, तो गुस्से में कुछ भी बोल देने से रिश्ते में ऐसी दरार आ सकती है जो शायद कभी न भर पाए। ऐसे में माइंडफुलनेस एक तरह से हमें एक स्पेस देती है, जहां हम कूल होकर सोच सकें और शांत मन से बात कर सकें और चीज़ें संभाल सकें।

वर्तमान पलों का तोहफा

अपने आप को सबसे अनमोल तोहफा जो हम दे सकते हैं, वो है वर्तमान पल में जीना। जब हम इस पल में पूरी तरह मौजूद होते हैं, और हमारा दिमाग अतीत या भविष्य में नहीं भटकता, तो हम एक सुकून और संतुष्टि महसूस करते हैं। जो अभी हो रहा है, उसके प्रति कोई विरोध नहीं होता, और इससे मन में शांति छा जाती है। ये शांति एक स्वाभाविक एहसास होती है, जहां बेचैनी अशांति के लिए कोई जगह नहीं होती है।

फ़ोकस/ध्यान केंद्रित होना

ध्यान और फोकस के बढ़ते महत्व को कंपनियां अब नज़रअंदाज़ नहीं कर पा रही हैं। उनके लिए ये बात साफ़ हो रही है कि कर्मचारियों की मानसिक शांति और ध्यान, उनकी उत्पादकता और कंपनी के विकास के लिए बेहद ज़रूरी हैं। जितना ज़्यादा कर्मचारी अपने काम में डूबे रहेंगे, उतना ही बेहतर परिणाम सामने आएंगे। हार्वर्ड के एक महत्वपूर्ण अध्ययन ने इस बात पर मुहर लगाई है। हार्वर्ड में मैथ्यू किलिंग्सवर्थ और डैनियल गिल्बर्ट ने एक बड़ी रिसर्च की, जिसमें उन्होंने पाया कि लोग जागते हुए समय का 46.9% हिस्सा कुछ और ही सोचते हुए बिता देते हैं, और ये विचार ज्यादातर दुखी करने वाले होते हैं। मतलब, ये स्टडी बताती है कि मन भटकना आम बात है, जिससे दुख होता है और काम में कमी आती है। इसलिए, गूगल जैसे दिग्गज तकनीकी कंपनियों ने ध्यान और मन की शांति को बढ़ावा देने के लिए विशेष कार्यक्रम शुरू किए हैं। उनका 'सर्च इनसाइड योरसेल्फ' कोर्स इस दिशा में एक बड़ा कदम है। माइक्रोसॉफ्ट, एप्पल, नाइकी और लिंक्डइन जैसी बड़ी कंपनियां भी अपने कर्मचारियों के लिए ध्यान केंद्रित करने के तरीके अपना रही हैं, ताकि वे ज़्यादा रचनात्मक, खुश और ऊर्जा से भरे रहें।

ख़ुशी और सुकून

हार्वर्ड की इस स्टडी में मैथ्यू किलिंग्सवर्थ ने कहा है कि हम वर्तमान से

कितनी बार दूर जाते हैं और किस बारे में सोचते हैं, ये इस बात का सबसे अच्छा संकेत देता है कि हम कितने खुश हैं। यह बात हम जो काम कर रहे होते हैं, उससे भी ज्यादा मायने रखती है। वैज्ञानिक अध्ययनों में भी इस बात की पुष्टि हुई है कि एक भटकता हुआ मन अक्सर दुखी होता है, और उलझनों में फंसा रहता है। अगर हम अपने मन को वर्तमान पल में टिकाए रखें, तो ज़िंदगी के छोटे-छोटे लम्हों का आनंद ले सकेंगे, और ख़ुशी अपने आप हमारे पास आ जाएगी।

सकारात्मक जज़्बात

नॉर्थ कैरोलिना यूनिवर्सिटी की मनोविज्ञान प्रोफेसर बारबरा फ्रेडरिक्सन का कमाल का काम बताता है कि सकारात्मक जज़्बात और दिमाग की शांति (mindfulness) के बीच कितना गहरा रिश्ता है। उनकी 'ब्रॉडेन एंड बिल्ड' थ्योरी कहती है कि सकारात्मक जज़्बात हमें पल में जीना सिखाते हैं, जिससे हम अपने आस-पास की चीज़ों को और अच्छी तरह देख और समझ पाते हैं।

इसके अलावा 'ओपन हार्ट' नाम की एक स्टडी में, बारबरा ने देखा कि जब लोगों ने मन लगाकर ध्यान किया, तो उनकी जिंदगी में और भी खुशियां भर गईं। इस स्टडी में, कुछ लोगों को रोज ध्यान करने के लिए कहा गया, जबकि बाकी लोग अपनी रोजमर्रा की जिंदगी जीते रहे। तीन महीने बीतने के बाद, बारबरा ने देखा कि जो लोग रोज ध्यान करते थे, वो अपनी जिंदगी की छोटी-छोटी चीजों में भी ख़ुशी ढूंढने लगे थे। वो हर चीज को नए नजरिए से देखने लगे थे, जैसे कि जिंदगी में खुशियों के ढेर सारे मौके उनका इंतजार कर रहे हों। उन्हें अपने आस-पास के लोगों से ज्यादा लगाव महसूस होने लगा और वो उनकी परेशानियों को समझने लगे थे। वो अपनी ज़िंदगी की अच्छी चीज़ों का मज़ा लेना और मुश्किलों का हल ढूंढने में माहिर हो गए। ये आदतें बस चंद दिनों की बात नहीं थीं, बल्कि इनसे उनकी सोच और जीने का तरीका ही बदल गया। इस रिसर्च से पता चला कि खुश रहने के लिए जिस तरह हम हंसते-खिलखिलाते हैं, उसी तरह ध्यान लगाना भी ज़रूरी है। बारबरा ने इस बात पर भी ज़ोर दिया कि ख़ुशी और माइंडफुलनेस एक दूसरे के पूरक हैं। एक बढ़ता है तो दूसरा भी अपने आप बढ़ने लगता है। मतलब ये कि अगर आप अपनी ज़िंदगी में और खुशियां चाहते हैं, तो ध्यान लगाना शुरू कर दें। बारबरा की रिसर्च से पता चला कि माइंडफुलनेस ट्रेनिंग लोगों को वो चीज

सिखाती है जो पॉजिटिव इमोशन्स के साथ अपने आप आती है। वो लोगों को अपने दिमाग को खोलना सिखाती है। खुलापन और पॉजिटिविटी एक दूसरे से जुड़े हुए हैं, एक दूसरे को जन्म देते हैं और बढ़ाते हैं। ये नया खुलापन पॉजिटिविटी के दरवाजे खोल देता है, जिससे खुशहाली का एक बढ़ता हुआ सिलसिला शुरू हो जाता है।

भावनात्मक जागरूकता

पिछले बीस सालों में, खासकर डैनियल गोलमैन की किताब "इमोशनल इंटेलिजेंस" के बाद से, लोग अपनी और दूसरों की भावनाओं को समझने पर बहुत ध्यान देने लगे हैं। यह बात निजी जिंदगी और ऑफिस, दोनों जगह मायने रखती है। आजकल तो बहुत से एचआर वाले भी किसी की इमोशनल समझ (Emotional Quotient) को दिमागी समझ (Intelligence Quotient) से ज्यादा तवज्जो देते हैं। इसमें कोई शक नहीं कि चाहे लीडर हों या नहीं, सबको मिलकर काम करना होता है। अगर हम अपनी भावनाओं को समझेंगे, तो दूसरों के लिए हमारी हमदर्दी भी बढ़ेगी।

सेहत और मर्ज़

तनाव और सेहत का गहरा नाता है, ये बात कई रिसर्च से साबित होती है। स्ट्रेस और चिंता, कई बीमारियों को बुलावा देते हैं। पेट के डॉक्टर के तौर पर, मैंने बीस सालों में देखा है कि पेट की बीमारियाँ जैसे इरिटेबल बाउल सिंड्रोम (IBS), डाइजेस्टिव प्रॉब्लम, और भी बहुत कुछ, अक्सर बढ़ते तनाव, चिंता और डर से जुड़ी होती हैं। हाल ही में, हमने भारत में हार्ट अटैक के मामलों में बढ़ोतरी देखी है, खासकर युवाओं में, जहां तनाव एक बड़ा खलनायक है।

इसलिए, तनाव और चिंता को कम करने के लिए ध्यान (माइंडफुलनेस) एक अच्छा अभ्यास है, और बहुत से डॉक्टर और अस्पताल इसका खूब इस्तेमाल कर रहे हैं। डॉ. जॉन कबाट-जिन्न द्वारा विकसित MBSR (माइंडफुलनेस-बेस्ड स्ट्रेस रिडक्शन) कार्यक्रम में आठ हफ्तों तक मानसिक एकाग्रता का अभ्यास सिखाया जाता है, और इसका दुनिया भर में बहुत फायदा देखा गया

है। यह ब्लड प्रेशर, डायबिटीज, सिर दर्द, चिंता, और थकान जैसी बीमारियों को कम करने में बहुत मददगार साबित हुआ है।

क्रिएटिविटी

बहुत सारे रिसर्च बता रहे हैं कि माइंडफुलनेस से हमारी क्रिएटिविटी बढ़ती है। हमें अपने अनुभव से भी पता है कि जब हम खुले दिमाग वाले, उत्सुक और वर्तमान में जीते हैं, तभी हम सबसे ज्यादा क्रिएटिव होते हैं। जब हम आराम की स्थिति में होते हैं, जैसे नहाते समय, मेडिटेशन करते हुए या टहलते हुए, तो कई शानदार आइडियाज़ दिमाग में आते हैं। माइंडफुलनेस, क्रिएटिविटी बढ़ाने का एक बेहतरीन तरीका है। ध्यान की 'ओपन मॉनिटरिंग' तकनीक, जिसमें ध्यान किसी एक चीज़ पर केंद्रित नहीं होता, हमारी सोच को अलग-अलग दिशाओं में ले जाने में मदद करती है। इससे हम किसी समस्या के कई अलग-अलग हल ढूंढ पाते हैं, जो कि क्रिएटिविटी से जुड़ा हुआ है।

खेल

हर खिलाड़ी इस बात से सहमत होगा कि खेल में दिमाग का खेल बहुत बड़ा होता है। जब कोई क्रिकेटर खराब फॉर्म में चलता है, तब अक्सर ये उसके दिमाग का ही फितूर होता है, जिससे उसका फुटवर्क और ड्राइव कमजोर पड़ जाते हैं और आउट होने का खतरा बढ़ जाता है।

माइंडफुलनेस का इस्तेमाल खेलों की ट्रेनिंग में खूब होता है। सब जानते हैं कि जब खिलाड़ी चौकन्ना, फ़ोकस्ड और अपने वर्तमान में 'मौजूद' होता है, तभी वह अपना बेस्ट दे पाता है। मान लें एक फ़ुटबॉलर पेनल्टी ले रहा है और गोल करने के चांस के बारे में सोचने लगे, तो उसका खेल खराब होगा ही। लेकिन अगर वो इसी पल पर ध्यान दे और सिर्फ गोल और गोलकीपर पर फ़ोकस करे, तो उसका पूरा नज़रिया ही बदल जाएगा।

मनोवैज्ञानिक डॉ. कीथ कॉफ़मैन, डॉ. टिमोथी पिनू, और डॉ. कैरोल ग्लास ने "माइंडफुल स्पोर्ट्स परफॉर्मेंस एन्हांसमेंट" किताब लिखी है, जिसमें उन्होंने

खेलों में खिलाड़ी को 'ध्यान' केंद्रित करने के तरीकों के बारे में बताया है। किसी टीम के खिलाड़ी जितना ज़्यादा अपने खेल में ध्यान लगाते हैं और वर्तमान में रहते हैं, उतना ही ज़्यादा उनके सर्वोत्तम प्रदर्शन वाले "ज़ोन" में जाने की संभावना बढ़ती है। जब उन्हें अपने अंदर के विचारों, संवेदनाओं और चिंताओं का एहसास होता है, तो ध्यान कहीं न कहीं उनके जज़्बातों को खुलकर सामने आने का मौका देता है और उन्हें ज़्यादा परेशान होने से बचाता है।

अपने करियर में, फिल जैक्सन ने शिकागो बुल्स और लॉस एंजेल्स लेकर्स जैसी बड़ी टीमों को कोचिंग दी और किसी भी दूसरे कोच से ज्यादा चैंपियनशिप जीतीं। वो अपनी टीमों को कुल ग्यारह बार NBA चैंपियनशिप जिताने में कामयाब रहे – छह बार शिकागो बुल्स के साथ और पाँच बार लॉस एंजेल्स लेकर्स के साथ। जैक्सन अपनी कोचिंग में माइंडफुलनेस और ज़ेन बौद्ध धर्म की प्रैक्टिस को अपनी कामयाबी का बड़ा कारण मानते हैं। माइकल जॉर्डन, शकील ओ' नील और कोबी ब्रायंट जैसे दिग्गज खिलाड़ियों को उन्होंने इसी तरीके से कामयाबी की ऊंचाइयों पर पहुंचाया। उनकी किताब 'इलेवन रिंग्स', जो उन्होंने ह्यूग डेलेहंटी के साथ मिलकर लिखी है, इसी सफ़र की कहानी है - कामयाबी की, नेतृत्व की, और माइंडफुलनेस की।

माइंडफुलनेस का अभ्यास करना

अब जब हमने ये समझ लिया है कि ये सब करना 'क्यों' ज़रूरी है, तो चलिए अब असली मुद्दे पर आते हैं - माइंडफुलनेस करते कैसे हैं? माइंडफुलनेस और मेडिटेशन के बारे में इतनी गलतफहमियां हैं कि जो लोग इसको करना चाहते हैं, वो अक्सर उन्हीं में उलझ कर रह जाते हैं। यही वजह है कि मैं इसे जानबूझ कर अभ्यास या प्रैक्टिस कहता हूं।

इसे सीधे तौर पर वर्तमान क्षण में लौटने का अभ्यास कहना ज्यादा सही और व्यावहारिक होगा। ये सार्वभौमिक है और पूरी तरह से धर्मनिरपेक्ष है। यही इसकी लोकप्रियता का एक बड़ा कारण है। इसमें कोई रस्में, हठधर्मिता या धार्मिक मान्यताएं नहीं जुड़ी हैं। यह सभी धर्मों और विश्वासों से परे है क्योंकि यह वर्तमान क्षण पर केंद्रित है, जो किसी विशेष धर्म या संप्रदाय से संबंधित नहीं है।

आम तौर पर, अभ्यास करते समय, हम किसी ऐसी चीज़ का सहारा लेते हैं जो हमें वर्तमान में खींच लाए। यह हमारी सांसें हो सकती हैं, लेकिन कोई आवाज़, नज़ारा, स्वाद, खुशबू, या स्पर्श भी हो सकता है। हमारी इंद्रियां हमेशा वर्तमान में जीती हैं, वे भूत या भविष्य को नहीं जानतीं। और अगर हम चाहें, तो बिना किसी सहारे के भी, हम अपने अनुभव में जो कुछ घट रहा है, उसके प्रति जागरूक रह सकते हैं। ये हमारे ऊपर है कि हम किस तरह अपने वर्तमान में डूबना चाहते हैं।

सांसों के साथ सचेतनता

यह बहुत आसान है। बैठने के लिए कोई भी आरामदायक जगह चुन लें - चाहे कुर्सी हो, सोफा हो या फिर कोई गद्दी। अगर ज़मीन पर बैठना पसंद है, तो चटाई या दरी बिछाकर बैठ सकते हैं। लेट कर भी कर सकते हैं, पर ध्यान रहे कि नींद ना आ जाए। कोई खास तरीके से बैठने की ज़रूरत नहीं है, जैसे ऑफिस या घर में बैठते हैं वैसे ही बैठें। अगर गद्दी इस्तेमाल कर रहे हैं, तो आराम से पालथी मार लें।

चलिए, एक पल के लिए रुकते हैं और ध्यान देते हैं कि आप अपनी सांसों को सबसे आसानी से कहां महसूस कर सकते हैं। क्या सांसें नाक में हवा के आने-जाने से सुनाई दे रही हैं, सीने के ऊपर-नीचे होने से या पेट के फूलने-सिकुड़ने से इनका पता चल रहा है? अपनी नॉर्मल, रोज की सांसों पर ध्यान दें। जबरदस्ती गहरी सांस लेने की कोशिश न करें। बस सांस लेने और छोड़ने पर ध्यान दें, और बस आराम से सांसों का पीछा करें। जैसे हवा अंदर जाती है, वैसे ही बाहर भी जाएगी - बिना किसी एफर्ट के, अपने आप।

जब आप आराम से बैठकर अपनी सांसों पर ध्यान दे रहे होते हैं, तो एक आम समस्या आ सकती है - आपके विचार। बहुत से लोग सोचते हैं कि ध्यान करते समय विचारों को पूरी तरह रोकना ज़रूरी है, नहीं तो सब बेकार है। लेकिन ऐसा नहीं है। अपने विचारों को आने दें, जाने दें। उनमें उलझें मत, न ही उन्हें दबाने की कोशिश करें। ज़ेन मास्टर शुन्यू सुज़ुकी ने इसे बड़े ही खूबसूरत तरीके से समझाया है: "अपने घर का अगला दरवाज़ा और पिछला दरवाज़ा खुला छोड़ दो। विचारों को आने दो, जाने दो। बस उन्हें चाय पिलाने मत बैठो।"

शुरुआत में जब लोग माइंडफुलनेस या मेडिटेशन करने लगते हैं, तो ज्यादातर अपने ख़यालों से परेशान होते हैं और उन्हें रोकने की कोशिश करते हैं। मेरे साथ भी ऐसा ही हुआ, और मैं अक्सर थक-हार कर निराश हो जाता था। जितना मैं उन्हें रोकने की कोशिश करता, उतने ही वो ज़ोर पकड़ते। फिर मैंने उन्हें आने-जाने दिया, बिना उन पर ध्यान दिए, और तब मैं ज्यादा देर तक मेडिटेशन कर पाया। असल बात ये है कि उन्हें स्वीकार करें, भगाएं मत। जब भी ख़यालों में उलझें, तो धीरे से अपनी सांसों पर वापस आ जाएं। ख़यालों को बस "सोच" का लेबल लगा दें और वर्तमान में लौट आएं। हर बार जब आप वर्तमान में लौटते हैं, तो आप अनुपस्थित रहने या ध्यान न देने के चक्र को तोड़ रहे होते हैं। विचार, भावनाएं, और आपकी जागरूकता में जो कुछ भी है, वो सब इस अभ्यास का हिस्सा हैं।

आवाज़ों के साथ माइंडफुलनेस/ध्यान

हमेशा कोई न कोई आवाज़ हमारे आस-पास होती है, कभी सफ़र में ट्रैफिक की आवाज़ तो कभी घर या दफ्तर में काम-धंधे की आवाज़ें। बहुत सारे लोगों को लगता है कि दिमाग को शांत करने के लिए पूरी तरह से सन्नाटा चाहिए, और इसीलिए वे ये काम सिर्फ़ घर के किसी एकांत कोने में करते हैं। मगर ये बिल्कुल ज़रूरी नहीं है! ज़्यादातर लोगों को ये तरीका मुश्किल, झंझट भरा और नामुमकिन सा लगता है, जिससे वे ध्यान करने से ही कतराने लगते हैं।

आवाज़ें हमें वर्तमान में खींच लाने का एक बढ़िया ज़रिया हो सकती हैं। सांसों की तरह, आवाज़ें या कोई भी इंद्रियों का अनुभव हमें पल में जीना सिखा सकता है। इसमें मकसद विचारों में उलझना या उन्हें दबाना नहीं है, बल्कि बस आवाज़ों के प्रति सजग होना है। जब आप आवाज़ों पर ध्यान देते हैं, तो उनकी सामग्री या ऊँचाई पर नहीं, बल्कि ध्वनि की अनुभूति पर ध्यान देना होता है।

यह अभ्यास बहुत सरल है। किसी भी आरामदायक स्थिति में बैठें और अपने आस-पास की आवाज़ों पर ध्यान केंद्रित करें।

आंखें खुली या बंद रखने का फैसला आपका है, लेकिन शुरू में आंखें बंद रखेंगे तो शायद आस-पास की चीजों से ध्यान नहीं भटकेगा। जब कभी कोई

ख़याल आए, तो न उसमें उलझना है, न उसे जबरदस्ती रोकना है। बस धीरे से वापस उन आवाज़ों को सुनने लगें जो आपके आस-पास हैं। ये आवाज़ें कैसी भी हों, उन्हें किसी खांचे में डालने या उनके बारे में सोचने की कोई ज़रूरत नहीं है।

एक और तरीका ये भी है कि बीच-बीच में सांसों और आवाज़ों के बीच ध्यान को स्थानांतरित किया जाए। मुझे तो एक से दूसरे पर ध्यान ले जाने में बहुत फायदा होता है, खासकर जब थकान हो या ध्यान भटक रहा हो।

इसलिए, ध्यान लगाने के तरीके में आप क्रिएटिव हो सकते हैं। मैं अक्सर सुबह काम पर जाते समय, बैकग्राउंड में सुनाई देने वाली आवाज़ों को ध्यान का केंद्र बना लेता हूँ। मेरा ड्राइवर मुझे हॉस्पिटल छोड़ने आता है, और मैं पीछे बैठकर, सभी बैकग्राउंड साउंड्स को एक ही धुन में मिलाकर, अपने मन को शांत करने के लिए इस्तेमाल करता हूं। जब तक मैं हॉस्पिटल पहुँचता हूँ, तब तक मैं एकदम शांत और रिलैक्स हो चुका होता हूं। मैं तो एयरपोर्ट पर चेक-इन करने के बाद भी यही करता हूं। वहां की सारी बैकग्राउंड आवाज़ें - लोगों की बातचीत, आना-जाना - सब एक धुन में मिल जाती हैं, मज़ा आ जाता है। फ्लाइट का इंतज़ार करते हुए इन सब आवाज़ों पर ध्यान देना, टाइम पास करने का एक बढ़िया तरीका है। आप चाहें तो स्वाद, खुशबू, नज़ारों और दूसरी संवेदनाओं का भी सहारा ले सकते हैं।

जीवन जीते हुए 'ध्यान'

जॉन कबाट-जिन्न कहते हैं, 'असली ध्यान तो ये है कि हम अपनी जिंदगी कैसे जीते हैं।' और इसमें कोई दो राय नहीं। माइंडफुलनेस का असली मज़ा तो इसे दिन भर इस्तेमाल करने में है, जागने से लेकर सोने तक, ताकि हमारी जिंदगी और रिश्ते और भी बेहतर बन सकें।

सुबह जब हम उठते हैं, ब्रश करते हैं, मुँह धोते हैं, तो मन में हम ये सोच सकते हैं कि हम ब्रश कर रहे हैं या मुँह धो रहे हैं। हो सकता है कि उठने के बाद हम पूरी तरह से होश में न हों, लेकिन ऐसा सोचने से हम ये पक्का कर लेते हैं कि हम ये काम यूँ ही नींद में नहीं कर रहे हैं। नहाते समय भी अगर हम इस बात पर ध्यान दें कि हम नहा रहे हैं, तो इससे दिन की शुरुआत एकदम फ्रेश और सुकून भरी हो सकती है। पानी का शरीर पर लगना, साबुन

की खुशबू, ये सब चीज़ें हम और भी अच्छे से महसूस कर सकते हैं। फिर तैयार होते समय भी हम मन में कह सकते हैं कि हम कमीज़ पहन रहे हैं या बेल्ट लगा रहे हैं।

अक्सर सुबह-सुबह हम सबकी तरह मैं भी जल्दी में होता हूँ, पर इसका मतलब ये नहीं कि हम अपने आस-पास हो रही चीज़ों पर ध्यान नहीं दे सकते। हमें थोड़ा धीमा होने की ज़रूरत नहीं है, बस थोड़ी जागरूकता दिखानी है। शर्ट पहनते हुए या बेल्ट लगाते हुए भी अगर हम ध्यान दें, तो हम अपनी बेपरवाही वाली आदत से बाहर आ सकते हैं। जब हम अपनी कार में बैठते हैं या कोई और सवारी पकड़ते हैं, तो मन ही मन "दरवाज़ा खोल रहा हूँ" या "बैठ रहा हूँ" कहना भी एक अच्छी शुरुआत है। ऐसी छोटी-छोटी चीज़ें हमें और ज़्यादा जागरूक बना सकती हैं। भले ही ये कोई बड़ा बदलाव न लगे, लेकिन ये हमारे दिमाग को नई तरह से सोचने पर मजबूर करता है। जितना हम इन चीज़ों को करेंगे, उतना ही ये आदत बन जाएगी और हम और ज़्यादा सजग हो जाएंगे।

लेखिका और माइंडफुलनेस एक्सपर्ट मीरा श्रीनिवासन ने 4टी (टी, टॉयलेट, टेलीफ़ोन, ट्रांज़िशन) का ज़िक्र किया है, जिन्हें हम अपने वर्कप्लेस में आराम से इस्तेमाल कर सकते हैं, फिर चाहे हम घर से काम कर रहे हों या ऑफिस से।

चाय या कॉफी ब्रेक, ये तो हर जगह होते ही हैं, और हमें कुछ पल के लिए वर्तमान में वापस लाते हैं। बस यूँ ही चाय की चुस्कियाँ लेने या कुछ खाने की बजाय, हम इन चीज़ों को करते हुए पूरे होश से ध्यान दे सकते हैं:

a) हम अक्सर टॉयलेट या वाशरूम का इस्तेमाल करते हैं, खासकर हाथ धोने के लिए। एक डॉक्टर होने के नाते, मैं हर मरीज के बाद हाथ धोता हूँ, जिससे मुझे फिर से वर्तमान में आने का मौका मिलता है। हाथों पर पानी और साबुन का एहसास हमें अपने आप ही फिर से ध्यान केंद्रित करने में मदद करता है।

b) हमारा मोबाइल तो दिन भर चालू ही रहता है ना! और ये हमें बार-बार पल में जीने का एक और मौका देता है। अगर हर बार नहीं, तो कभी-कभी ही सही, जब भी हम मैसेज, नोटिफिकेशन देखें या फोन उठाएँ, उस समय को खुद को वापस इस पल में लाने के लिए इस्तेमाल कर सकते हैं।

c) हम हमेशा एक काम से दूसरे काम में भागते रहते हैं, लेकिन यही वो

समय होता है जब हम इस भागदौड़ भरी ज़िंदगी से एक पल के लिए निकल सकते हैं। मेरे केस में, जब मैं ओपीडी से एंडोस्कोपी रूम जाता हूँ या राउंड्स पर निकलता हूँ, तो मैं जानबूझकर ध्यान से चलता हूँ। अपने हर कदम, हर हरकत पर ध्यान देता हूँ, जिससे मैं वापस इस पल में आ जाता हूँ।

d) घर से काम करने वाले भी हमेशा एक काम से दूसरे काम में, या एक कमरे से दूसरे कमरे में भागते रहते हैं। ये सभी मौके हैं जब हम फिर से अपने होश में आ सकते हैं और दिमाग के भटकने के चक्र को तोड़ सकते हैं।

सचेत होकर भोजन करें

माइंडफुल ईटिंग यानी होशपूर्वक खाना, अपनी रोज़मर्रा की ज़िंदगी में माइंडफुलनेस लाने का और खाने के मज़े को कई गुना बढ़ाने का एक ज़बरदस्त तरीका है। अक्सर हम फ़ोन देखते या टीवी देखते हुए, जल्दबाज़ी में खाना खा लेते हैं। ऐसे में हम ज़्यादा खा लेते हैं क्योंकि पेट से भूख मिटने का सिग्नल दिमाग तक कुछ देर से पहुँचता है। जल्दी-जल्दी में खाना खाने पर दिमाग इसे ठीक से रजिस्टर नहीं कर पाता। साथ ही, जल्दबाज़ी में होने के कारण, हम खाने का मज़ा नहीं ले पाते और हमें पता ही नहीं चलता कि हमने क्या खाया।

माइंडफुल ईटिंग का मतलब है कि खाना जब मुंह में जाता है, उसी पल से लेकर खत्म होने तक, खाने के पूरे सफर के प्रति सजग रहना। एक मिनट निकालकर इस बात पर सोचें और शुक्रिया अदा करें कि यह खाना किसी दूर जगह से आपकी थाली में कैसे पहुंचा है। इसके पीछे किसानों की कितनी मेहनत है, और हम सब कैसे एक दूसरे से जुड़े हुए हैं।

खाने से पहले, एक बार ठहर कर अपने आप से पूछें - "मुझे कितनी भूख है?" और शरीर क्या संकेत दे रहा है? ध्यान से देखें कि सामने जो खाना है, उसका रंग, रूप, बनावट और खुशबू कैसी है। खाने को मुंह में आने दें, लार के साथ मिलने दें और ध्यान से चबाएं। निगलने से पहले धीरे-धीरे और मन लगाकर चबाएं - बस ऐसे ही निगल जाने के बजाय, निगलने की इच्छा को भी महसूस करें। निगलने के बाद, खाने को पेट में जाते हुए महसूस करें, उसके स्वाद को चखें और खाने का अगला निवाला फिर से मुंह में डालने की प्रक्रिया शुरू करें।

ज़रूरी नहीं कि हर खाने के साथ ये हो पाए, लेकिन अगर दिन में एक बार भी इस तरीके को अपनाया जाए, तो खाने का मज़ा ही कुछ और होता है। आप अपने खाने के प्रति जागरूक हो जाते हैं, उसमें आनंद और स्वाद का एहसास भर जाता है, और साथ ही आप एक ज़रूरी काम को ध्यान से करने लगते हैं। अगर वक़्त की कमी हो, तो कुछ निवालों को भी ध्यान से खाने से आप वर्तमान में लौट सकते हैं। जब हम ध्यान से खाते हैं, तो सेब के कुरकुरेपन, आइसक्रीम की ठंडी मिठास, या प्यास लगने पर पानी की शीतलता का भी आनंद ले पाते हैं। ज़रा प्यास लगने पर पानी पीकर देखिए, और पहली कुछ घूंटों का मज़ा लीजिए। मानो अमृत पी रहे हों।

माइंडफुल कम्युनिकेशन

अपनी बात कहना और सुनना, ये तो हमारी ज़िंदगी का अहम हिस्सा है, चाहे वो काम की हो या पर्सनल। पर अक्सर हम अपनी ही सोच और चिंताओं में इतने खोए रहते हैं कि सामने वाले के लिए वक्त ही नहीं निकाल पाते। जब वो कुछ कह भी रहा होता है, तब हम अपने जवाब की तैयारी में लगे होते हैं और इस चक्कर में उससे गहराई से जुड़ नहीं पाते।

ध्यान से बातचीत करने का मतलब है, सामने वाले को ध्यान से और पूरी हमदर्दी से सुनना। और ये ध्यान लगाने वाली बात असल में एक ऐसी प्रक्रिया है जिसमें हम खुद को, अपने खयालों को और अपनी भावनाओं को सुनना सीखते हैं। ये थोड़ा अजीब लग सकता है, लेकिन ध्यान से बातचीत की शुरुआत खुद से होती है, और फिर इसका विस्तार दूसरों तक होता है।

"फाइंडिंग द स्पेस टू लीडः अ प्रैक्टिकल गाइड टू माइंडफुल लीडरशिप" की लेखिका और इंस्टीट्यूट फॉर माइंडफुल लीडरशिप की संस्थापक जेनिस मार्दुरानो ने ग्रेगरी क्रामर (इनसाइट डायलॉग के लेखक) की मेथडोलॉजी पर आधारित माइंडफुल कम्युनिकेशन की एक प्रक्रिया बताई है। इसमें चार स्टेप्स हैं, जिन्हें आसान स्टेप्स में समझा जा सकता है, लेकिन असल में ये एक ही प्रोसेस का हिस्सा हैं।

1. ज़रा ठहरें, क्योंकि जब आप ऐसा करते हैं, तो आपको अपने और अपनी भावनाओं के साथ जुड़ने का मौका मिलता है। अपनी सांसों की अनुभूति

या अपने शरीर को महसूस करके आप वर्तमान में आ सकते हैं, ताकि आप अपने पूरे अस्तित्व - मन, शरीर और आत्मा - के साथ बातचीत में शामिल हो सकें।

2. जो कुछ आपकी कल्पना, उम्मीद या चाहत में है, उस पर ध्यान देने की बजाय जो यहां, इस पल में मौजूद है उसे अपनाएं। अपनी पहले से बनी धारणाओं और उम्मीदों को बातचीत में घुसने मत दें, क्योंकि ये आपको पूरी तरह से यहां, इस पल में मौजूद होने से रोकती हैं। खुले दिमाग से बातचीत में गहराई से अंदर जाने की इच्छा रखें।

3. जब आपको ऐसा लगे कि आपका ध्यान भटक रहा है, तो गहरी बातों को सुनें और अपना ध्यान वापस लाएं। इसमें खुद को सुनना भी शामिल है। आपके भीतर की वह आवाज, जो दूसरों के एहसासों और विचारों को सुनते समय आपके मन में उठते हैं।

4. सच बोलें, लेकिन इस बात का ध्यान रखें कि किसी को ठेस न पहुंचे। इसके लिए एक ऐसा माहौल चाहिए जहां हर कोई बेझिझक अपने मन की बात कह सके।

'माइंडफुल फोकसिंग' के संस्थापक डेविड रोम कहते हैं कि गहरी बातचीत का मतलब है, पहले खुद को भीतर तक समझना, फिर दूसरों को भी उनकी गहराई में समझने की कोशिश करना। जब हम खुद शांत और सचेत होते हैं, तब दूसरों को ध्यान से सुन पाते हैं। उनके मुताबिक, सवाल-जवाब करने से ज़्यादा ज़रूरी है कि हम किस तरह सुन रहे हैं। किसी भी मतलब के बिना, इंसान होने के नाते, जब हम किसी को ध्यान से सुनते हैं, तो सामने वाले को भी खुलकर बात करने की जगह मिलती है और नई बातें समझ आती हैं।

'कान से सुनना' बनाम 'ध्यान से सुनना'

मशहूर स्कॉटिश संगीतकार, एवलिन ग्लेनी बारह साल की उम्र में बहरी हो गई थीं। मगर इससे उनका संगीत का सफ़र नहीं रुका। उन्हें प्रतिष्ठित पोलर म्यूज़िक पुरस्कार से भी नवाज़ा गया। एक इंटरव्यू में, उन्होंने 'हियरिंग' और 'लिसनिंग' के अंतर पर बात की। उन्होंने कहा कि बहरेपन के कारण वो सुन

नहीं सकतीं, लेकिन इसने उन्हें कभी भी सुनने से नहीं रोका। उन्होंने बताया कि उनके लिए सुनने का मतलब क्या है: 'सुनना एक क्रिया है जिसे हम चुनते हैं। मेरा शरीर ही एक बड़ा कान है, इसलिए मेरे पैर, सिर, उंगलियां, पैर और बहुत कुछ सुनने की प्रक्रिया में शामिल होते हैं। सुनना केवल कानों से नहीं, बल्कि पूरे शरीर को खोलकर नाद, आवाज़ को अनुभव करना है। सुनना भी किसी चीज़ को देखने, सूंघने, छूने और स्वाद लेने जैसा है। कॉन्सर्ट हॉल की ध्वनि मेरे लिए एक ऐसा उपकरण है जिस पर मैं ध्वनि से पेंटिंग करती हूं। मैं जो वाद्य बजाती हूं वो बस एक ज़रिया है। जब मैं हॉल में खड़ी होती हूं, तो मुझे ध्वनि सुनाई नहीं देती, लेकिन मैं उसका वज़न और मौजूदगी महसूस करती हूं। आपका सुनना कितना गहरा है?'

एवलिन ग्लेनी के अनुसार, गहराई से सुनने का आशय किसी वर्ग, ढांचे, उम्र, जाति, रंग या किसी और चीज़ के बारे में केंद्रित होने से नहीं है, बल्कि हमारे अंदर क्या है और हम खुद से क्या कहते हैं, सुनने की प्रक्रिया दरअसल उससे जुड़ने की है।

चहलकदमी करने में भी लगाएं ध्यान

'माइंडफुल वॉकिंग' मौका देती है कि हम अपनी रोजमर्रा की जिंदगी में सजग होकर एक ढर्रे पर चलते रहने से थोड़ी देर के लिए ही सही, लेकिन मुक्त हों। हम हमेशा गति में रहते हैं, एक जगह से दूसरी जगह जाते हैं। लेकिन हम अक्सर किसी मंजिल पर जल्दी पहुंचने की हड़बड़ी में होते हैं। इस आपाधापी में हम जिंदगी की रौनक को भूल जाते हैं। हम भूल जाते हैं कि चलते समय, हम जीवित हैं, और अपने शरीर के सभी अंगों का प्रभावी ढंग से इस्तेमाल करने में सक्षम होना हमारे लिए एक आशीर्वाद से कम नहीं है।

जब हम सजग होकर से चलते हैं, तो हर कदम एक तोहफा बन जाता है। हमारे पैरों और हाथों की हलचल, जमीन पर पैरों का स्पर्श, चेहरे पर हवा का एहसास, ये सब मन की भटकन को तोड़कर हमें मौजूदा पल में वापस ले आते हैं। रोज़ थोड़ा समय निकालकर 'ध्यान' देकर चलिए, या जब भी याद आए, अपने शरीर और उसकी हरकतों पर ध्यान दजिए। बस, आप वर्तमान में लौट आएंगे।

इस गुज़र रहे पल से रूबरू हों

हमारी सबसे बड़ी सीख ये है कि इस पल के साथ करीब और गहराई से जुड़ने की हमारी इच्छा ही हमें आज़ादी और खुशहाली के रास्ते पर ले जाती है। लेखिका और शिक्षक अमोदा मा ने अपनी किताब 'एंबडीड एनलाइनमेंट' में बहुत खूबसूरती से लिखा है, 'अस्तित्व की अद्भुत भव्यता का अनुभव करने के लिए आपको खुद को खुला रखना होगा, हर पल की अंतरंगता और उसमें जो कुछ भी प्रकट होता है, आपको हमेशा उसके स्वागत के लिए तैयार रहना चाहिए।' वो कहती हैं कि ये पल हमेशा हमारे साथ होता है, ये हमें कभी नहीं छोड़ता। थोड़ी देर ठहरें और जो कुछ भी है उसके लिए खुद को खुला छोड़ दें। हमें बस इस पल के डर, प्रतिरोध, वल्नेरबिलिटी और सुंदरता के लिए खुले रहना है।

ध्यान (माइंडफुलनेस) का रास्ता बीच का पवित्र रास्ता है। इसमें न तो बेसब्री से अतीत को पकड़ना है और न ही भविष्य के डर से कांपना है। बस जो अभी है, इसी पल में, उसके साथ मौजूद रहना है।

अभ्यास

- दिन में समय-समय पर विराम लेना ज़रूरी है। कार में यात्रा करते समय या टहलते हुए, कुछ पल रुककर ताज़ा हवा का आनंद लें या चेहरे पर धूप को महसूस करें। ऑफिस में काम के बीच, कुछ सेकंड के लिए रुककर अपने कार्यों के प्रति जागरूक बनें।
- अपने शरीर से जुड़ने के लिए समय निकालें। इस समय आप कैसा महसूस कर रहे हैं? क्या आपको कहीं जकड़न या खुलापन महसूस हो रहा है? जैसा भी हो, उसे स्वीकार करें और बदलने की कोशिश न करें।
- समय-समय पर खुद से पूछते रहें - क्या मैं वर्तमान क्षण में मौजूद हूं? और फिर, वापस वर्तमान क्षण में लौट आएं।
- जब आप बैठें, तो कुछ पल रुक कर महसूस कीजिए कि आप बैठे हैं। अपनी पीठ को कुर्सी के सहारे और पैरों को ज़मीन पर रखे होने का एहसास करें।

- जब आप किसी के आने का इंतज़ार कर रहे हों, तो उस वक्त बस अपनी सांसों पर ध्यान केंद्रित करें। ख़्वाह-मख़्वाह फ़ोन में स्क्रॉल करने की बजाय, आपने मन में जो कुछ भी चल रहा है, उसके साथ वक्त बिताएं।
- अपने आस-पास की सभी ध्वनियों पर ध्यान दें। बैठ जाएं और आंखें बंद कर लें। आपके आस-पास से आ रही सभी ध्वनियों, आवाज़ों और संवेदनाओं के प्रति जागरूक होने की कोशिश करें।
- अपने साथी से दिल खोलकर बातें करने का अभ्यास करें। एक दूसरे को ध्यान से सुनें। तीन मिनट तक बारी-बारी से अपनी बात कहें, बीच में कोई टोका-टाकी मत करें। इस दौरान किसी सलाह या राय की ज़रूरत नहीं है, जब आपका साथी अपनी बात कहे तो बस प्यार से सुनें और उससे जुड़ी अपनी भावनाओं को समझने की कोशिश करें।
- बेमन से चाय की चुस्कियां लेते जाने से बेहतर है कि आप इस पल में लौटें, सचेत होकर चाय के स्वाद को अनुभव करें, इस मधुर, गर्म पेय का आनंद लें और कप की गर्माहट को महसूस करें।
- अपनी जगह पर आराम से बैठें और अपने शरीर की ऊर्जा को महसूस करें। क्या आपके हाथ या पैरों में किसी प्रकार की झुनझुनी या कंपन या खुद के 'जीवित' होने का एहसास हो रहा है?
- गाड़ी में बैठकर इंजन स्टार्ट करने से पहले एक पल के लिए ठहरें और आराम से सांस लें। स्टीयरिंग व्हील, गियर को महसूस करें, आपकी पीठ सीट पर और पैर जमीन पर कैसे हैं, इस पर ध्यान दें।
- कोई भी छोटा-मोटा काम पूरी तरह होश में रहकर करें, और अंदर से कैसा लग रहा है, उस पर ध्यान दें। एक कप पकड़ें, पानी पिएं, या कुछ शब्द लिखें, लेकिन इस दौरान पूरी तरह इसी पल में रहें और देखें कि अंदर से कोई विस्तार सा महसूस होता है या नहीं।

4.
डर के आगे जीत, हिम्मत, और अपनी वल्नेरबिलिटी

"इस घर में सबसे सस्ता कमरा डर का हैं। मैं तुम्हें इससे बेहतर जगह पर रहते देखना चाहूंगा।"

- *हाफ़िज़*

डर की चर्चा किए बिना यह किताब अधूरी रहती, क्योंकि डर ने ही मेरी ज़िन्दगी के सबसे बड़े बदलाव की शुरुआत की थी। इस पुस्तक की शुरुआत में मैंने 'दोबारा जन्म लेना' कहा था। हम अपने भीतर के डर का सामना कैसे करते हैं, वह तरीका हमारी ज़िन्दगी पर गहरा असर डालता है। क्या आप उसे दूर भगाने की कोशिश करते हैं, उससे बचते हैं या उसका सामना करने को सहर्ष तैयार हो जाते हैं?

डर के साथ मेरा रिश्ता भी ज़िन्दगी के ज़्यादातर हिस्से में दूसरे लोगों जैसा ही था। मैं अक्सर उससे दूर जाने, बदलने या जहां तक हो सके, कम करने की कोशिश करता था। यह तब तक चलता रहा जब तक मैं उस मुकाम पर नहीं पहुंच गया जहां भागने का कोई रास्ता नहीं बचता है। ज़िन्दगी ने मुझे पूरी तरह घेर लिया था, और मैं डर के उस दमघोंटू एहसास के साथ अकेला रह गया था। पेमा चोड्रोन अपनी किताब 'व्हेन थिंग्स फॉल अपार्ट' में कहती हैं, "जब आप आखिरी हद तक पहुंच जाते हैं, तो आप क्या करते हैं; जब डर से बचने का कोई रास्ता नहीं होता, तो आप डर से कैसे दोस्ती कैसे करते हैं?"

जब मेरी मरीज रश्मि को जानलेवा समस्या हुई और उसकी सर्जरी करनी पड़ी, तब कई दिनों तक मुझे बहुत डर लगा रहा। मुझे लगा कि इस डर के साथ बैठना और उसे करीब से समझना ही आखिरी विकल्प है, क्योंकि

कोई दूसरा रास्ता नहीं था। इससे गुजरना ही था क्योंकि इससे बचा नहीं जा सकता था। ध्यान और मन की एकाग्रता का अभ्यास होने के कारण, मैंने वही किया। जितना हो सकता था, मैंने चिंता और भय के साथ उतना वक्त बिताया। शुरुआत में, यह सब बहुत डरावना लग रहा था। मेरा पहला विचार था कि वह डर मुझे निगल जाएगा और मैं इससे बच नहीं पाऊंगा। फिर भी, मैंने छोटे-छोटे कदम उठाए। मैंने कुछ देर के लिए इसके साथ रहने की कोशिश की और पूरी तरह से इसके साथ रहकर यह पहचानने की कोशिश की कि यह शरीर में कहां महसूस हो रहा है। बस इसे स्वीकार करने से, सीने में जकड़न, दिल में डूबने जैसा एहसास, या पेट में बेचैनी को पहचानने से, मेरे और इस भावना के बीच एक दूरी बन गई।

मैं उस डर और बेचैनी के साथ जितने अधिक समय तक रहा, उतना ही मुझे अपने भीतर हल्का-हल्का सा बदलाव महसूस होने लगा। डर तो अब भी मौजूद था, लेकिन उसके आसपास एक छोटी सी जगह बनने लगी थी। उसके चारों ओर एक छोटी सी दरार सी बन गई थी। जितना मैंने उस एहसास को स्वीकारा और उसे होने दिया, उतना ही वो जगह बढ़ती चली गई और धीरे-धीरे मेरे डर के उस एहसास को गले लगा रही थी। अब, वो सिर्फ डर नहीं था; बल्कि एक गर्मजोशी की मौजूदगी भी थी जो उसे दिलासा दे रही थी।

पेमा चोड्रोन की नसीहत है कि हमें किसी भी एहसास से बाहर निकलने के लिए पहले उसके अंदर गहराई तक जाना होता है। डर का वजूद हमारे सामने एक बिंदी की तरह है, और वह एक दरवाज़े जैसा भी है जिससे हम गुज़र सकते हैं, लेकिन मंज़िल अनिश्चित है। हम खुद को उस डर से बचाने की कोशिश करते हैं क्योंकि वह हमें दुख देगा, इसलिए हम उसके अंदर जाने से बचते हैं। यही वजह है कि डर का आकार और बढ़ जाता है। डर का विरोध करना हमारी समस्या को और बढ़ा देता है। जब हम डर को स्वीकार करते हैं और उसके साथ रहना सीखते हैं, पूरी तरह से उसके साथ मौजूद होते हैं, तब हम उपस्थिति और निडरता की स्थिति में प्रवेश कर सकते हैं।

डर एक आम बात है, हम सब इसे महसूस करते हैं। यह हमारे अस्तित्व का हिस्सा है, और यह हमें सुरक्षित रखने में मदद करता है। लेकिन, समय के साथ, हम इससे जुड़ना भूल गए हैं और इसके आते ही सहम जाते हैं। पेमा कहती हैं कि हमें बिना किसी कहानी के डर के साथ रहना सीखना चाहिए, उससे दूर भागने या उस पर प्रतिक्रिया करने के बजाय उसे अपनाना चाहिए।

हमारी स्वाभाविक प्रवृत्ति डर को दबाने की होती है क्योंकि कंपकंपी,

धड़कते दिल या घबराहट के साथ बैठना असहज होता है। पेमा का सुझाव है कि यह योद्धा का मार्ग है कि वह टूटने और पीछे हटने के बजाय सीखें कि कैसे उठकर आगे बढ़ें। जैसा कि मनोवैज्ञानिक सुसान डेविड कहती हैं, 'साहस डर की अनुपस्थिति नहीं है, बल्कि डर के साथ चलना है।'

अनिश्चय की यह स्थिति बहुत कोमल और स्पंदनशील होती है, और जब हम इसमें बने रहते हैं, तो साहस और करुणा की जड़ें पनपने लगती हैं। जब हम डर की ओर मुड़ते हैं, उसके टटकेपन को स्पर्श करते हैं, और अपने दिलों को खुला रखते हैं, तो हमारे ज्ञान-बोध के दायरे का अनायास विस्तार होने लगता है। जेफ फोस्टर की कविता 'व्हेन यू स्टॉप रनिंग अवे' में इस स्थिति का खूबसूरती से वर्णन किया गया है:

If you sit

just long enough

with sadness, fear or longing or some strange energy

or urge you can't even name

if you sit in a place of no hope and no expectation if you open your heart wide in meditation

the sadness eventually softens the fear becomes intimate

its imagined edges and boundaries dissolving into the vastness

and it reveals its deep intelligence and benevolent nature

for at the core of everything we run away from is everything we long for

but we'll never know if we keep running.

अगर तुम बस यूं ही चुपचाप बैठे रहो,

उदासी, डर या किसी अनजान सी ऊर्जा के साथ,

या किसी ऐसी इच्छा के साथ, जिसे कोई नाम न दिया जा सके,

अगर तुम ऐसी जगह बैठो जहां कोई उम्मीद नहीं, कोई आस नहीं,
अगर तुम 'ध्यान' में मग्न होकर अपने दिल को पूरी तरह खोल दो,
तो उदासी धीरे-धीरे घटने लगती है, डर और करीब आ जाता है,
उसकी मनगढ़ंत सीमाएं एक अनंत में घुलने लगती हैं,
और डर का एक 'समझदार' और 'दयालु' स्वभाव सामने आता है,
हम पाते है कि जिन चीज़ों से हम भागते हैं, असल में हमें उनकी ही तलाश होती है,
पर अगर हम उससे ऐसे ही भागते ही रहेंगे, तो ये कभी पता नहीं चलेगा।

(*भावानुवाद*)

मैंने पहले भी गहरे डर का सामना किया है। मुझे याद है कुछ साल पहले मेरे परिवार में उथल-पुथल मची थी, और मेरे पिता को दिल का दौरा पड़ा था। जिस दिन उन्हें अस्पताल से छुट्टी मिलनी थी, परिवार के सदस्यों के बीच एक तीखी बहस छिड़ गई। मैं इस बात से डर गया था कि मेरे पिता कैसी प्रतिक्रिया देंगे, और मैं पूरी रात सो नहीं सका, इस बात से डरते हुए कि जब वे घर आएंगे तो क्या होगा।

वो एकदम घनघोर, खौफनाक डर था। उन हालात में डर से निपटते वक्त, मैं बस दुआ करता और अच्छे की उम्मीद संजोये रखता था। दांत भींचकर किसी तरह से उस मुश्किल को झेल लेता था, उस डर को दूर धकेल देता था। मगर इस संकट ने मुझे एहसास दिलाया कि इन हालात से निपटने में मेरी मदद सिर्फ एक बड़ा बदलाव कर सकता है। उस बदलाव में शामिल था, अपने डर के बीचोंबीच तक जाना और उसकी जड़ों और शुरुआत को समझना।

यह कहां से आता है? इसका स्रोत क्या है? डर में जाना हमारी सामान्य प्रवृत्ति के खिलाफ है। आने वाले अध्याय में, मैं बताऊंगा कि हम अक्सर डर और अपनी अंधेरी भावनाओं को घना और स्थायी मानते हैं। हमें लगता है कि एक बार आने पर वे हमारे साथ चिपक जाते हैं। लेकिन, ध्यान के अभ्यास से पता चलता है कि हमारी भावनाओं का जीवन सीमित होता है। वे हमारी जागरूकता में लिपटी ऊर्जा से बनी हैं। जब हम जागरूकता में बैठते हैं, तो हम देखते हैं कि हमारी सबसे मजबूत भावनाओं के पीछे, 'उपस्थिति'

और 'चैतन्यता' का प्रकाश होता है। यह एहसास परिवर्तनकारी होता है और इसकी निर्मिति में भावनाओं का जादू आधार बनता है।

मनोवैज्ञानिक, लेखक, और अध्यात्मिक शिक्षक तारा ब्रैक के अनुसार, इंसान रोज़ दो बड़े डर झेलता है: असफल होने का डर और कुछ चूक जाने का डर। असफल होने का डर हमारे दिमाग के उस पुराने (सरीसृप वाले) हिस्से से आता है, जो खुद को अलग-थलग मानता है और हमेशा दूसरों द्वारा ठुकराए जाने से डरता है। दूसरी तरफ, कुछ चूक जाने का डर थोड़ा और विकसित स्तनधारी जीवों वाला डर है। यह मौज-मस्ती या अच्छे मौकों से वंचित रह जाने के डर से पैदा होता है। ब्रैक की सलाह है कि हम खुद को अलग मानने वाले अपने ख़यालों पर ध्यान दें और अपनी भावनाओं से सीधे जुड़ें।

मेरे मामले में, जब मैं डर से जूझ रहा था, मुझे एहसास हुआ कि डर से ज्यादा, मुझे डराने वाली चीजें मेरे मन में चल रही बातें और कहानियां थीं। मुझे असफल होने और लोगों को निराश करने के बारे में सोचकर और डर लगता था। मुझे बार-बार अप्रिय विचार आते थे जैसे: 'मेरे सहकर्मी मेरे बारे में क्या सोचेंगे?' इस विशेष रोगी ने एक अंतरराष्ट्रीय सम्मेलन से मेरी वापसी का इंतजार किया था, और पूरे परिवार ने मुझ पर अपना भरोसा रखा था। मैं खुद को डांटते हुए एक आवाज सुन सकता था, यह सोचकर कि मुझे चीजें अलग तरह से करनी चाहिए थीं, भले ही मुझे गहराई से यह पता था कि इससे परिणाम नहीं बदलता।

इन खराब विचारों को अपने ऊपर हावी होने से रोकने का एक ही तरीका है कि हम अपनी भावनाओं को समझें। अपने डर को स्वीकार करके, हम विचारों को हमला करने से रोकते हैं। हम विचारों में डूबने के बजाय पूरी तरह से शारीरिक संवेदनाओं से जुड़ते हैं। हालांकि विचार तकलीफ दे सकते हैं, लेकिन बदलाव तब होता है जब हम विचारों को हावी हुए बिना अपनी भावनाओं पर ध्यान केंद्रित करते हैं। यह विचार-भावना के चक्र को तोड़ देता है।

हमें यह समझना होगा कि ये कहानियां हमारी भावनाओं और जज़्बातों से बनी हुई हैं। हमारे डर को सबसे ज्यादा ज़रूरत है हिम्मत और प्यार भरे स्वीकार की। जब हम अपनी भावनाओं को गले लगाते हैं और उनके असली अनुभव से जुड़ते हैं, तो ये कहानियां धीरे-धीरे टूटने लगती हैं। इसलिए डर का सामना ध्यान और मन लगाकर करना इतना असरदार हो सकता है। डर

से लड़ने से वो और बढ़ जाता है। जब डर हमारे शरीर में सिकुड़न, जकड़न या भारीपन के रूप में आता है, तो हम अक्सर उसका विरोध करते हैं और खुद को व्यस्त रखकर या ध्यान भटकाकर सुन्न कर लेते हैं। इस विरोध से डर और बढ़ जाता है। इसका बहादुरी से सामना करने का तरीका है डर को आत्मसात करना और उसके सामने डटना, जैसा कि कहा जाता है, 'फील इट टू हील इट'। नहीं तो हम पूरी जिंदगी अपने डर से भागते रह सकते हैं। जैसा कि पेमा चोड्रोन ने बहुत खूबसूरती से कहा है, 'जब तक कोई चीज हमें वो नहीं सिखा देती जो हमें जानना ज़रूरी है, तब तक वो कभी दूर नहीं जाती'। यह मेरे लिए एक गहरा सबक था। अगर मुझमें अपने डर से दोस्ती करने और उससे सीखने की हिम्मत नहीं होती, तो वो मुझे हमेशा सताता रहता।

मनोवैज्ञानिक और लेखक जॉन जे. प्रेंडरगैस्ट कहते हैं कि हमें अपने डर को दिल में जगह देनी चाहिए। जब हम अपने डर का सामना करते हैं, तो यह हमें निडर और मजबूत बनाता है। यह मजबूती मुश्किल समय में भी हमें शांत रखती है और हमारे अंदर की ताकत से हमारा परिचय कराती है।

यहां तक कि बहुत तेज भावनाओं और दर्द के साथ बैठना सीखने से पता चलता है कि उन्हें एक बड़े, खुले स्थान में रखा जा सकता है जो स्थिर और निष्पक्ष है, यहां तक कि सबसे तीव्र भावनाओं को भी समायोजित करता है। यह उपस्थिति हमारा असली स्वभाव है - अविनाशी, संपूर्ण और करुणामय।

साहस भरी उपस्थिति

जब हम डर के बारे में बात करते हैं, तो हम निडरता और साहस के बारे में बात कैसे नहीं कर सकते? अपने डर का सामना करना और अपनी दहशत, बेबसी और उदासी के साथ रहने की इच्छा रखने के लिए बहुत बहादुरी की ज़रूरत होती है। यह कमजोर दिल वालों के लिए आसान नहीं है। यह प्रक्रिया 'अज्ञात' के लिए खुलने की एक प्रक्रिया है, न कि असहज भावनाओं से दूर भागने या खुद को छोड़ देने की। तारा ब्रैक हमारे डर के लिए खुलने की इस प्रक्रिया को साहसी उपस्थिति के रूप में ज़िक्र करती हैं और इसे सुविधाजनक बनाने वाले तीन चरणों की बात करती हैं।

सबसे पहले, जो कुछ भी हो रहा है उसे ध्यान से देखें, अपने शरीर के अंदर की परेशान करने वाली सभी भावनाओं को पहचानें और उनकी मौजूदगी

को स्वीकार करें। अगला कदम है, इन भावनाओं को महसूस करें और उनसे जुड़ें। इन कच्ची, कोमल भावनाओं को अपनाएं, उन्हें दूर धकेलने की कोशिश न करें। इन कच्ची भावनाओं के लिए खुद को खोलने की इच्छा हमें एक व्यापक उपस्थिति के गर्म आलिंगन में ले जाती है।

आखिरी कदम है, समझदारी और बिना किसी जजमेंट के जवाब देना। रिएक्ट करने और भड़कने के बजाय, हम अपनी भावनाओं के इर्द-गिर्द जगह बना सकते हैं और कोमलता और खुलेपन के साथ स्थिति का जवाब दे सकते हैं। तिब्बती बौद्ध धर्म के एक प्रमुख शिक्षक, छोग्याम रिनपोछे, निडरता को डर की बारीकी से जांच करने की क्षमता के रूप में वर्णित करते हैं। तभी हम इससे आगे बढ़ सकते हैं। बहादुरी का रास्ता अपने आप में, अपने भीतर, अपने दिल की गहराई में खड़े होने की शांत शक्ति है। यह आपके पूरे अनुभव के साथ बिना किसी बदलाव या संशोधन की आवश्यकता के मौजूद रहना है। आध्यात्मिक लेखक और दार्शनिक मार्क नेपो इसे मार्मिक ढंग से 'उत्कृष्ट जोखिम' के रूप में वर्णित करते हैं।

नेपो अपनी किताब इनर करेज में, बाहरी और आंतरिक साहस के बीच अंतर करते हैं। बाहरी साहस, जिसकी हम सभी प्रशंसा करते हैं, में खतरनाक परिस्थितियों का सामना करने के लिए अप्रत्याशित शक्ति प्राप्त करना शामिल है, जैसे डूबते बच्चे को बचाने के लिए नदी में कूदना। हालाँकि, यह एक अन्य प्रकार के साहस से विकसित होता है, जो कि आंतरिक साहस है। वह आंतरिक साहस को शांत बहादुरी की नींव के रूप में परिभाषित करते हैं जिससे अधिक दिखाई देने वाली बहादुरी पनपती है। यह साहस को उसके गहनतम अर्थ में परिभाषित करता है, जो महसूस करने, देखने, स्वीकार करने, ठीक करने और होने के साहस से बना है। जब हम भयभीत और असहाय महसूस करते हैं, टूटने के कगार पर होते हैं लेकिन फिर भी अपने लिए खड़े होने और दिखाने के लिए तैयार रहते हैं, तो यह निडरता की पराकाष्ठा है। भय और निडरता, निराशा और बहादुरी के साथ हमारा रिश्ता, जीवन के साथ हमारे रिश्ते का आधार तय करता है।

नेपो अपने डर, नुकसान और टूटे हुए खुलेपन की खाइयों के तल पर, नदी का सामना करने के लिए साहस जुटाने की वकालत करते हैं, और इस प्रक्रिया में हमारी शाश्वत वास्तविकता की एक झलक खोजते हैं। दुखद नुकसान या अत्यधिक भय का सामना करते हुए, यह विश्वास करना मुश्किल हो सकता है कि इस तरह के दर्दनाक अनुभवों में कुछ भी मूल्यवान पाया जा

सकता है, लेकिन यहीं पर हमें जबरदस्त धैर्य और साहस की ज़रूरत होती है ताकि ब्रह्मांड अपने खजाने प्रकट प्रकट होने दे।

मैं केवल अपने डर और निराशा के असुरों का सामना करने के अपने अनुभवों के बारे में ही बात कर सकता हूं। और अपने आंतरिक अनुभवों के प्रति खुले रहने और डरावनी जगहों में जाने के लिए ब्रह्मांड ने मुझे जो शक्ति और साहस दिया है उसके लिए आभारी हूं। कभी-कभी यह अनुग्रह ही होता है जो आपको किसी ऐसी स्थिति का सामना करने के लिए मजबूर करता है जब आप हर तरफ से घिर जाते हैं और आपके पास छिपने के लिए कोई जगह नहीं होती है। अपने भीतर के सबसे गहनतम भय की उस यात्रा ने मेरे अंदर एक पूरी दुनिया दर्शन कराया जो अब तक अछूती थी और शायद अभी भी मैं वहां तक नहीं पहुच सका होता अगर मेरे जीवन में यह अनुभव नहीं होता। मैं प्रेरित हूं और एलिज़ाबेथ कुबलर-रॉस के इन शब्दों में बहुत सच्चाई पाता हूं, 'यदि आप घाटियों को आंधी से बचाएंगे तो आप उनकी नक्काशी की असली सुंदरता कभी नहीं देख पाएंगे।'

मौत का सामना करने का साहस

हम सभी जिन डरों का सामना करते हैं, उनमें से किसी की भी तीव्रता मृत्यु के डर के बराबर नहीं होती। मृत्यु को सीधे देखने के लिए असीम साहस की आवश्यकता होती है। इस बात को फ्रैंक ओस्टासेस्की से बेहतर कोई नहीं समझा सकता, जो एक बौद्ध शिक्षक थे और उन्होंने कई साल पहले, मरने वालों के लिए एक ज़ेन धर्मशाला चलाई थी। उन्होंने मृत्यु और मरणासन्न लोगों को करीब से देखने के बाद, अपनी असाधारण किताब, "फाइव इनविटेशंस: डिस्कवरिंग व्हाट डेथ कैन टीच अस अबाउट लिविंग फुल्ली" में अपने विचार लिखे।

यह किताब मृत्यु के बारे में होने से ज़्यादा, जीवन का भरपूर आनंद लेने के लिए एक निमंत्रण और मार्गदर्शिका है। यह हमें हर पल को इतनी गहराई से जीने और प्यार करने के लिए आमंत्रित करती है कि मृत्यु के समय, जीवन का पर्याप्त आनंद नहीं ले पाने का कोई पछतावा न रहे। फ्रैंक वाकपटुता से लिखते हैं कि मृत्यु एक लंबी सड़क के अंत में हमारा इंतज़ार नहीं कर रही है; यह हमेशा हमारे साथ है, हर गुजरते पल के अंदर। एक शिक्षक और

मार्गदर्शक के रूप में, मृत्यु हमें दिखाती है कि हर पल को महत्वपूर्ण बनाने के लिए सबसे ज़रूरी क्या है।

फ्रैंक के अनुसार, उनकी किताब मृत्यु के साथ बैठकर उसके साथ एक कप चाय पीने का निमंत्रण है। हम पूछ सकते हैं कि हम ऐसा क्यों करेंगे। खैर, अगर हम एक समृद्ध और अर्थपूर्ण जीवन जीना चाहते हैं, हर पल के साथ पूरी तरह से घनिष्ठ होना चाहते हैं, तो मृत्यु से बेहतर कोई शिक्षक नहीं है। उन्होंने देखा कि उनके कई मरीज़ अपने अंतिम क्षणों के करीब आते ही प्यार, जीवन और अर्थ के बारे में गहन सत्य खोजते गए। लेकिन हमें इन गहरे रत्नों को खोजने के लिए मरने का इंतज़ार करने की ज़रूरत नहीं है। उनके पाँच निमंत्रण सरल लेकिन गहन हैं, हमेशा मौजूद हैं लेकिन अक्सर सांसारिक व्यस्तताओं के कारण नज़रअंदाज़ कर दिए जाते हैं:

इंतज़ार मत करें: खुशियों को टालते मत रहो, क्योंकि बहुत से मरते हुए लोग इस बात का पछतावा करते हैं।

सब कुछ स्वीकार करें, कुछ भी मत ठुकराएं: हर अनुभव को गले लगाओ, चाहे वो कठिन या दर्दनाक ही क्यों ना हो, क्योंकि उनमें भी सीख छिपी होती है।

अपने पूरे व्यक्तित्व के साथ अनुभव करें: बनावटी मत बनो, अपने व्यक्तित्व या अनुभवों के किसी भी पहलू को मत छिपाओ, क्योंकि आपकी अपनी तकलीफ़ें, कमज़ोरियाँ, और लाचारी दूसरों के लिए मददगार साबित हो सकती हैं।

चीज़ों के बीच में भी आराम की जगह ढूंढें: बाहरी हालात चाहे जैसे भी हों, आप अंदरूनी शांति पा सकते हैं।

'नहीं जानता' वाला मन बनाए रखें: एक बिगिनर की तरह सोचते रहो और ज़िंदगी को आपको खुश और हैरान करते रहने दो। जैसा कि शुनरयू सुज़ुकी ने अपनी किताब 'ज़ेन माइंड, बिगिनर्स माइंड' में कहा है, 'बिगिनर के मन में कई संभावनाएँ होती हैं, लेकिन एक्सपर्ट के मन में कुछ ही होती हैं।'

ये पांच अभ्यास हमें मौत को करीब महसूस करने में मदद करते हैं और हमें हर पल का आनंद लेना सिखाते हैं। हम खुले मन और दिल, विनम्रता, और निडरता के साथ ज़िंदगी का स्वागत करके उसका जश्न मनाना सीखते हैं।

वल्नेरबिलिटी

वल्नेरबिलिटी, डर और साहस की करीबी रिश्तेदार है। हम अपनी वल्नेरबिलिटी से डरते हैं और इसे छिपाने के लिए बहुत कुछ करते हैं। लेकिन असली साहस तो अपनी वल्नेरबिलिटी को पूरी तरह से स्वीकार करने में है। 'वल्नेरबिलिटी' पर मशहूर शोधकर्ता ब्रेने ब्राउन के शब्दों में, 'वल्नेरबिलिटी हमारे साहस को मापने का सबसे सटीक तरीका है, और हम कितने बहादुर हैं ये इस बात से माप सकते हैं कि हम कितने वल्नेरेबल होने के लिए तैयार हैं।'

हमें जो सिखाया गया है, उसके विपरीत, वल्नेरबिलिटी किसी असुरक्षा का लक्षण नहीं है। ब्राउन के अनुसार, यह 'अंतरंगता, सच्चे संबंध, रचनात्मकता और आनंद का जन्मस्थान है। यह सच लगता है और साहस जैसा महसूस होता है।' सच्चाई और साहस हमेशा आरामदायक नहीं होते, लेकिन वे कभी भी हमारी वल्नेरबिलिटी नहीं होते। यह वह बिंदु है जहां डर और साहस एक दूसरे को काटते हैं।

डर का सामना करने की अपनी यात्रा में, मैं अपनी वल्नेरबिलिटी से अच्छी तरह परिचित हो गया। कई अन्य लोगों की तरह, मैंने वल्नेरबिलिटी को असुरक्षा का संकेत माना और अपनी रक्षा के लिए एक कवच पहनने की पूरी कोशिश की। जब यह त्रासदी हुई तो इसने मेरे गहरे डर को उजागर ही नहीं किया, इसे नंगा कर दिया।

मेरा सबसे बड़ा डर शर्मिंदा होने, उपहास किए जाने और अपमानित होने का था, और इस मामले में, ये सभी भावनाएं सतह पर आ गईं। हालांकि, अपने मरीज की जान बचाने के प्रयासों में, मैं अपने रास्ते में आने वाली सभी असहज स्थितियों और अपमान के लिए खुद को तैयार कर चुका था। मैंने कई सहकर्मियों और वरिष्ठों के साथ इस मामले पर खुलकर चर्चा की और उस परिवार को यथासंभव चिकित्सा राय लेने की सलाह दी। मैं खुद को और अपनी असफलता को उस हद तक उजागर करने के लिए तैयार था, जिससे मेरे मरीज को किसी तरह से मदद मिल सके। मैं फोन उठाता और अपने सहकर्मियों या दोस्तों को डायल करता और खुलकर उन्हें बताता कि मैं कितना असहाय महसूस कर रहा हूं और उनसे पूछता कि क्या मरीज को बचाने के लिए कोई अन्य उपाय किए जा सकते हैं। यह इलाज के संभावित पहलुओं पर चर्चा करने के साथ-साथ मेरी अदम्य भावनाओं के सहज प्रवाह का रास्ता भी प्रशस्त कर रहा था।

दुर्भाग्य से, इनमें से कोई भी उसे बचा नहीं सका, लेकिन इस घटना ने मुझे एक मूल्यवान सबक सिखाया। अपने डर, शर्म और वल्नेरबिलिटी को अपनाने का सबक। अपनी वल्नेरबिलिटी को अपनाने का सबसे बड़ा प्रतिफल यह था कि इसने मेरे गहरे डर को छू लिया, इसने उत्कृष्ट आनंद के द्वार खोल दिए। ऐसा लगा जैसे मेरा दिल जादुई रूप से खुल गया हो।

ब्रेन ब्राउन कहते हैं, 'वल्नेरबिलिटी का मतलब जीत या हार से नहीं है; यह उस परिणाम के सामने आने और देखने के साहस से जुड़ा है, जिस परिणाम पर हमारा कोई नियंत्रण नहीं होता है।' यह कुछ ऐसा है जिससे मैं तहे दिल से सहमत हूं, क्योंकि कई बार हम असहाय महसूस करते हैं। हालांकि, निराशा के गहरे क्षणों में बस मौजूद रहना ही अपार साहस का प्रतीक है।

हमें यह भी समझने की ज़रूरत है कि हम 'वल्नेरबिलिटी' के अपने एहसास से खुद को बचाने और अपने नाजुक अहंकार की रक्षा करने की कोशिश करते हैं क्योंकि हमें डर लगता है कि हम इसके वशीभूत हो जाएंगे। लेकिन अपने वास्तविक स्वरूप की खोज की अपनी यात्रा में, हम पाते हैं कि हम अपने नाजुक अहंकार से बहुत बड़े हैं, और हमें अपनी मूल चीज़ों की रक्षा करने की कोई ज़रूरत नहीं होती है। हमें यह भी याद रखना चाहिए कि जब हम खुद को चुनिंदा निराशाजनक भावनाओं से बचाने की कोशिश करते हैं, तो हम सकारात्मक भावनाओं के प्रति भी खुद को संवेदनशून्य कर लेते हैं। इसलिए, जब हम अपने डर, शर्म और वल्नेरबिलिटी की भावना से बचकर भागने की कोशिश करते हैं, तो हम आनंद, कृतज्ञता और ख़ुशी के भावों को भी शून्य कर देते हैं।

इस किताब को लिखना, खासकर डर, शर्म, अपमान और निराशा से जुड़े मेरे अनुभवों पर लिखे गए अध्याय, मेरे लिए एक बहुत बड़ा सबक रहे हैं - हिम्मत और वल्नेरबिलिटी दोनों के बारे में। अपनी भावनाओं के बारे में इतना खुलकर और ईमानदारी से लिखना ऐसा है जैसे आप सैकड़ों लोगों के सामने, बाज़ार के बीचों-बीच नंगे खड़े हों - बिल्कुल निर्वस्त्र, असुरक्षित, और लोगों के उपहास और उनकी हर तरह की राय सुनने के लिए तैयार। ये और भी मुश्किल हो जाता है जब आप अभी भी मेडिकल प्रोफेशन में ही सक्रिय हैं और लोगों के ताने और उनकी आलोचना का सामना करने का खतरा भी मौजूद हो। फिर भी, मैंने पूरी कोशिश की है कि मैं जितना हो सके विस्तार और गहराई से लिखूं क्योंकि मुझे पता है कि मेरे सफ़र के बारे में पढ़ना बहुत से लोगों के लिए सीख का एक जरिया होगा। नारीवादी और

नागरिक अधिकार कार्यकर्ता, ऑड्रे लॉर्ड ने अपने निबंध, 'द ट्रांसफॉर्मेशन ऑफ साइलेंस इनटू लैंग्वेज एंड एक्शन' में लिखा है, 'मैं बार-बार इस बात पर यकीन करने लगी हूं कि जो मेरे लिए सबसे महत्वपूर्ण है, उसे बोलना, उसे शब्दों में कहना और उसे साझा करना ज़रूरी है, फिर चाहे उससे ठेस पहुंचे या गलत समझा जाए'।

ज़िंदगी में हम सब तरह-तरह के उतार-चढ़ाव और मुश्किलों से गुज़रते हैं, और हर एक से कुछ ना कुछ सीखने को मिलता है। अपने दर्द और तकलीफों को बेकार जाने देने के बजाय, हम एक-दूसरे के अनुभवों से सीख सकते हैं और समझदार बन सकते हैं। जैसे लेखक रॉबिन मैकआर्थर कहते हैं, 'खुद को खोलना एक उदारता का काम है, खुद को दिखाने से दूसरों को भी ऐसा करने की इजाज़त मिलती है। और इस वल्नेरबिलिटी से जुड़ाव पैदा होता है; इस जुड़ाव से समुदाय बनता है।'

मैं कभी नहीं चाहता था कि डर से इतना करीब से सामना हो, लेकिन अब मुझे पता चला है कि यह मेरी ज़िंदगी के सबसे बड़े तोहफों में से एक है। जब आपका दिल टूट जाता है, और आप मुश्किल से सांस ले पाते हैं, और आपके अस्तित्व का मूल तीव्र भावनाओं से भर जाता है, क्या आप तब भी इसका सामना कर सकते हैं? मुझे एहसास हुआ कि डर और दर्द, निडरता का द्वार हैं। जब आप पूरी तरह से भावना को स्वीकार करते हैं और बिना किसी विरोध या दूर धकेलने के सरेंडर करते हैं, तो आपको इस द्वार में प्रवेश की अनुमति मिलती है। आप जो सामना करते हैं वह आपकी अपनी अविनाशिता का स्वाद है।

उसके वाकये के बाद, मेरा डर से कई बार सामना हुआ है, और हर बार उसने मुझे कुछ महत्वपूर्ण सीखने में निराश नहीं किया है। पिछले कुछ सालों में डर ने, एक भयानक महामारी के साथ हमारे पूरे जीवन को बदल दिया है। जब मेरी पत्नी और बेटी को पहली लहर के दौरान कोविड हुआ, और दूसरी घातक लहर में मुझे हुआ, तो मेरे परिवार और मुझे बहुत डर और आतंक का सामना करना पड़ा क्योंकि हमारे आसपास लोग मर रहे थे। बीमारी का डर, अपने प्रियजनों को खोने का डर, या अपना जीवन खोने का डर कितना तीव्र हो सकता है, इसे हमने कोविड में देखा। इन स्थितियों ने डर के साथ बैठने, उसे करीब से महसूस करने और उसकी खोज करने का एक और मौका भी दिया।

मैं ये नहीं कह सकता कि डर कम हो गया था। लेकिन जब मैंने कहानियों

को इस एहसास से अलग किया, तो मुझे पता चला कि डर की महक और स्वाद एक ही था। ये किसी भी वजह से, किसी भी तरह का डर हो सकता है, लेकिन निडर होने की प्रक्रिया एक ही रहती है। इसे करीब लाओ, इसमें डूबो, बिना किसी विरोध के इसे पूरी तरह स्वीकार करो। ये ज़िंदगी भर चलने वाली प्रक्रिया है। सभी पाठकों को मेरा न्योता है कि अगली बार जब डर आपके करीब आए, तो उसे खुद से दूर मत धकेलें। इससे बचें मत या अपना ध्यान मत भटकाएं। देखें कि क्या आप इतने बहादुर हो सकते हैं कि आप उसका सामना कर सकते हैं, और यकीन मानिये आपको एक बड़ा सरप्राइज़ मिलेगा। एक ऐसा सरप्राइज़ जो आपकी ज़िंदगी बदल सकता है।

अभ्यास

- जब डर आपके अंदर पैदा हो, उसे नोटिस करें। क्या आप उसे देख पा रहे हैं? क्या आप बस उसे डर का नाम दे सकते हैं? उसे पहचानना और नाम देना उसके आसपास जगह बनाता है।
- एक वास्तविक या काल्पनिक स्थिति चुनें जहां आपको बहुत डर लग रहा हो। इस भावना को अपने शरीर में खोजने की कोशिश करें, चाहे वो सीने में भारीपन हो या पेट में कुछ डूबने जैसा एहसास। कुछ सेकंड के लिए इसके साथ रहें।
- जब आप इसके साथ रहने में सहज हो जाएं, तो उसी स्थिति की कल्पना करें और देखें कि क्या आप इस भावना के साथ थोड़ी देर और बैठ सकते हैं।
- डर के साथ रहने के बाद स्थिति पर प्रतिक्रिया दें। डर को अपने शरीर में रहने दें। इसे महसूस करें, और फिर रिएक्ट करने के बजाय, रिस्पॉन्स करें।
- पहचानें कि कौन सी चीजें आपको सबसे ज्यादा असुरक्षित महसूस कराती हैं।उन स्थितियों की सूची बनाएं, जैसे अपनी भावनाओं को खुलकर साझा करना या सार्वजनिक रूप से बोलना। इस पर विचार करें कि आप कुछ स्थितियों में या विशिष्ट लोगों के साथ असुरक्षित क्यों महसूस करते हैं। आपके दिमाग में क्या विचार घूम रहे हैं? क्या यह बेनकाब होने का डर है, उपहास का डर है, या अपनी भावनाओं

को प्रकट करने का डर है?

- क्या आप थोड़ी देर के लिए चिंता या भय की भावना के साथ बैठ सकते हैं? अपने शरीर में चिंता को महसूस करने की कोशिश करें।
- आप अपनी असुरक्षा (वल्नेरबिलिटी) का सामना कैसे करते हैं? क्या आप इस भावना को गुस्से, चिड़चिड़ाहट या आंसुओं में बदल देते हैं?
- ध्यान दें कि जब डर पैदा होता है, तो आप तुरंत अपने शरीर से कैसे दूर हो जाते हैं और भागकर अपने मन की परतों में चले जाते हैं, वहां डरावने विचारों में डूबते उतराते हैं और भयानक परिदृश्यों की कल्पना करते हैं। क्या आप वर्तमान क्षण में, अपने शरीर की तात्कालिकता में वापस आ सकते हैं—बस सांस लें, बैठें, और अपने अस्तित्व को महसूस करते रहें?
- क्या आप ऐसी स्थिति के बारे में सोच सकते हैं जिसमें आप अपना पूरा अस्तित्व महसूस कर सकें? इस पर विचार करें कि आप किसी के प्रति कैसे करुणा और सहानुभूति दिखा सकते हैं, क्योंकि आपने अपने जीवन में कुछ ऐसा ही अनुभव किया है।
- कुछ पलों के लिए, क्या आप अपनी मृत्यु पर विचार करने का साहस जुटा सकते हैं? क्या आप मरने के विचार का सामना कर सकते हैं? यह एक रुग्ण विचार नहीं है बल्कि आपको हर पल को और अधिक कीमती बनाने में मदद कर सकता है।

5.

इमोशनल माइंडफुलनेस और परिवर्तन (अल्केमी)

'हमारी सबसे बड़ी खूबियां और सबसे गहरे जख्म एक ही जगह पर रहते हैं।' — ***माइकल मीडे***

"कैसा महसूस कर रहा है?" मैंने अपने दोस्त से पूछा। वो थोड़ा चौंका, फिर जैसे खानापूर्ति करते हुए बोला, "ठीक हूं, बढ़िया! तुम बताओ?" मैंने उसे टोकते हुए समझाया कि मैं उसकी सेहत नहीं, बल्कि उसकी भावनाओं के बारे में पूछ रहा हूं। इस पर उसने मेरी ओर आश्चर्य भरी निगाहों से देखा, लेकिन वह मेरी अजीब आदतों से पूरी तरह से परिचित था, इसलिए उसने मेरा दिल रखने को प्रतिप्रश्न किया। "क्या दोनों एक ही बात नहीं हैं? खैर, देखने दो," वो सोच में पड़ गया, फिर बोला, "थोड़ा बेचैन और ध्यान भटका हुआ सा महसूस कर रहा हूं, पर सच कहूं तो अगर तुमने पूछा नहीं होता तो मुझे इसका एहसास भी नहीं होता या मैं इसे कोई तवज्जो नहीं देता।"

हम में से ज़्यादातर यही करते हैं। हमें अपने मौजूदा जज़्बात का अक्सर पता ही नहीं होता, या तो इसलिए कि हमें इसका कोई मतलब नहीं दिखता, या शायद इसलिए कि हमें उस अंजान भाव में जाने से डर लगता है। कौन जाने हमें क्या मिल जाए? जब हमें थोड़ी सी भी बेचैनी महसूस होती है, तो हम अक्सर उसे दबा देते हैं, नज़रअंदाज़ कर देते हैं, या फिर अच्छे जज़्बातों से ढक लेते हैं।

जब हम दिन में एक पल रुक कर खुद से पूछते हैं, 'मैं कैसा महसूस कर रहा हूं?', तो क्या होता है? इससे हमें पता चलता है कि हमारे मन में क्या चल रहा है, और अक्सर, बस यही छोटा सा ब्रेक हमें अपने जज़्बातों में बहकर कोई गलत फैसला लेने से रोक देता है। खुद को समझने पर हमें बेचैनी, डर, ख़ुशी या उदासी महसूस हो सकती है। इसे जज करने, बदलने या

इसके बारे में कोई कहानी बनाने की ज़रूरत नहीं है। बस इसका 'होना' सच है। लेकिन, यही ठहराव हमारे अंदर एक जगह बना देता है, जो हमें सोच-समझकर जवाब देने का मौका देता है। इससे भी महत्वपूर्ण बात यह है कि इससे हमारे भीतर एक दरवाज़ा खुलता है। यही है भावनात्मक जागरूकता का असली मतलब।

अपने जीवन के एक बड़े हिस्सा में मैं भावनात्मक रूप से अनपढ़ सा था। शुक्र है कि मेरा स्वभाव खुशमिजाज़ और अच्छा रहा है। लेकिन जब भी मुझे कोई अजीब या नेगेटिव एहसास होता, मैं सोचता कि मैंने कुछ गलत किया है और उसे नज़रअंदाज़ कर देता या किसी और काम में लग जाता।

बड़े होते हुए मैंने यही सब दूसरों को करते देखा, और ये मुझे एक सुरक्षित रास्ता लगा। मुझे लगता था कि अगर कोई अजीब सी भावना आ रही है तो कुछ गड़बड़ है, और उसे वहीं दबा देना सबसे अच्छा है।

कुशल और अकुशल भावनाएं

ध्यान की प्रैक्टिस से ही मुझे अपनी भावनात्मक अज्ञानता और अपनी भावनाओं को दबाने की आम आदत का एहसास हुआ, जो हमें अपनी गहराइयों से दूर ले जाती है। बौद्ध गुरु और "इमोशनल रेस्क्यू" के लेखक द्ज़ोग्चेन पोनलोप रिनपोछे बताते हैं कि हम अक्सर गलती से भावनाओं को सकारात्मक या नकारात्मक में बांट देते हैं। बेहतर होगा कि हम उन्हें कुशल या अकुशल कहें। भावनाएं ऊर्जा और विचारों का मिश्रण हैं, जो हमारे जीवन में रंग और रौनक भर देती हैं। पोनलोप का कहना है कि भावनाओं के बिना जीवन की कल्पना करना असंभव है, जैसे बिना बुलबुलों के सोडा। हमें यह समझना होगा कि अपनी भावनाओं को अधिक कुशलता और ध्यान से कैसे संभालें।

अपनी किताब 'इमोशनल इंटिमेसी' में, रॉबर्ट ऑगस्टस मास्टर्स कहते हैं कि सच्चे, गहरे और खुशहाल रिश्तों के लिए इमोशनल इंटिमेसी यानी दिल की गहराइयों का जुड़ाव बहुत ज़रूरी है। उनके मुताबिक, इमोशनल इंटिमेसी दो चीज़ों का मेल है: ए. अपनी भावनाओं को समझना: इसका मतलब है, अपनी हर भावना को जानना-पहचानना - वो कहां से आती है, कैसी दिखती है, उसका पुराना इतिहास क्या है, और रिश्तों पर उसका क्या असर

पड़ता है। बी. अपने खास लोगों के साथ गहरा रिश्ता बनाना: यानी, अपनी भावनाओं को खुलकर उनके सामने रखना और बांटना। जब हम इस तरह की इंटिमेसी बना लेते हैं, तो हम अपनी सभी भावनाओं का सही इस्तेमाल कर पाते हैं, यहाँ तक कि उन भावनाओं का भी जिन्हें हम 'अंधेरे' या 'छिपे हुए' जज़्बात कहते हैं। मास्टर्स का मानना है कि अगर हम अपनी भावनाओं के साथ एक सेहतमंद रिश्ता बना सकें, तो ये हमारे बच्चों को दिया हुआ सबसे बड़ा तोहफा होगा।

हम में से कई लोगों ने अपने माता-पिता के अनसुलझे जज़्बाती ज़ख्मों के अंजाम भुगते हैं। मेरे पिता, एक दयालु और बहुत नेक इंसान थे, पर कभी-कभी वे गुस्से में आग बबूला हो जाते थे जिससे हम सब डर जाते थे। रिश्तेदारों ने बताया कि गुस्सा हमारे खानदान की पुरानी बीमारी है, और हमें इसे बस सहना ही था। इस बात ने मुझमें यह दृढ़ भाव पैदा कर दिया कि मुझे इस बुरी आदत को विरासत में नहीं लेना है। इसने मेरे मन में कहीं न कहीं यह जानने की इच्छा जगाई कि हमारी भावनाएं क्या होती हैं और उन्हें कैसे हैंडल किया जाए।

वर्तमान क्षण के प्रति जागरूकता (इमोशनल माइंडफुलनेस)

जैसा कि पहले बताया गया है, माइंडफुलनेस का मतलब है वर्तमान क्षण के प्रति जागरूक रहना - अपने भीतर और बाहर दोनों जगह - जैसा वो है, बिना किसी जजमेंट के। जब हम अपनी सांसों या अपनी किसी भी इंद्री को एंकर की तरह इस्तेमाल करके वर्तमान क्षण में रहने की क्षमता विकसित करते हैं, तो हम अपनी भावनाओं, एहसासों और विचारों से वाकिफ़ होने लगते हैं। माइंडफुलनेस का मतलब भावनाओं को दबाना या उनसे छुटकारा पाना नहीं है, बल्कि अपनी भावनाओं के साथ ज़्यादा कुशलता से जुड़ना है।

ज़्यादातर भावनाएं शारीरिक, मानसिक और दिल को छू जाने वाले अनुभवों का मिश्रण होती हैं। जैसे, जब हमें गुस्सा आता है, तो मांसपेशियों में तनाव और गर्मी की अनुभूति जैसे शारीरिक बदलाव होते हैं, साथ ही गुस्से का कारण बताने वाली एक कहानी भी मन में चलती है।

और एक एहसास वाला पहलू भी है, जिसे हम अक्सर नज़रअंदाज कर देते हैं।

जब हम शांति से बैठते हैं, तो हमारे मन में कई तरह के विचार और भावनाएं उमड़ आती हैं। ये बेचैनी, घबराहट जैसी अस्पष्ट भावनाएं हो सकती हैं, या फिर डर या उदासी जैसी तीव्र भावनाएं भी हो सकती हैं। पहला कदम इन भावनाओं को पहचानना और स्वीकार करना है। यह हमारी सामान्य आदत से अलग है, जिसमें हम अक्सर असहज भावनाओं से दूर भागते हैं। भावनाओं को स्वीकार करने से उन्हें बिना किसी निर्णय के वैसा ही रहने का मौका मिलता है। फिर अगला कदम इन भावनाओं को नाम देना है, जैसे कि डर, चिंता या उदासी।

डॉ. डैनियल सीगल, जो यूसीएलए स्कूल ऑफ मेडिसिन में मनोचिकित्सा के एक क्लीनिकल प्रोफेसर और माइंडसाइट इंस्टीट्यूट के कार्यकारी निदेशक हैं, एक एक्सरसाइज सुझाते हैं जिसे 'इमोशन लेबलिंग' कहते हैं। यह तरीका हमें अपनी भावनाओं को "नाम देकर उन्हें काबू में" करने में मदद करता है। अपनी तीव्र भावनाओं को सिर्फ नाम देने से ही हमारे दिमाग के इमोशनल सेंटर, जिसमें एमिग्डाला भी शामिल है, की एक्टिविटी कम हो जाती है और फ्रंटल लोब्स को ताकत मिलती है। अपनी भावनाओं को नाम देने से हम उन्हें देख पाते हैं, जिसका मतलब है कि वो भावना हमसे अलग है।

जब हम एक पल रुक कर खुद से पूछें कि हमें कैसा लग रहा है और उस एहसास को एक नाम दें, तो हम अपने अंदर एक बहुत ज़रूरी जगह बना लेते हैं, खासकर तब जब हमारे अंदर कोई तेज़ रिएक्शन उठ रहा हो। अपनी भावनाओं को पहचानना और उन्हें एक नाम देना, हमें उनसे थोड़ी दूरी बनाने और उन्हें ध्यान से देखने में मदद करता है, जिससे उनकी तीव्रता कम हो जाती है।

भावनात्मक जागरूकता का तीसरा और बहुत ज़रूरी कदम होता है, अपने लिए थोड़ी जगह बनाना। अक्सर भावनाएं हमें इस कदर घेर लेती हैं कि लगता है मानो उनके और हमारे बीच कोई फ़ासला ही नहीं बचा। जब हम कहते हैं कि हम गुस्से में हैं या आहत हैं, तो हम ये मान लेते हैं कि हम ही वो भावना हैं। ये कुछ ऐसा है जैसे कोई हमारा हाथ हमारी आंखों पर रख ले, और हमें कुछ दिखाई ही न दे। असल में, भावनाएं हमारे अंदर पैदा होती हैं, और जब हम इनके प्रति सचेत रहने का अभ्यास करते हैं, तभी हमें इनमें फ़र्क दिखाई देता है। अपनी भावनाओं को देखने का मतलब है कि हमारी जागरूकता उन भावनाओं से कहीं ज्यादा बड़ी है। इससे ये एहसास होता है

कि भावनाएं अटल या स्थायी नहीं होतीं, बल्कि बदलती रहती हैं।

ये सभी बातें समझने से हमें अपनी तीव्र भावनाओं को थोड़ा काबू में रखने में मदद मिलती है। जैसे विक्टर ई. फ्रेंकल ने कहा था, किसी भी बात का जवाब देने से पहले जो थोड़ा वक़्त मिलता है, उसी में हम ये चुन सकते हैं कि हमें कैसे जवाब देना है। ध्यान लगाने और अपनी भावनाओं को पहचानने से ये आदत बनती है कि हम अपने लिए ये थोड़ा वक़्त बना सकें। न्यूरोसाइकोलॉजिस्ट डॉनल्ड ओ. हेब ने एक बात कही थी, 'न्यूरॉन्स जो एक साथ जुड़ते हैं, वो एक साथ ही सक्रिय होते हैं', इससे ये समझ आता है कि बार-बार की जाने वाली चीज़ें हमारे दिमाग की याददाश्त में कैसे छप जाती हैं।

तारा बेनेट-गोलेमन इस स्पेस को 'मैजिक क्वार्टर सेकंड' कहती हैं। भले ही स्थिति वैसी ही रहे, पर उसे देखना और उस पर लेबल लगाना हमारी भावनात्मक प्रतिक्रिया पर ब्रेक लगा देता है। अगला कदम है उन भावनाओं के साथ रहना। भावनाओं और एहसासों के साथ रहने के महत्व को जितना भी अंडरलाइन किया जाए, कम है। अजीब एहसासों और भावनाओं के लिए हमारी सहनशीलता बहुत कम होती है, और जरा सी झलक पर ही हम उन्हें दूर धकेल देते हैं। माइंडफुलनेस का अभ्यास हमारी भावनाओं और एहसासों के साथ रहने की हमारी क्षमता को बढ़ाता है।

अपनी भावनाओं के साथ रहने में माहिर बनकर ही हम इस महत्वपूर्ण बात को समझ पाते हैं कि हमारी भावनाएँ उतनी स्थायी और गहरी नहीं होतीं जितना हम सोचते हैं। वे आती-जाती रहती हैं, बदलती रहती हैं, लेकिन ऐसा तभी होता है जब हम उन्हें ऐसा करने की अनुमति देते हैं, उनके साथ रहने की अपनी क्षमता को विकसित करके। जब हम अपनी असुविधा के साथ रहने और उस पर ध्यान देने में सक्षम होते हैं, तभी हम उससे आगे बढ़ सकते हैं।

आखिरी कदम है, किसी भी एहसास की बनावट को समझना। दिमाग के बारे में जानने वाली वैज्ञानिक जिल बोल्टे टेलर ने अपने काम से साफ़-साफ़ बताया है कि हमारे जज़्बात कैसे होते हैं और उनकी बनावट कैसी होती है। वो कहती हैं कि अगर किसी एहसास को यूं ही छोड़ दिया जाए, तो वो सिर्फ 90 सेकंड तक रहता है। जब कोई ख़याल आता है, तो दिमाग कुछ केमिकल छोड़ता है जो पूरे शरीर में फैल जाते हैं, जिससे शरीर में एक तरह की हलचल होती है। 90 सेकंड के अंदर, एहसास से जुड़े केमिकल खून से गायब हो जाते हैं, और केमिकल रिएक्शन खत्म हो जाता है। अगर एहसास उससे ज़्यादा

देर तक रहता है, तो इसका मतलब है कि हमने अपने ख़यालों और यादों को बार-बार सोचकर उस एहसास को ज़िंदा रखा है।

यह समझ हमें तीव्र भावनाओं की तानाशाही से मुक्त होने का रास्ता दिखाती है। पेमा चोड्रोन के शब्दों में, अगर हम कहानी या उसके पीछे के विचारों में उलझे बिना ही उस एहसास या भावना को ध्यान से ग्रहण करें, तो हम उसे अपने सिस्टम से बाहर निकाल सकते हैं। इसके लिए ज़रूरी है कि हम भावना को स्वीकार करें, उसके साथ पूरी तरह मौजूद रहें और उसे पूरी तरह महसूस करें, लेकिन उससे जुड़ी कहानियों और विचारों को छोड़ दें।

भले ही ये 'जादुई 90 सेकंड' पूरी तरह गायब न हों, पर जल्दी ही ये फीका पड़ जाएगा। हल्की-फुल्की चीज़ों जैसे चिढ़ या बेचैनी से शुरुआत करें, और फिर धीरे-धीरे तेज भावनाओं की तरफ बढ़ें। जब भी कोई नेगेटिव या असहज भावना आए, तो उसे दूर भगाने या उससे ध्यान हटाने के बजाय, उसमें उतर कर देखें। बिना किसी जजमेंट के, पूरे होशो-हवास के साथ उस भावना के साथ बैठें और उसे महसूस करें।

रोसेनबर्ग रीसेट

90 सेकंड के इस क्रांतिकारी नियम को मनोवैज्ञानिक जॉन रोसेनबर्ग ने अपनी किताब "90 सेकंड्स टू अ लाइफ़ यू लवः हाउ टू मास्टर योर डिफिकल्ट फीलिंग्स टू कल्टीवेट लास्टिंग कॉन्फिडेंस, रेज़ीलियंस, ऐंड ऑथेंटिसिटी" में बखूबी समझाया है। यहां उन्होंने तीन चरणों वाली एक प्रक्रिया का प्रस्ताव रखा है, जिसे "रोसेनबर्ग रीसेट" कहा जाता है।

1. अपने हर पल को जीने का, उसे महसूस करने का और उससे जुड़ने का फैसला करें, जितना हो सके उतना।

2. इन आठ अप्रिय भावनाओं का सामना करने या उन्हें सहन करने की अपनी इच्छा को स्वीकार करें: दुःख, शर्म, असहायता, क्रोध, शर्मिंदगी, निराशा, हताशा और वल्नेरबिलिटी।

3. इन आठ अप्रिय भावनाओं से बाहर निकलने के लिए, शरीर में होने वाली '90 सेकंड की संवेदनाओं' के एक या एक से अधिक आघात को

सहन करने के लिए तैयार हो जाएं। गर्म गाल, धड़कता हुआ दिल, या पेट में हलचल जैसी शारीरिक संवेदनाएं, हमारे शरीर का हमारी भावनाओं को संप्रेषित करने का तरीका हैं। शारीरिक संवेदनाओं और संबंधित भावनाओं दोनों से बाहर निकलना 'रोसेनबर्ग रीसेट' का एक अनिवार्य हिस्सा है। यह समझना भी ज़रूरी है कि हम अक्सर अपनी भावनाओं और अहसासों के लिए खुद को ही दोषी ठहराते हैं।

जब उदासी आती है, हम तुरंत खुद को कोसने लगते हैं, सोचते हैं, 'शायद मैं कुछ गलत कर रहा हूं और इसलिए मुझे ऐसा महसूस हो रहा है' या 'अगर मैंने सब कुछ ठीक किया होता, तो मुझे ऐसी भावनाओं का सामना नहीं करना पड़ता।' ऐसी आत्म-आलोचना करने से सिर्फ भावनाओं की तीव्रता और बढ़ जाती है। हमें सबसे पहले यह समझना चाहिए कि असहज भावनाओं का अनुभव करने में कुछ भी गलत नहीं है। भावनाएं, अनुभूतियां और विचार आते-जाते रहते हैं, और हमें बस इतना करना है कि उन्हें करुणा और पूरी सावधानी के साथ स्वीकार करें। अपनी भावनाओं, विचारों और मनोभावों का विरोध ही दुख का प्राथमिक स्रोत है। यह सूत्र हमेशा ध्यान में रखने लायक है:

दुख = दर्द (भावना, विचार, अनुभूति) x प्रतिरोध।

अगर कोई इमोशन या ख़याल बुरा लगता है, तो हम उससे बचने की कोशिश करते हैं। पता ही नहीं चलता, और एक छोटी सी फीलिंग बड़ी तकलीफ़ बन जाती है। फीलिंग्स और इमोशंस को स्वीकार करना सीख लेने से वो बस थोड़ी देर के लिए परेशान करते हैं, फिर खुद चले जाते हैं।

भावनाओं का गहरा अनुभव

अपनी भावनाओं को ध्यान से समझने से हमें उनका गहरा अनुभव होता है। भावनाएं लगभग हमेशा शारीरिक संवेदनाएं पैदा करती हैं। ये काफ़ी तीव्र हो सकती हैं, यही कारण है कि ज्यादातर लोग इन्हें अनुभव करने से बचते हैं। जब तक हम उन पर ध्यान नहीं देते और उन्हें महसूस नहीं करते, तब तक

उनका अन्वेषण अधूरा है। 'फील इट टू हील इट' (इसे महसूस करना, यानी इसे ठीक करना) यह कहावत इस अवधारणा का सार प्रकट करती है।

डेविड आई. रोम, जो "योर बॉडी नोज़ द आंसर" किताब के लेखक हैं और माइंडफुल फोकसिंग के जनक हैं, वो कहते हैं कि हमारी शारीरिक संवेदनाएं बड़ी अजीब होती हैं। ये हमेशा हमारे साथ होती हैं, लेकिन हम इन्हें तब तक महसूस नहीं करते जब तक ये बहुत तेज़ न हो जाएं। अपनी भावनाओं को महसूस करने की क्षमता विकसित करने के लिए हमें थोड़ी प्रैक्टिस करनी पड़ सकती है। जैसे-जैसे हम अपने शरीर पर ध्यान देना शुरू करते हैं, हम इन संवेदनाओं को पहचानना सीख सकते हैं। अक्सर इन संवेदनाओं का एक स्थान, आकार, बनावट, या अन्य स्पष्ट गुण होते हैं, जैसे गर्दन या कंधों में जकड़न, सीने में फड़फड़ाहट, दिल की धड़कन का तेज होना, या पेट में गुड़गुड़ाहट।

एक और ज़रूरी बात यह है कि हमें अपने ख़यालों की कहानियों को थोड़ा रोकना सीखना होगा, ताकि हम सीधे अपने अनुभवों की दुनिया में जा सकें, जहां कोई कहानी नहीं है। हमारे दिमाग में जो कहानियां चलती रहती हैं, वो दरअसल हमारे अनुभवों को समझने का एक तरीका हैं, लेकिन वो खुद अनुभव नहीं हैं। जैसे, चाँद की तरफ उंगली दिखाने का मतलब यह नहीं कि उंगली ही चाँद है। हमें अपने असली अनुभव से सीधा जुड़ने के लिए, इन कहानियों को छोड़ना होगा और उनके नीचे जाना होगा, ताकि हम ठीक से समझ सकें कि हमारा शरीर इस एहसास को कैसे महसूस कर रहा है। ये एहसास, हमारी भावनाओं की सतह के नीचे छिपे होते हैं। हमें धीरे-धीरे पहले ये देखना होगा कि ये एहसास हमारे शरीर में कहां है, जैसे सीने में या पेट में, और फिर बिना किसी कहानी या ख़याल के, उस एहसास में पूरी तरह डूब जाना होगा।

शुरुआत करने के लिए, हम खुद से कुछ सवाल पूछ सकते हैं। तारा ब्रैक अक्सर कहती हैं कि हम खुद से पूछें 'मैं क्या महसूस करने से कतरा रहा हूं?' इस सवाल के जवाब में हम एक पल रुकते हैं, थोड़ा पीछे हटते हैं, अपने शरीर में उस एहसास को ढूंढते हैं, और उसमें पूरी तरह खो जाते हैं। चूंकि ये एहसास थोड़े अजीब या तकलीफ़देह हो सकते हैं, हम अक्सर उनसे दूर भागते हैं, इसलिए ये सवाल हमारी भावनाओं को समझने और उनका सामना करने में मददगार साबित हो सकता है।

डेविड रोम कहते हैं कि खुद से पूछो, 'अभी क्या चीज़ मेरा ध्यान खींच रही

है?' कभी-कभी, जब हम इन भावनाओं के साथ थोड़ा ठहरते हैं, तो समझ में आ सकता है कि कुछ खास इमोशंस इतने सालों से क्यों बने हुए हैं। असल में, हम इन भावनाओं के साथ ज्यादा देर तक नहीं रुक पाते, और अक्सर यही वजह होती है कि वे हमारे जेहन में चिपकी रहती हैं।

यह समझना ज़रूरी है कि मूल रूप से, भावनाएं ऊर्जा हैं और उनमें कोई सकारात्मकता या नकारात्मकता नहीं होती। यह हमारे विचार हैं जो हमारे मन में कहानियां बनाते हैं। सभी विचारों और मानसिक कहानियों से अलग, भावनाएं सिर्फ कच्ची संवेदनाएं होती हैं, जैसे सिरदर्द या दांत दर्द। यह तो हमारे विचार और वह कहानियां होती हैं जो इन संवेदनाओं को हवा देती हैं, और एक छोटी सी लौ को भयंकर आग में बदल देती हैं। सबक यह है कि हमें बस अनुभव के साथ रहना है बिना कोई कहानी बनाए, बस उनके साथ बने रहें और भावना के प्रति ग्रहणशील बनें।

भावनाओं का रूपांतरण

जोन रोसेनबर्ग भावनाओं के एक महत्वपूर्ण, लेकिन कम समझे जाने वाले पहलू पर भी बात करती हैं - भावनाओं का रूपांतरण। वह बताती हैं कि हम अक्सर अपने लिए सबसे चुनौतीपूर्ण भावना को चुनते हैं और उसे किसी अन्य भावना के रूप में व्यक्त करते हैं। पुरुष अक्सर दुख, निराशा, या वल्नेरबिलिटी जैसी कोमल भावनाओं से जूझते हैं और उन्हें क्रोध, निराशा, तनाव, चिड़चिड़ापन या गुस्से के रूप में व्यक्त करते हैं। महिलाओं को क्रोध या निराशा जैसी कठिन भावनाओं से जूझना पड़ सकता है, और वे उन्हें दुख, निराश, उदासी या आंसुओं के रूप में व्यक्त करती हैं।

वो ये भी कहती हैं कि कुछ लोगों का इमोशंस दिखाने का एक डिफ़ॉल्ट मोड होता है, मतलब वो हमेशा एक ही तरह से रिएक्ट करते हैं, फिर चाहे उनको असल में कैसा भी लग रहा हो। जैसे, किसी को असल में गुस्सा या डर लग रहा हो, लेकिन वो उदास हो जाते हैं। कुछ लोग हमेशा गुस्सा या चिड़चिड़े ही रहते हैं। ऐसे लोगों को मुश्किल इमोशंस को हैंडल करने में दिक्कत होती है। बहुत से लोग अपनी दूसरी अनकम्फर्टेबल फीलिंग्स को छुपाने के लिए एंग्जायटी (दुश्चिंता) का इस्तेमाल करते हैं। दुश्चिंता, बाकी उलझे हुए और असहज भावों के मुकाबले समाज में ज्यादा स्वीकार्य लगती है। ज़रूरी है

कि हम अपने असली जज़्बातों को पहचानें और समझें, और चिड़चिड़ापन, गुस्सा या एंग्जायटी जैसे इमोशनल सब्स्टिटट्यूट्स का इस्तेमाल करके उन्हें छुपाने की कोशिश न करें।

रोंडा बर्न अपनी किताब "द ग्रेटेस्ट सीक्रेट" में बताती हैं कि गुस्सा, डर, निराशा, या चिढ़ जैसी कोई भी नेगेटिव फीलिंग इसलिए होती है क्योंकि हम इन भावनाओं को सालों से अपने अंदर दबाए बैठे हैं। अब ये भावनाएं बाहर निकलने का रास्ता ढूंढ रही हैं और कोई भी बाहरी घटना इनके लिए ट्रिगर का काम कर सकती है। हालांकि हमें लगता है कि कोई घटना हमारे डर या गुस्से का कारण है, लेकिन असल में ये इमोशंस हमारे अंदर ही पहले से मौजूद होते हैं। इसलिए, हम कितनी आसानी से डर जाते हैं, ये इस बात पर निर्भर करता है कि हमारे अंदर पहले से कितना डर भरा हुआ है। यह थ्योरी कहती है कि अपनी भावनाओं को समझना और उन्हें बहने देना ही हमें ठीक कर सकता है।

RAIN का अभ्यास

'RAIN' वाला तरीका तीव्र भावनाओं को संभालने में बहुत काम आता है। इस एक्रोनिम को क्वाइन किया था मिशेल मैकडोनाल्ड ने, और इसे तारा ब्रैक अक्सर अपने माइंडफुलनेस सेशन में इस्तेमाल करती हैं। इसमें चार स्टेप हैं, शुरू में इन्हें अलग-अलग किया जा सकता है, लेकिन एक बार सीखने के बाद इन्हें एक साथ करना चाहिए। 'R' का मतलब है रिकॉग्नाइज़, यानी जब कोई भावना उठे, तो तुरंत उसकी पहचान करना। उसके होने को स्वीकार करना, इससे उसकी तीव्रता कम होने लगती है।

एक्सेप्टेंसः यहां 'ए' मतलब स्वीकृति से है। उस एहसास को घटित होने दें, उसे दूर धकेलने या दबाने की कोशिश मत करें। अक्सर, एहसास का विरोध ही सबसे बड़ी समस्या होती है। खुद से पूछें, 'क्या मैं इस एहसास को बदलने की कोशिश किए बिना, बस होने दे सकता हूं?' यह भी मान लें कि कभी-कभी स्वीकृति मुश्किल हो सकती है।

इन्वेस्टिगेटः 'आई' यानी पहले बताई गई भावनाओं की जांच-पड़ताल। देखें कि शरीर में ये भावनाएं कैसे दिखती हैं। पता करें कि ये कहां पर हैं, जैसे कि सीने या पेट में जकड़न, तनाव, या भारीपन। फिर, इसके साथ बने

रहें, बिना किसी विचार या टिप्पणी के, ध्यान से संवेदनाओं को महसूस करें।

नर्चर या नॉन आइडेंटिफिकेशन: 'एन' का आशय यहां भावना के पोषण या गैर-पहचान से जुड़ा है। यह भावना को जगह देने के लिए प्रोत्साहित करता है, लेकिन साथ ही बिना किसी जजमेंट के उससे थोड़ा अलग भी रहना सिखाता है। गैर-पहचान का मतलब है भावनाओं को दिल से न लगाना। भावना और अपने आप के बीच एक दूरी बनाए रखना।

भावनात्मक कीमिया

जब हम अपने दुख और भावनाओं में पूरी तरह से डूब जाते हैं, तो हम इन गहन भावनाओं को बदल देते हैं। एकहार्ट टोले इस बात पर जोर देते हैं कि कोई भी गहरा दुख या आपदा बदलाव का एक अवसर है। 'द पावर ऑफ नाउ' में, वह सलाह देते हैं, 'एक कीमियागर बनें। साधारण धातु को सोने में, दुख को चेतना में, आपदा को ज्ञान में बदल दें।'

ज़िंदगी के सफ़र में, जब निराशा, दिल टूटना और खोने का दर्द झेला, तो एक अजीब सी कायापलट हुई। गहरे दुख से शुरुआत हुई, और फिर एक अकथ शांति मिली। इसी ने मुझे इस प्रक्रिया को समझने और दूसरों की मदद करने की प्रेरणा दी। यह किताब उसी खोज का नतीजा है।

शिक्षाविद्और मनोचिकित्सक तारा बेनेट-गोलेमन ने अपनी किताब 'द अल्केमी ऑफ इमोशंस' में इस प्रक्रिया को बहुत ही खूबसूरती से समझाया है। वह कहती हैं कि पुराने समय के कीमियागर शीशे को सोने में बदलने के लिए एक जादुई पत्थर का इस्तेमाल करते थे, लेकिन असल में शीशा और सोना हमारे अंदर के बदलाव के प्रतीक थे, जो ध्यान और जागरूकता से आते हैं। वह हमारे सामान्य मन की तुलना कोयले से करती हैं और स्पष्ट जागरूकता, स्थिरता और उपस्थिति की तुलना हीरे से करती हैं। कीमिया की तरह ही, ध्यान में भावनाओं को वैसे ही स्वीकार करना शामिल है जैसी वे हैं, उन्हें बदलने या अस्वीकार करने की कोशिश किए बिना। भावनात्मक कीमिया से उथल-पुथल को शांति और स्पष्टता में बदलने की क्षमता मिलती है, अवांछनीय को वांछनीय में बदलने की।

मनोचिकित्सक और लेखिका मिरियम ग्रीनस्पैन अपनी किताब "हीलिंग ऑफ़ द डार्क इमोशंस" में दिल की गहराइयों को छू लेने वाले अंदाज में

बताती हैं कि कैसे भावनाओं के साथ खेलकर उन्हें बदल सकते हैं। अपने बच्चे को खोने के बाद जबरदस्त दुख का सामना करने के बाद, वह अपनी कहानी शेयर करती हैं कि कैसे उन्होंने दर्द, उपचार और ठीक होने का सफ़र तय किया। वह भावनात्मक कीमिया को भावनात्मक जानकारी और ऊर्जा के सचेत प्रवाह के रूप में वर्णित करती हैं। मतलब, यह भावनात्मक प्रवाह, शरीर में दुख, भय और निराशा की ऊर्जा को सहन करने और इन भावनाओं से सीखने के बारे में है। मिरियम बताती हैं कि इन नेगेटिव एनर्जी को पॉजिटिव एनर्जी में बदलने के लिए तीन चीजें ज़रूरी हैं: ध्यान देना, दोस्ती करना और समर्पण करना।

ध्यान देने का मतलब है, पूरी एकाग्रता से भावनाओं को महसूस करना और उन्हें पहचानना। जब हम इस तरह से अपनी भावनाओं पर ध्यान केंद्रित कर पाते हैं, तो यह हमें मुश्किलों को सीख में बदलने का मौका देता है।

भावनाओं से दोस्ती करना, उन पर ध्यान देने का ही एक आगे का कदम है। जब हम अपनी नकारात्मक भावनाओं से दोस्ती करते हैं, तो हम उन्हें वैसे ही रहने देते हैं, उन्हें दबाने, दुत्कारने, नकारने या उनका विश्लेषण करने की कोशिश नहीं करते।

समर्पण का मतलब अपनी भावनाओं को उनके मुकम्मल होने तक बहने देना। मतलब, उन भावनाओं के साथ पूरी तरह से रहना और उन्हें अपने शरीर से गुज़र जाने देना। समर्पण का एक आसान-सा उसूल है, 'किसी चीज़ को जाने देना है तो उसे बहने देना होगा।' जब तक आप किसी दुख की असलियत को महसूस नहीं करते, तब तक आप उसे पूरी तरह से नहीं छोड़ सकते। आप दुख से दूर भागकर नहीं, बल्कि होशियारी से उसके करीब जाकर समर्पण करते हैं। सच्ची जागरूकता और स्वीकृति ही दर्द को ठीक करने की दवा है, जो ज़हर को अमृत में बदल देती है।

भावनात्मक कीमिया सिर्फ कोई किताबों की बात नहीं है, ये जिंदगी में उतारने की चीज है। ज़िंदगी में मुश्किलें और दर्द तो आते ही रहते हैं। मेरे एक करीबी दोस्त ने चोरी-छिपे किसी और से संबंध बना लिए थे, जिससे उसके तलाक की नौबत आ गई थी। वो बहुत पछता रहा था और चाहता था कि उसकी पत्नी उसे माफ़ कर दे। मैंने उसे कहा कि वो हालात को स्वीकार कर ले, क्योंकि पूरी तरह से स्वीकृति में ही भावनाओं का बदलाव और कीमिया हो सकती है। उसने बिना किसी शर्त के और नम्रता से अपनी भावनाओं को स्वीकार किया, जिससे उसकी भावनाएं बदल गईं। इस रास्ते पर चलकर

उसका संदेह आशा में बदल गया।

कुछ हफ्तों बाद उसने मुझे बताया कि वो अपने अंदर एक बदलाव महसूस कर रहा था और अपनी भावनाओं के आगे झुकना उसके लिए बहुत सुकून देने वाला था। बाहर हालात अभी भी ठीक नहीं थे, लेकिन अपने अंदर वो एक शांति महसूस कर रहा था जिसकी उसने इन हालात में कभी कल्पना भी नहीं की थी। उसकी पत्नी अभी भी बहुत आहत थी, लेकिन उसे उम्मीद थी कि सब्र और लगन से हालात सुधर सकते हैं। वो नतीजे के आगे झुक गया था और उसकी पत्नी जो भी फैसला ले, उसे वो नम्रता से स्वीकार करने को तैयार था।

भीतर का जादूगर

हम सबके अंदर एक जादूगर छिपा है, जो सही ध्यान और जागरूकता के टूल्स के साथ उलझन के पलों को भी स्पष्टता में बदल सकता है। भावनाओं पर ध्यान देने से, हम चिढ़, नाराज़गी, या हताशा जैसी भावनाओं को रुकावट नहीं समझते; बल्कि हम इस अनुभव के हर पहलू को ही रास्ता मान लेते हैं। पेमा चोड्रोन कहती हैं, 'निराशा, गुस्सा, और ईर्ष्या जैसी भावनाएं संदेशवाहक हैं जो हमें डरावनी स्पष्टता के साथ दिखाते हैं कि हम कहां फंसे हुए हैं।'

हम धीरे-धीरे अपने मन को मजबूत बना सकते हैं, बस बीच-बीच में रुक कर खुद से पूछें कि इस पल हम कैसा महसूस कर रहे हैं। जैसे हम समय-समय पर अपने इंस्टाग्राम नोटिफिकेशन चेक करते हैं, वैसे ही अपनी भावनाओं के नोटिफिकेशन चेक करना भी ज़रूरी है। अपने शरीर को अंदर से महसूस करना शायद हमारी आदत नहीं है, लेकिन यह एक बहुत बड़ा बदलाव ला सकता है। यह हमें अपनी सभी भावनाओं को, चाहे वे कितनी भी परेशान करने वाली क्यों न हों, बिना किसी जजमेंट के, करुणा के साथ स्वीकार करने में मदद कर सकता है, बिना उन्हें बदलने की ज़िद या उनसे छुटकारा पाने की कोशिश किए बिना।

अंत में, अमोदा मा की बातें दिल को छू जाती हैं: 'अंधेरा तुम्हारे भीतर से ही उठता है, और जब तुम तैयार होगे, यह तुम्हें एक विशालतर 'तुम' से परिचित कराएगा। एक ऐसा 'तुम' जिसमें सभी ऊर्जाओं को अपनाने, महसूस करने और बहने देने की क्षमता है। और अगर तुम इन ऊर्जाओं से अपनी पहचान नहीं बनाते, बल्कि बस उन्हें बहने देते हो, तो तुम देखोगे कि तुम स्वयं ही

जीवन हो। मेरे दोस्त, अपना दिल खोलो और रोशनी को दरारों से भी चमकने दो। यह अस्तित्व की रोशनी है। और तुम वही हो।'

अभ्यास

- किसी भी भावना या एहसास को वैसा ही रहने दें, उसे बदलने की कोशिश मत करें। देखें क्या आप उस एहसास को अपने शरीर में महसूस कर सकते हैं? गुस्सा या झुंझलाहट आपके शरीर में कैसे प्रकट होते हैं?
- किसी भी तीव्र एहसास के साथ आधे मिनट तक रहने की कोशिश करें। क्या आप दुख या अकेलेपन की बेचैनी को कुछ देर तक दबाए बिना महसूस कर सकते हैं?
- खुद से समय-समय पर ये सवाल पूछें: 'मैं क्या महसूस नहीं करना चाहता?' बीच-बीच में अपने अंदर झांकें और पूछें: 'अभी मैं क्या महसूस कर रहा हूं?' या 'अभी मेरे अंदर क्या चल रहा है?'
- 90-सेकंड का नियम: जब भी आप कोई मध्यम तीव्रता की भावना अनुभव करें, जैसे गुस्सा या निराशा, तो क्या आप बस उस एहसास के साथ रह सकते हैं और देख सकते हैं कि अगर आप उसके बारे में कोई कहानी नहीं बनाएंगे तो वह कितनी देर तक रहेगी?
- किसी भी तरह की बेचैनी के लिए RAIN विधि का उपयोग करें: अपने शरीर में भावना को पहचानें। भावना को स्वीकार करें। शरीर के किसी भी हिस्से में उसे ढूंढकर उसकी जांच करें और उसके साथ रहें। गैर-पहचान - भावना को आने और जाने के लिए जगह दें।
- देखें कि कब आप किसी एहसास या भावना का विरोध कर रहे हैं। आप उसे वहां नहीं चाहते या उसे दूर धकेलने की कोशिश कर रहे हैं। जब आप विरोध करते हें तो कैसा लगता है? जब आप उसे रहने देते हैं तो कैसा लगता है?
- देखें कि क्या आप भावनाओं या एहसासों का स्वागत कर सकते हैं, भले ही वे असहज हों। क्या आप सभी भावनाओं और एहसासों के लिए जगह बना सकते हैं?

- ध्यान दें कि क्या ऐसी भावनाएं हैं जिन्हें आप आमतौर पर बदल देते हैं। हो सकता है कि आप बहुत चिंतित या चिड़चिड़े महसूस करते हों, और वास्तव में यह दुख या निराशा जैसी किसी अन्य भावना का आवरण हो सकता है। अपनी सामान्य भावनाओं के बारे में उत्सुक रहें।
- देखें कि क्या आप अलग अलग चरणों का उपयोग करके भावनाओं की कीमिया का अभ्यास कर सकते हैं। इस तरह एक मजबूत भावना को ध्यान देने, दोस्ती करने और समर्पण करने से बदला जा सकता है। लेकिन अगर भावना बहुत तीव्र या दर्दनाक है, तो आपको अकेले अभ्यास करने के बजाय किसी चिकित्सक के पास बैठने की आवश्यकता हो सकती है।
- खुद से पूछें कि अभी आपका ध्यान क्या चाहता है? आपके शरीर के किस हिस्से पर ध्यान देने की ज़रूरत है?
- ऊब या बेचैनी की भावनाओं के साथ भी कुछ सेकंड रहने की कोशिश करें। फिर धीरे-धीरे आप इसे बढ़ा सकते हैं। आप देख सकते हैं कि कैसे ये भावनाएं समय के साथ बदलती हैं, उनकी तीव्रता बदलती है और अगर उन्हें अकेला छोड़ दिया जाए तो वे मद्धिम भी पड़ जाती हैं।
- किसी भावना पर दुख, निराशा या हताशा का लेबल लगाए बिना उसके साथ रहने का अभ्यास करें। बस उसे देखें और उसके साथ रहें, उसे नकारात्मक या अप्रिय लेबल दिए बिना या उसके होने के संबंध में कोई फैसला लिए बिना।

6.

तलाशः कौन हूं मैं?

*'जिस जगह को तुम खोज रहे हो, असल में तुम उसी जगह से खोज रहे हो।' — **मूजी***

यह एक भव्य समारोह का आखिरी पड़ाव था। ग्रेजुएशन नाइट थी, और हम सब बेसब्री से अपनी बारी का इंतज़ार कर रहे थे, जब हमें अपनी डिग्री मिलेगी। हम 60 लोगों के लिए, ये एक सपने के सच होने जैसा था। एक ऐसा सपना जो कई साल पहले शुरू हुआ था, जब हमने डॉक्टर बनने की ठानी थी। दो साल तक एंट्रेंस एग्ज़ाम्स की कड़ी तैयारी की थी। अपने मनपसंद कॉलेज में दाखिला मिलने की ख़ुशी के बाद, नया माहौल, रैगिंग का डर और एक्साइटमेंट, और फिर एनाटॉमी क्लासेस की वो पहली झलक... सब कुछ एक अजीब से एहसास में बदल गया था।

अगले साढ़े चार साल पलक झपकते ही बीत गए, और अंत में, हमें बस यही याद रहा कि हम अपनी फाइनल परीक्षाओं के लिए जी-जान से पढ़ाई कर रहे थे, उम्मीद कर रहे थे कि हम पास हो जाएंगे। आखिरकार, वह दिन आ गया जब हमें औपचारिक रूप से मेडिकल डिग्री मिलनी थी। 'डॉक्टर सरोज दुबे', मेरे लिए एक नया अध्याय शुरू हो गया था, और एक नई पहचान जो जीवन भर मेरे साथ एक वफादार साए की तरह रहेगी। जब भी कोई मेरा परिचय कराता था, तो एक डॉक्टर के रूप में कराता था, और जब मैं अपना नाम लिखता था, तो उससे पहले 'डॉक्टर' लगाने में अक्सर गर्व की एक झलक होती थी, जो मुझे मेरी सारी उपलब्धियों और मैं कौन हूँ, इसकी याद दिलाती थी।

कभी सपने में भी नहीं सोचा था कि एक दिन मैं अपनी पहचान के इस सवाल से जूझूंगा, और ये मेरे लिए एक जुनून बन जाएगा कि मैं इस पुराने

सवाल का जवाब ढूंढूं: 'मैं कौन हूँ?'

मुझे ठीक से याद नहीं है कि मैंने 'मेडिटेशन' शब्द कब पहली बार सुना और उसमें दिलचस्पी ली। शायद 2005 में, जब हम गैस्ट्रोएंटरोलॉजी की कड़ी ट्रेनिंग कर रहे थे और मुझे परिवार और अस्पताल की ड्यूटी के बीच तालमेल बिठाना पड़ रहा था। उस समय मेडिटेशन मुझे तनाव से राहत देने का एक अच्छा तरीका लगा। लेकिन सबसे बड़ी मुश्किल थी कि इसके लिए समय कैसे निकाला जाए।

उस समय मेरी नज़र रॉबिन शर्मा की किताब "द मोंक हू सोल्ड हिज़ फेरारी" पर पड़ी थी। किताब बहुत ही दिलचस्प थी, और उस किताब की एक लाइन ने मेरा ध्यान खींचा। उसमें एक आदमी का ज़िक्र था जो अपनी कार में हाईवे पर कहीं जल्दी पहुँचने के लिए भाग रहा था, और उसकी कार का पेट्रोल भी लगभग खत्म होने वाला था। लेकिन वो रुक कर पेट्रोल भरवाने को तैयार नहीं था क्योंकि उसे लग रहा था कि उसके पास समय नहीं है। इस बात ने मुझे सोचने पर मजबूर कर दिया।

हमें सबसे पहले अपनी टंकी भरने और खुद को रिचार्ज करने का समय निकालना होगा, वरना सब बेकार है। उस दिन से, जब भी मुझे लगता था कि मेरे पास अपने लिए समय नहीं है, चाहे वो मेडिटेशन के लिए हो, खुद को पोषण देने के लिए हो, खुद को बेहतर बनाने के लिए हो या व्यायाम के लिए, मैं इन शब्दों को याद करता हूँ और हमेशा समय निकाल ही लेता हूँ।

जब मैंने ध्यान करना शुरू किया, तो मुझे एक सुकून और शांति का एहसास हुआ। मैंने कई तरीके आजमाए, जैसे ध्यान केंद्रित करना, ट्रान्सेंडेंटल मेडिटेशन, और 'काम अबाइडिंग', ताकि मुझे सबसे अच्छा लगने वाला तरीका मिल सके। उस समय मेरा मकसद बिल्कुल साफ़ था; यह मुख्य रूप से तनाव कम करने और आराम करने के लिए था, बिना गहराई में जाने की असली इच्छा के। हालांकि, मैंने यह भी देखा कि जब मैं ध्यान से उठता था, तो इसका असर धीरे-धीरे कम होने लगता था। मेरी अगली बड़ी समझ तब आई जब मैंने एकहार्ट टोले की "द पावर ऑफ़ नाउ" किताब पढ़ी, और यह एक रहस्योद्घाटन था कि वर्तमान में न होना हमारी व्यस्त जिंदगी में एक बिल्कुल सामान्य स्थिति मानी जाती है।

तभी मैंने माइंडफुलनेस मेडिटेशन शुरू किया और मुझे इसमें बहुत सुकून मिला। हालांकि एकहार्ट की शिक्षाओं और उनके सुझाए मेडिटेशन अभ्यास से मैं बहुत प्रभावित था और और गहराई में जाना चाहता था, लेकिन फिर

भी मैं एक मेडिकल कंसल्टेंट के रूप में खुद को स्थापित करने और परिवार के साथ कुछ समय बिताने में उलझा हुआ था। किताबें और अध्यात्म अभी भी एक विलासिता थे, जिन्हें मैंने सेवानिवृत्ति या किसी अन्य दूर के भविष्य के लिए टाल दिया था। अभी गंभीर अध्यात्म के लिए मेरे पास जरा भी समय नहीं था; अभी और भी महत्वपूर्ण और व्यावहारिक काम करने थे। लेकिन जीवन में हमारे लिए कई आश्चर्य छिपे होते हैं। रश्मि की घटना भी ऐसी ही थी जो एक तूफान की तरह आई और जिसने मेरे जीवन के स्थापित मूल्यों को तहस-नहस करने की धमकी दी।

मेरे मन में सबसे बड़ा सवाल यही था कि क्या ज़िंदगी सिर्फ किस्मत और भाग्य के इर्द-गिर्द घूमती है, क्या यह बस एक संयोग की बात है? मुझे सच जानना था।

इस खोज ने मुझे गुरुओं से लेकर किताबों तक भटका दिया और उन शिक्षकों की सलाह लेने के लिए प्रेरित किया जिन्होंने सच्चाई को देखा था। मैंने प्रबुद्ध लोगों के बारे में पढ़ा था, और मुझे लगता था कि प्रबुद्ध होने का मतलब सभी खोजों पर विजय है। इसलिए, मैं मुझे सही मार्गदर्शन देने के लिए एक प्रबुद्ध गुरु की तलाश में बेताब था। बहुत आत्म-चिंतन और खोज के बाद, मैंने पाया कि अद्वैत वेदांत परंपरा पर आधारित अद्वैतवाद की शिक्षाएं मुझे सबसे ज्यादा अच्छी लगीं।

इस फलसफे का मूल विचार ये है कि चेतना के अलावा कुछ भी नहीं है। या दूसरे शब्दों में, सब कुछ चेतना ही है। सारी सृष्टि रचयिता के ताने-बाने में समा गई है। 5000 साल पुराने उपनिषद, सिद्ध ऋषियों द्वारा एकत्व की परमानंद घोषणाएं, अद्वैत का ही दूसरा नाम हैं। 800 ईस्वी में हुए महान ऋषि आदि शंकराचार्य इसके प्रमुख समर्थकों में से एक हैं।

आधुनिक ऋषियों में, रमण महर्षि से ज़्यादा किसी को सम्मान नहीं दिया जाता। उन्होंने 20वीं सदी के बीच में आत्म-ज्ञान के अपने तरीके से हमारी असली पहचान को खोजने का रास्ता बताया। मुझे ये साफ़ लगा कि अगर किसी को अपनी तकलीफ़ की वजह जाननी है, तो सबसे पहले ये जानना ज़रूरी है कि आख़िर तकलीफ़ सह कौन रहा है? तो, सबसे ज़रूरी सवाल ये थे:

- असल में मैं कौन हूँ? मेरी असली पहचान क्या है? क्या मैं अपने रोज़मर्रा के जीवन से कुछ ज़्यादा हूँ, जो मैं सोचता हूँ, देखता हूँ या महसूस करता हूँ?

- क्या हमारे हर काम के पीछे कोई इंसान या करने वाला होता है?

मुझे लगा कि अगर मैं इन सवालों के जवाब ढूंढ लूं, तो मेरे बहुत से शक दूर हो सकते हैं। हो सकता है आप में से कई लोगों को ये सवाल बहुत ही आसान और सतही लगें। मुझे याद है जब पहली बार किसी टीचर ने मुझसे ये पूछा था, तो मैंने मन ही मन सोचा था, 'अरे, क्या बात करते हैं, मैं तो सरोज हूं, डॉक्टर हूं, आपके सामने खड़ा हूं, और क्या सोचना है?'

लेकिन जब कोई इस राह पर चलता है, तब परतें खुलने लगती हैं। ज्ञान की राह पर, पुर्तगाल के आध्यात्मिक गुरु मूजी, ऑक्सफोर्ड के आध्यात्मिक गुरु और 'डायरेक्ट पाथ' के लेखक रूपर्ट स्पाइरा, सैन फ्रांसिस्को के आध्यात्मिक गुरु आद्यशांति, एकहार्ट टोले, और मूजी के शिष्य अनंतजी (अनंत गर्ग, जिन्हें प्यार से 'फादर' भी कहा जाता है) जैसे गुरुओं के ज्ञान और शिक्षाओं ने मेरी इस यात्रा में मार्गदर्शन किया जो आज भी जारी है। मैंने किताबों को ऐसे पढ़ा जैसे मेडिकल एंट्रेंस एग्जाम की तैयारी कर रहा हूं, और जहां भी संभव हुआ, मीटिंग्स और रिट्रीट्स में गया।

मुझे याद है, मैं बंगलूरू में अनंतजी से मिलने गया था और मैंने उन्हें रश्मि वाली पूरी घटना के बारे में बताया, अपने अपराधबोध, अपनी पीड़ा और जवाब पाने की अपनी बेचैनी के बारे में उनसे चर्चा की। उन्होंने मुझसे बड़े प्यार से पूछा, 'पहले ये पता लगाओ कि ये "मैं" कौन है जिसका तुम हर वक्त जिक्र करते हो? ये कौन है जो इतना दुखी है और जवाब पाने के लिए इतना बेताब है? चलो पहले उसके स्वभाव को समझने की कोशिश करते हैं।'

जब हम खुद को समझने की कोशिश शुरू करते हैं, तो हम मान लेते हैं कि हम शरीर और मन का एक जटिल मेल हैं, जिसे मेरे मामले में सरोज कहा जाता है, या फिर रमेश, या फिर गायत्री। हमें लगता है कि इस शरीर-मन के पीछे एक छोटा सा 'मैं' है (एक तरह से छोटा सरोज), जो हमारे हर काम को कंट्रोल करता है और फैसले लेता है। मूजी कहते हैं, "देखो और समझो कि क्या यह सच है"। तो, हम इस 'व्यक्ति' को ढूंढने लगते हैं, जिसका मकसद है कि जो सच नहीं है उसे नकार दें और जो हमेशा रहता है, उसे खोज लें।

'मैं' वो नहीं हो सकता जिसे मैं देख रहा हूं, क्योंकि अगर मैं किसी चीज़ को देख सकता हूं तो ज़ाहिर है वो मुझसे दूर है और इसलिए वो 'मैं' नहीं हो सकता। एक तराजू सब कुछ तोल सकता है, खुद को छोड़कर। चूंकि मैं अपने शरीर, अपने सिर, चेहरे और बाहों को देख सकता हूं, 'मैं' शरीर नहीं हूं।

हम बचपन से ही यही मानते आए हैं कि हम यह शरीर हैं, लेकिन जब हम खोजते हैं तो पाते हैं कि यह शरीर तो इस दुनिया को अनुभव करने का एक ज़रिया मात्र है। यह हमारा असली रूप नहीं है। मन ज़्यादा जटिल है, लेकिन कोई अलग से "मन" नाम की चीज़ नहीं है; यह तो बस विचारों, भावनाओं और संवेदनाओं का मिश्रण है। पर जब हम बैठकर ध्यान से देखें, तो पाते हैं कि हम अपने विचारों और भावनाओं को भी देख सकते हैं। हमारे मन में जो कुछ भी चल रहा है, हम उसे देख सकते हैं, इसलिए 'मैं' अपने विचार, भावनाएं या मन भी नहीं हूं।

हमारे मन की आवाज़ हमें अपनी ही लगती है, पर असल में वो हम नहीं हैं। यह हमारा दिमाग है, जो हमारे हर काम पर अपनी कमेंट्री देता रहता है: 'मैं बहुत धीमा हूं; मैं इतना होशियार नहीं हूं; मैं काबिल नहीं हूं; मैं सबसे अच्छा हूँ; मुझे दूसरों के साथ रहना है; मैं यह नहीं कर सकता; मैं खुश रहने के लायक नहीं हूं।' ये सब विचार, विश्वास, और मन की कमेंट्री हैं, लेकिन विचार आते-जाते रहते हैं। इन विचारों के साथ एक मज़बूत 'मैं' की भावना जुड़ी होती है, और इसीलिए हर विचार के साथ एक 'मैं' जुड़ा होता है, जिससे हमें लगता है कि हम एक अलग व्यक्ति हैं। इसलिए सवाल यह है: 'वो क्या चीज़ है जो पीछे रह जाती है, जो इन सभी विचारों और भावनाओं से अच्छी तरह वाकिफ है?'

तो, मेरे हर एक काम और हलचल के पीछे ये इंसान कौन है? जब मैं ध्यान से देखता हूं, तो सरोज नाम का कोई इंसान या चीज़ मुझे नहीं मिलती। पूरी ज़िंदगी हम इस अलग 'मैं' पर, अहंकार पर, या मनोवैज्ञानिक 'मैं' पर यकीन करते हैं, जो असल में इस मन-शरीर के समूह का एक वर्णन मात्र है जिसे हम असली 'मैं' मान लेते हैं। लेकिन जब हम गहराई से देखते हैं, तो पता चलता है कि यह असली नहीं है। बस शरीर, विचार, भावनाओं, और संवेदनाओं के प्रति चेतना है। बस चेतना है, कोई इंसान नहीं, कोई चीज़ नहीं, कोई छोटा सा 'मैं' नहीं, बल्कि सब कुछ इस चेतना में तैर रहा है। जैसे मूजी कहते हैं, 'एक व्यक्ति वो है जो तुम अनुभव करते हो; यह वो नहीं जो तुम हो।' ये सारे विश्वास, विचार, यादें और भावनाएं मिलकर एक अलग 'मैं' या इंसान का भ्रम पैदा करते हैं। रूपर्ट स्पाइरा समझाते हैं कि हमारे विचार और विश्वास कि हम एक अलग इंसान हैं, यही हमारे सारे दुखों की जड़ हैं।

'मैं' की परतें खोलना

हमारी असली पहचान का रहस्य क्या है? हम अपना शरीर नहीं हैं, बल्कि वो हैं जो अपने शरीर को जानता है। हम अपने विचार या भावनाएं नहीं हैं, बल्कि वो हैं जो उन्हें देखता है। तो फिर असली "मैं" कौन है जो हमेशा एक जैसा रहता है, सबकुछ जानता है और हर जगह मौजूद है?

'द ग्रेटेस्ट सीक्रेट' में रोंडा बर्न कहती हैं, 'तुम स्वयं चेतना हो।' बस चेतना का होना ही सत्य और अपरिवर्तनीय है। चेतना ही हमारी असली पहचान है, वो गुम हुई कड़ी है जो हम असल में हैं। ये हमसे इतनी करीब है कि हम इसे पूरी ज़िंदगी नज़रअंदाज़ करते रहे हैं। अपनी किताब 'शिफ्ट इन्टू फ्रीडम' में लोच केली कहते हैं कि हम जाग्रत चेतना को इसलिए नहीं पहचान पाते क्योंकि ये:

- इतनी पास है कि दिखती ही नहीं,
- इतनी सूक्ष्म है कि दिमाग समझ ही नहीं पाता,
- इतनी सरल है कि यकीन ही नहीं होता,
- इतनी सहज है कि स्वीकार ही नहीं कर पाते।

चेतना हमारे जीवन के हर एक अनुभव से वाकिफ है। हमारा मन, विचार और शरीर हमारी संज्ञा से वाकिफ नहीं हैं, बल्कि यह चेतना ही है जो हमारे मन, शरीर और विचारों के प्रति सचेत है।

'मैं कौन हूं?' इसका जवाब हमेशा एकदम से नहीं मिलता, हालांकि कुछ लोगों को ये अचानक ही आत्मज्ञान की तरह मिल जाता है। लेकिन मेरे जैसे कई लोगों के लिए, यह धीरे-धीरे परत दर परत खुलता है।

चाहे यह किसी भी रूप में और जब भी आए, यह निश्चित रूप से जीवन के प्रति हमारे नजरिए को बदल देगा। श्री रमण महर्षि ने इसे बहुत सुंदर ढंग से कहा है: 'यह सवाल "मैं कौन हूँ?" का असली मकसद कोई जवाब पाना नहीं है, बल्कि सवाल करने वाले को ही खत्म करना है।'

चेतना एक विशाल सागर की तरह है, अनंत और फैली हुई। ये किसी कमरे

में मौजूद खाली जगह की तरह है जो किसी चीज़ या व्यक्ति के लिए अपनी पसंद ज़ाहिर नहीं करती। हमारा असली स्वभाव भी इसी अनंत सागर जैसा है, जो हर स्पर्श को सहर्ष स्वीकार कर लेता है, चाहे वो अप्रिय विचार हों, परेशान करने वाली भावनाएं हों, या दर्दनाक एहसास हों। सबके लिए जगह है यहां।

मौजूदगी

एकहार्ट टोले 'चेतना' की जगह 'मौजूदगी' शब्द इस्तेमाल करना पसंद करते हैं, दोनों लगभग एक ही बात हैं। वे पाठकों को आगाह करते हैं कि 'मौजूदगी' ठीक-ठीक वह नहीं है जैसा आप सोचते हैं: आप इसके बारे में सोच नहीं सकते और मन इसे समझ नहीं सकता, इसलिए इसे कोई चीज़ मत समझें। जब मन शांत होता है तब 'मौजूदगी' प्रकट होती है, और यही 'मौजूदगी' है जो सुंदरता, भव्यता और प्रकृति की पवित्रता को महसूस करती है और उसकी कद्र करती है। एकहार्ट समझाते हैं कि जब आप 'होने' के प्रति जागरूक हो जाते हैं, तो 'होना' या चेतना खुद के प्रति जागरूक हो जाती है। जब 'होना' खुद के प्रति जागरूक हो जाता है, वही 'मौजूदगी' है। अपने इस निराकार आयाम तक पहुंचना बहुत आज़ाद करने वाला होता है। हम इसे अप्रकट, होना, जागरूकता, स्रोत, या 'मैं हूं' कह सकते हैं। यह गहरी शांति और सुकून का क्षेत्र है, साथ ही आनंद और गहन जीवंतता का भी।

टोले उन विभिन्न रास्तों के बारे में बताते हैं जो हमें उस अनजानी दुनिया में ले जाते हैं। गहरी, बिना सपनों वाली नींद भी एक रास्ता है, लेकिन इसे समझने के लिए हमें होशपूर्वक इसमें प्रवेश करना होगा। वह मुख्य रूप से इन रास्तों के बारे में बात करते हैं:

- शरीर के भीतर: हम अपने भीतर के शरीर का उपयोग करके अनंत संभावनाओं की दुनिया में प्रवेश कर सकते हैं, जैसे किसी गुप्त द्वार से होकर।
- अभी: जब हम पूरी तरह से वर्तमान में होते हैं, तो मन का समय खत्म हो जाता है और हम उस असीम स्रोत से जुड़ जाते हैं जो अभी तक प्रकट नहीं हुआ है।

- विचारों की क्रमभंगता: लगातार सोचने की प्रक्रिया में एक छोटा सा अंतराल भी हमें वर्तमान में ले आता है, ऐसा ध्यान के दौरान या जब मन की बातें थम जाती हैं, तब हो सकता है, जैसे कि जब हम प्रकृति, सुंदरता को निहारते हैं या कोई मज़ाक सुनते हैं। प्रकृति और सुंदरता अक्सर हमें अपने अस्तित्व से जोड़ने का काम करती हैं।
- समर्पण: वर्तमान क्षण के प्रति मानसिक-भावनात्मक प्रतिरोध को छोड़ देना, अव्यक्त तक पहुंचने का एक और रास्ता है।
- शांति: एकहार्ट सुझाव देते हैं कि उस शांति को खोजें, जहां से सारी आवाज़ें पैदा होती हैं और वापस लौट जाती हैं। बाहरी शोर की बजाय अपनी अंदरूनी शांति को ज़्यादा महत्व दें, क्योंकि इससे आपका मन शांत होता है और एक नया दरवाज़ा खुलता है।
- रिक्त स्थान: जैसे ख़ामोशी को अहमियत देनी चाहिए, वैसे ही एकहार्ट कहते हैं कि चीज़ों से ज़्यादा हमें स्पेस यानी खाली जगह को महत्व देना चाहिए। हमारा ध्यान हमेशा चीज़ों पर ही होता है, लेकिन जब हम खाली जगह पर ध्यान देते हैं, तो हमारे अंदर एक नया रास्ता खुलता है।

मैं हूं

आम तौर पर हम अपना परिचय कैसे देते हैं? 'हाय, मैं सरोज, नीलोफ़र, या राजीव हूं। मैं एक डॉक्टर, वकील, इंजीनियर हूं।' या फिर हम अपनी भावनाओं को इस तरह बताते हैं: 'मैं खुश हूं, उदास हूं, या चिढ़ा हुआ हूं।' तो, 'मैं हूं' के साथ हमेशा कुछ न कुछ जुड़ा होता है। यही हमारी पहचान बन जाती है—मैं एक पति हूं, एक पिता हूं, एक भारतीय हूं।

लेकिन इन सब से पहले क्या आता है? कौन या क्या जानता है कि मैं एक डॉक्टर, पति, पिता, या भारतीय हूं? जब हम इस शरीर में आते हैं तो सबसे पहले किस चीज़ का एहसास होता है? यह 'मैं हूं', शुद्ध उपस्थिति या अस्तित्व, हमारी असली पहचान है। हमें कैसे पता चलता है कि हम हैं? अगर किसी दिमागी बीमारी के कारण, हमारी पूरी याददाश्त और पहचान खो जाए (जो चिकित्सकीय रूप से संभव है), तो हम में क्या बचता है? हम तो खत्म नहीं हो जाते, है ना? हम हैं, हम मौजूद हैं, हम 'मैं हूं' के रूप में

उपस्थित हैं।

तो, जब हम अपने असली रूप को खोजने के लिए पीछे की ओर देखना शुरू करते हैं, तब यह 'मैं हूं' हमारी असली पहचान की ओर हमारा मार्गदर्शक होता है। ज़ेन समुदायों में, एक कोआन (ध्यान का प्रश्न) होता है जो पूछता है, 'तुम्हारे जन्म से पहले तुम्हारा चेहरा कैसा था?' मूजी हमें हमारी असली पहचान, इस 'मैं हूं' की भावना को खोजने के लिए प्रेरित करते हैं। वह हमें उस भावना या अनुभूति तक जाने के लिए कहते हैं जो किसी भी विचार, नाम या पहचान से परे है। कुछ भी जानने से पहले, हम जानते हैं कि हम मौजूद हैं - मैं हूं। यह हमारी पहली जानकारी है, चेतना खुद को घोषित कर रही है। वह हमें इस 'मैं हूं' की अनुभूति या अंतर्ज्ञान के साथ बैठने के लिए मार्गदर्शन करते हैं। सीधे शब्दों में कहें, तो अपना ध्यान इस 'मैं हूं' की भावना पर लगाएं, बिना किसी कहानी या पहचान को जोड़े।

मूजी कहते हैं कि हम जितना 'मैं हूं' के एहसास के साथ रहते हैं, उतना ही खुलेपन और शांति का एहसास बढ़ता है। उनका कहना है कि इसमें डूबे रहो और चेतावनी देते हैं कि विचार तो आएंगे ही, और मन हमारी प्रगति में बाधा डालने की कोशिश करेगा, इन कोशिशों का मकसद पूछेगा। उनका कहना है, 'मन से मत उलझो, बस डटे रहो और "मैं हूं" के एहसास के साथ रहो।'

वस्तुओं की संरचना का विश्लेषण

इन खोजबीनों के दौरान, मेरा झुकाव 'प्रगतिशील मार्ग' के बजाय 'डायरेक्ट पाथ' की ओर अधिक हो गया। ध्यान और प्रगतिशील शुद्धिकरण के एक पूरे जीवनकाल से गुज़रे बिना, सीधे हमारे वास्तविक स्वरूप की एक झलक पाने में सक्षम होने का वादा काफ़ी आकर्षक था, जो कि 'डायरेक्ट पाथ' (सीधे मार्ग) की पहचान है।

हममें से ज्यादातर को यह सिखाया गया है कि एक 'मैं' होता है जो किसी चीज़ को देखता, सुनता या सोचता है। क्या यह सच है, चलिए देखते हैं। आराम से बैठ जाइए और अपने आस-पास की आवाज़ों को महसूस करना शुरू कीजिए, हो सकता है कि घंटी की आवाज़ आ रही हो। बस घंटी की आवाज़ को आते और जाते हुए महसूस कीजिए। फिर खुद से पूछिए: 'क्या आवाज़ से अलग कोई घंटी है? क्या कोई अलग चीज़ है जिसे घंटी कहते हैं,

जो किसी के द्वारा सुने जाने का इंतज़ार कर रही है या आपको बस घंटी की आवाज़ सुनाई दे रही है?'

अगर हम ईमानदारी से सोचें, तो हमें एहसास होगा कि हम बस उस घंटी की आवाज़ ही सुन सकते हैं, उसे हम अपने विचारों या स्मृतियों के आधार पर ही घंटी कहते हैं। ऐसा लगता नहीं कि घंटी नाम की कोई अलग चीज़ मौजूद है।

a. क्या सुने जाने की प्रक्रिया हमारे अंदर होती है, बाहर होती है या हमसे किसी एक निश्चित दूरी पर होती है?

हम सोच सकते हैं कि कोई आवाज़ दूर से आ रही है, लेकिन असल में हम उसे यहीं सुनते हैं, जहां हम हैं। उस आवाज़ और हमारे बीच कोई दूरी नहीं होती।

b. क्या इस मामले में चेतना/जागरूकता के अलावा कोई अलग सुनवाई बिंदु है क्या?

यह जानते हुए कि हमारी ज्ञानेंद्रियां पूरी तरह से सुनने की अनुभव-प्रक्रिया से जुड़ी हैं, हम यह समझते हैं कि सुनने का असली मतलब बस इस बात से वाकिफ होना भर है।

रूपर्ट स्पाइरा इस बात को एक बहुत ही सुंदर उदाहरण से समझाते हैं - मूवी स्क्रीन और उस पर चल रही फिल्म की तरह। जैसे स्क्रीन भले ही दिखाई ना दे, लेकिन पूरी फिल्म में वो ही तो है, हर दृश्य में, हर हलचल में। उसी तरह, चेतना हर अनुभव में व्याप्त है, भले ही वो प्रत्यक्ष रूप से दिखाई ना दे। दरअसल, ये कहना भी ठीक होगा कि फिल्म कुछ है ही नहीं, बस स्क्रीन है जो उसे समेटे हुए है। उसी तरह, चेतना ही वो आधार है जिस पर सारा अनुभव घटित होता है। स्क्रीन के बिना कोई अलग फिल्म नहीं, फिल्म को स्क्रीन से अलग नहीं किया जा सकता। ठीक वैसे ही, चेतना और अनुभव को एक दूसरे से अलग नहीं किया जा सकता, क्योंकि सारा अनुभव चेतना में ही घटित होता है।

ठीक वैसे ही, जैसे हमारी असली प्रकृति यानी चेतना, देखने, सुनने, स्वाद लेने या महकने के सभी अनुभवों में व्याप्त होती है, लेकिन हम अक्सर इस स्पष्ट सच्चाई को नज़रअंदाज़ कर देते हैं। असल में, यह कहा जा सकता है कि देखने, सुनने, स्वाद लेने या महकने के अनुभव में बस उसकी चेतना ही महत्वपूर्ण है। अगर चेतना न हो, तो देखी हुई चीज़, सुनी हुई आवाज़, चखा

हुआ स्वाद या महकी हुई खुशबू का कोई मतलब नहीं रह जाता। यह चेतना ही है जो इन अनुभवों को जीवंत बनाती है।

शायद विलियम ब्लेक यही कहना चाह रहे थे जब उन्होंने कहा था: 'अगर हमारी समझ के दरवाज़े साफ़ हो जाएं, तो हर चीज़ इंसान को वैसी ही दिखेगी जैसी वो है, अनंत।'

द हेडलेस वे

हमारी वास्तविकता की प्रकृति को "द हेडलेस वे" के लेखक डगलस हार्डिंग ने अपने प्रयोगों की एक श्रृंखला के द्वारा बहुत ही खूबसूरती से दर्शाया है। वे अपने ध्यान को 180 डिग्री के कोण पर घुमाने की बात करते हैं। आम तौर पर हमारा ध्यान बाहर की ओर, किसी वस्तु पर केंद्रित होता है। अगर मैं तुम्हें देख रहा हूं, तो क्या होगा अगर मैं अपना ध्यान वहां लगाऊं जहां से मैं देख रहा हूं? वह धनुष कहां है जहां से ध्यान/नज़र का यह तीर चलाया जा रहा है?

जब हम अपना ध्यान 180 डिग्री घुमाते हैं तो हमें एक अद्भुत रहस्य का पता चलता है। वहां कुछ भी नहीं दिखता, न कोई चेहरा है, न कोई सिर, बस एक खाली जगह है। जैसे, मैं अपनी उंगली से अलग-अलग चीजों की ओर इशारा कर रहा हूं - एक कुर्सी, एक व्यक्ति, एक मेज, और फिर मैं अपनी उंगली वहां रखता हूं जहां मुझे लगता है कि मेरा चेहरा है। हमें पता चलेगा कि वहां असल में कोई चीज़ नहीं है; दरअसल, हमारे विचार और मन उस जगह पर एक सिर का भ्रम पैदा करते हैं। हमें यह विश्वास दिलाया गया है कि हम एक 'लड़का' या 'लड़की' हैं जिसका एक चेहरा है, और हम मानते हैं कि चूंकि देखने और सुनने की हमारी इंद्रियां सिर में स्थित हैं, इसलिए हमारा सिर ही हमारी पहचान का स्रोत है। एक बच्चे को अपने शरीर के अंगों का कोई एहसास नहीं होता; वह शुद्ध चेतना है। यही हमारा असली स्वरूप है, लेकिन हम धीरे-धीरे इससे दूर हो जाते हैं और खुद को वह व्यक्ति मानने लगते हैं जिसे हम आईने में देखते हैं।

लेकिन जैसे-जैसे हम खुद के करीब आते जाते हैं, हमें वे सारे गुण नहीं मिलते जिन पर हम हमेशा से यकीन करते आए हैं। असल में, हम बस शुद्ध चेतना का एक खुला आकाश हैं।

ये तकनीक कोई भी कर सकता है और परख सकता है, फिर चाहे उसने ध्यान का अभ्यास किया हो या नहीं, या फिर उसका कोई आध्यात्मिक विश्वास हो या न हो। यह बस चीज़ों को देखने का एक नया और खुला तरीका है। एक बार जब इस तरीके को समझ लिया जाता है, तो यह चीज़ों को देखने के आपके नज़रिए को पूरी तरह से बदल सकता है। आम तौर पर, हमें लगता है कि हम अपनी दो आंखों से देख रहे हैं, और वही हम दूसरे व्यक्ति में भी देखते हैं। लेकिन असल में, जिस जगह या चेतना से मैं देख रहा हूं, जो मेरी गर्दन के ऊपर, मेरे भौतिक शरीर से परे है, वहां से तो बस एक ही नज़ारा है, एक खुली, असीम जगह से देखना। और अगर मैं इस बात को गहराई से समझ पाऊं कि मेरे सिर की जगह, मेरे अहंकार की जगह, एक बड़ी खुली, विशाल चेतना है, तो फिर मेरे और दूसरे व्यक्ति के बीच में कोई भेदभाव कहां रह जाता है?

इसी तरह, जब हम सुनने पर ध्यान देते हैं, तो हम पाते हैं कि चेतना का एक विशाल, खाली स्थान है, और ध्वनियां इस स्थान से होकर गुजरती हैं। सभी प्रकार की संवेदनाएं इसी जागरूक स्थान के माध्यम से अनुभव की जाती हैं। सभी आध्यात्मिक गुरुओं का मूल संदेश यही है: हम सभी एक-दूसरे से जुड़े हुए हैं और हमारा मूल स्वरूप शुद्ध चेतना है। इस बात को बस यूं ही मान लेने के बजाय, हम इसे स्वयं परख सकते हैं और देख सकते हैं कि हमें क्या हासिल होता है। कम से कम, यह एहसास हमें इस संभावना पर विचार करने के लिए प्रेरित करेगा कि हमारी धारणाएं और आत्म-धारणाएं शायद उतनी सटीक नहीं हैं जितना हमने मान लिया था। हो सकता है कि हम सिर्फ उस सीमित, भौतिक पहचान तक ही सीमित नहीं हैं जो हमने अब तक पकड़ रखी है। शायद हमारे भीतर एक गहन विशालता, एक असीम संभावनाओं का क्षेत्र मौजूद है, जिसे पूरी तरह से जाँचना और तलाशना बाकी है।

रेस्टिंग ऐज़ अवेयरनेस (होश में रहते हुए आराम करना)

मुझे गोवा में जनवरी का एक गर्म, चटख धूप वाला दिन आज भी याद है। समुद्र में कई बार डुबकी लगाने के बाद, मैं बस गर्म रेत पर पीठ के बल लेट गया, विशाल नीले आसमान को निहारता रहा, लहरों की आवाज़ सुनता रहा और कभी-कभी अपना सिर उठाकर अंतहीन, शानदार नीले समुद्र को देखता रहा। मुझे नहीं पता कि मैं रेत पर कितनी देर तक लेटा रहा, लेकिन

वो एहसास बहुत ही शानदार और सुखद था, और मेरे पास उस एहसास को बयां करने के लिए कोई शब्द नहीं थे।

वो एक ऐसा एहसास था, जो शब्दों में बयां करना मुश्किल है - एक गहरी शांति, असीम ख़ुशी, ज़िंदादिली का उफान, एक खुलेपन का एहसास, और एक अनोखी सी अच्छी सेहत का एहसास। ऐसा लग रहा था जैसे मन और शरीर दोनों एक लय में झूम रहे हों। कुछ महीनों बाद, मैंने एक किताब में एक अंश पढ़ा जिसमें हमारे असली स्वभाव का वर्णन था। उसमें लिखा था - खुला, ज़िंदा, अच्छा एहसास, आनंद से भरा....वो पढ़कर जैसे एक झटके से समझ आया कि गोवा में उस खूबसूरत दिन मुझे जो एहसास हुआ था वो दरअसल मेरी अपनी आत्मा की एक झलक थी, एक शुद्ध जागरूकता का एहसास। उस दिन के बाद से, हर साल सर्दियों में गोवा जाना पक्का हो गया।

एक बार आध्यात्मिक गुरु डेविड बिंघम और सेडोना मेथड के फाउंडर, हेल ड्वोस्किन के बीच बातचीत हुई। उन्होंने इस अवस्था को शुद्ध जागरूकता कहा, एक ऐसी स्थिति जहां हम अपने विचारों और भावनाओं से अलग होकर, बस 'होने' (बीईंग) के अनुभव में डूब जाते हैं। उन्होंने बताया कि अगर हम थोड़ा सा ठहर कर ध्यान दें, तो हम अपनी रोजमर्रा की जिंदगी में इसकी झलक देख सकते हैं। मैं अक्सर अपनी भागदौड़ भरी जिंदगी में कुछ पल रुक कर, इस शुद्ध जागरूकता का अनुभव करने की कोशिश करता हूं। खासकर जब सूरज तेज होता है, मैं गाड़ी रोक देता हूं, और कुछ देर चुपचाप बैठा रहता हूं। बस सूरज की गर्मी, हवा के झोंकों और आसपास की आवाज़ों को महसूस करता हूं, बिना किसी विचार या चिंता के। या जब मैं ध्यान करता हूं, मैं बस बैठ जाता हूं, अपने मन में उठने वाले सभी विचारों, संवेदनाओं और भावनाओं को आने और जाने देता हूं, उन्हें जज नहीं करता, बस उनका साक्षी बन जाता हूं। प्रकृति के बीच समय बिताना भी इस शुद्ध जागरूकता के अनुभव को गहरा करने में मदद करता है। प्रकृति की सैर करने, हरी-भरी हरियाली, या विशाल आकाश या जल निकायों के पास रहने पर विचार करें। इन खूबसूरत नजारों में खो जाने से, हम अपने अस्तित्व की गहराई को छू सकते हैं। हम समय-समय पर इस तरह के अभ्यास कर सकते हैं, ताकि हम अपने अंदर की इस शुद्ध, सहज जागरूकता के स्वाद को विकसित कर सकें।

लक्ष्यः सत्य की तलाश

अपने आध्यात्मिक सफ़र में, मैं कई रिट्रीट और सभाओं में शामिल हुआ, जहां मैंने दुनिया भर से आए साथी साधकों से मुलाकात की। हर कोई अपनी असली पहचान जानने और दुखों को खत्म करने के उपाय खोजने की कोशिश में लगा था। यह देखकर मुझे हैरानी हुई कि कितने सारे लोग इन गहन सवालों के जवाब तलाश रहे हैं। लेकिन जब भी मैं अपने भारतीय दोस्तों, परिवार या सहकर्मियों के साथ आध्यात्मिकता या आत्म-ज्ञान की बातें छेड़ता, तो अक्सर वे इस विषय को हल्के में लेते या बात को टाल देते। यह देखकर मुझे थोड़ी निराशा होती। शायद मेरा यह अनुमान गलत हो, लेकिन ऐसा लगता है कि पश्चिम के लोग 'सत्य' की खोज में ज़्यादा उत्सुक हैं और अक्सर उन्हें उनके जवाब भारत की धरती पर मिलते हैं।

मैंने ये भी देखा कि कई आध्यात्मिक साधकों के लिए, एनलाइटमेंट या अवेकनिंग एक लक्ष्य बन जाता है। पहले जहां सारी ऊर्जा और ध्यान भौतिक लक्ष्यों को पाने में लगाई जाती थी, अब वो सारी शक्ति आध्यात्मिक लक्ष्य में बदल गई है। ये अक्सर एक ऐसी, दूर की रहस्यमयी मंज़िल बन जाती है जैसे किसी अनिश्चित भविष्य में पहुंचना है। कुछ लोगों के लिए, ख़ुशी और संतुष्टि महसूस करने के लिए किसी भी क़ीमत पर वहां पहुंचना ज़रूरी होता है, चाहे कितनी भी तपस्या या साधना क्यों न करनी पड़े। मैं भी इस आध्यात्मिक बस में अपनी सीट बुक कर चुका था और बड़े जोश और जुनून के साथ उस अनजान मंज़िल की ओर सफ़र कर रहा था, जब तक ये एहसास नहीं हुआ कि कहीं और नहीं, बस यहीं जाना है।

एंथनी डी मेलो कहते हैं, 'आध्यात्मिक खोज एक ऐसी यात्रा है जिसमें कोई दूरी नहीं है। तुम जहां हो वहीं से चलते हो और वहीं पहुंचते हो जहां तुम हमेशा से थे।' इसलिए, हर पल को संजोना है और जो भी पल में आए उसे 'हां' कहना है। मुझे ध्यान सिखाना और उन लोगों के बारे में पढ़ना अच्छा लगता है जिन्होंने आत्मज्ञान प्राप्त किया है और जागृति का अनुभव किया है। हर दिन कुछ पन्ने पढ़ना और हमारे असली स्वभाव, रचनात्मकता, ख़ुशी, आनंद और आंतरिक विकास के बारे में कुछ वीडियो देखना मेरी आदत बन गई है। मुझे विश्वास है कि जीवन हमारा सबसे अच्छा गुरु है, और यह हमें हमेशा सीखने, बढ़ने और विस्तार करने के अवसर प्रदान करेगा। हमें बस हर पल जीवन के लिए खुला रहने की ज़रूरत है।

आध्यात्मिक और सांसारिक जीवन के बीच कोई लकीर नहीं है, और हमें कुछ भी त्याग करने की ज़रूरत नहीं है सिवाय उन चीजों के जो हमारे मन को नहीं भातीं। जब हमें अपनी असली प्रकृति का एहसास होता है, तो हमारे रोजमर्रा के जीवन में एक हल्कापन और विस्तार आ जाता है। हमें कुछ भी छोड़ने की ज़रूरत नहीं है। असल में, जीवन के साथ हमारा जुड़ाव और भी गहरा हो जाता है क्योंकि हम देखते हैं कि हम सब कैसे एक-दूसरे से जुड़े हैं, इसलिए अब 'हम बनाम वे' जैसी कोई भावना नहीं रहती।

अभ्यास

- क्या आप स्वयं से परिचित हैं? इस प्रश्न पर मनन करें और देखें कि आपके भीतर क्या उद्घाटित होता है। उत्तर की खोज में आप कहाँ जाते हैं? अपनी प्रतिक्रियाओं को ध्यानपूर्वक देखें। जब आप पूछते हैं, 'मैं कौन हूं?' तो क्या प्रकट होता है? क्या यह आपका शरीर है या आपका मन? बिना किसी विश्वास, लेबल या विचार के आपका वजूद क्या है? अगर आप अपनी सभी स्मृतियों को खो दें, तो शेष क्या रहेगा? आपकी पहचान की निर्मिति किन चीजों से होती है?
- 'मैं हूं' के अनुभव और अंतर्ज्ञान में खुद को डुबो दें। बस 'मैं हूं' की अनुभूति में टिके रहें, बिना कुछ और जोड़े।
- ध्वनि को सुनने का अभ्यास करें, सिर्फ़ और सिर्फ़ सुनने का।
- अपने आप को एक नवजात शिशु के रूप में कल्पना करें, जो किसी वस्तु को पहली बार देख रहा है। जब आप एक सेब को देखते हैं तो आप क्या अनुभव करते हैं? क्या यह केवल रंग और इसे देखने की क्रिया नहीं है? एक शिशु की बिना शर्त आंखों से देखें।
- जागरूकता को पहचानने का अभ्यास करें, विचारों से रहित शुद्ध जागरूकता। खुली जागरूकता की स्थिति को बनाए रखें।
- बिना किसी एजेंडे के बस होने का अभ्यास करें, बस अस्तित्व में रहें। बैठें और जो कुछ भी हो रहा है उसे होने दें। 3-5 मिनट तक अभ्यास करें और किसी भी बेचैनी या उत्तेजना के प्रति चौकस रहें।
- गैर-जागरूक होने का प्रयास करें। क्या जागरूक न होना संभव है? क्या

आप अनजान हो सकते हैं? यहां तक कि जब आप सभी संवेदनाओं को निष्क्रिय कर देते हैं, तब भी किस चीज का बोध होता है?

- क्या आप अपने अनुभव के भीतर सब कुछ को स्वीकार करने का अभ्यास विकसित कर सकते हैं? कोई भी विचार, कोई भी भावना, कोई भी अनुभूति। क्या यह सब कुछ को दिल से स्वीकार करना और अनुमति देना संभव है?
- ऐसी गतिविधियों की एक सूची बनाएं जो आपको ऊर्जावान बनाती हैं, जैसे नृत्य, संगीत, या खेल। ये आपके 'होने' से जुड़ाव के मार्ग का काम करते हैं। इन गतिविधियों में अधिक संलग्न हों और जो कुछ भी उपजता है उसे सतह पर आने दें। विचार करें कि क्या आनंद केवल गतिविधि में ही नहीं है, बल्कि आपके मन के शांत होने में, आपकी जागरूकता को स्वयं का आनंद लेने की अनुमति देने में है।
- अपने हाथ की ओर देखें और उसे सभी दिशाओं में घुमाना शुरू करें। जैसे-जैसे आपका हाथ घूमेगा, आपकी आंखें इधर-उधर घूम सकती हैं। गौर करें कि क्या आपकी चेतना भी हाथों के पीछे घूम रही है, या वह स्थिर बनी हुई है?
- अपनी उंगली को अपने सिर की दिशा में इंगित करें। आप क्या देखते हैं? क्या यह केवल खालीपन नहीं है?

7.

विचारः वास्तविक लेकिन भ्रामक

"विचार टैक्सी की तरह हैं। आप अंदर बैठते हैं, वो आपको सैर कराते हैं, और अंत में आपको बिल चुकाना पड़ता है। इसकी बजाय, क्यों ना उन्हें यूं ही गुजर जाने दें?"

- गेलोंग थुबटेन

मैंने उन सज्जन की तरफ देखा जो अपनी बीवी के साथ बैचेन होकर मेरे जवाब का इंतज़ार कर रहे थे। मैंने उनकी सारी रिपोर्टें - अल्ट्रासाउंड, एंडोस्कोपी, सीटी स्कैन, खून की रिपोर्ट - सब ध्यान से देखने के बाद उन्हें समझाया, 'यशपाल जी, फिक्र की कोई बात नहीं। आपकी सारी रिपोर्टें एकदम ठीक हैं।' लेकिन आईआईटी के पूर्व प्रोफेसर यशपाल जी मेरी बात सुनकर आश्वस्त नहीं हुए। वह निराश हो गए और पूछने लगे कि आखिर पिछले आठ महीने से उनके पेट में दर्द क्यों हो रहा है।

मैंने सहज ढंग से उनसे कहा कि शायद उन्हें थोड़ी बहुत चिंता या स्ट्रेस हो। उनकी पत्नी ने तुरंत बीच में टोकते हुए ज़ोर से कहा, 'अरे, हमें कोई स्ट्रेस नहीं है। हम आराम से रिटायरमेंट की ज़िंदगी जी रहे हैं, हमारे बच्चे विदेश में सेटल हो गए हैं। भला हमें क्या ही फ़िक्र या परेशानी हो सकती है?

इस बार यशपाल जी कुछ सोच में डूबे से लग रहे थे। थोड़ी देर ठहर कर उन्होंने मेरी तरफ देखा और कहा, 'पता है डॉक्टर साहब, शायद आपकी बात सही है। यह सच है कि हमें चिंता करने की कोई ज़रूरत नहीं है। लेकिन फिर भी मेरा दिमाग़ किसी तरह शांत नहीं होता। मुझे बार-बार यही ख़याल आता है कि कहीं मुझे कोई लाइलाज बीमारी तो नहीं है। मुझे अपने दिमाग़ और अपनी सोचने की क्षमता पर बहुत नाज़ था, लेकिन अब लगता है कि यही मेरी बेचैनी की वजह बन गया है।'

विचारों के साथ तादात्म्य

यशपाल जी ने जो बात कही, वो कोई अनोखी नहीं है। अक्सर हम अपने ख़यालों में इतने खोए रहते हैं कि खुद को उनके रहमो-करम पर पाते हैं। आखिर इन ख़यालों में ऐसा क्या है जो हमें उलझा देता है, हम पर हावी हो जाता है?

सामान्य तौर पर रोज़ हमारे दिमाग में तकरीबन 75,000 विचार आते-जाते हैं। अब इनमें से ज़्यादातर तो बस वही घिसे-पिटे, बार-बार रिपीट होने वाले ख़याल होते हैं। मैं भी अपनी ज़िंदगी के एक लंबे दौर में ऐसा ही था – अपने आप को अपने विचारों से अलग ही नहीं समझ पाता था। जैसे मैं और मेरे विचार एक ही चीज़ हों। कभी ये ख़याल ही नहीं आया कि इन दोनों में कोई फ़र्क भी हो सकता है। याद है ना वो रेने डेस्कार्टेस वाली फेमस लाइन, "मैं सोचता हूं, इसलिए मैं हूं"?

एक मेहनती छात्र के रूप में, मेरी पूरी दुनिया मेरे दिमाग के इर्द-गिर्द घूमती थी। सोचना, विश्लेषण करना - यही मेरी पहचान थी और उस पर सवाल उठाना पाप जैसा लगता था। लेकिन जब मैंने "द पावर ऑफ नाउ" में यह वाक्य पढ़ा, "तुम अपने विचार नहीं हो," तो मैं सच में हिल गया।

'अपने विचार नहीं, ये कैसे हो सकता है? ये तो अनर्गल बात है,' मैंने खुद से कहा। मेरा हर विश्वास, मेरी पहचान, और मेरे कार्य मेरी सोचने की क्षमता पर आधारित हैं। और यहां एकहार्ट यह समझाने की कोशिश कर रहे थे कि मैं अपने विचार नहीं हूं।

फिर उन्होंने दिमाग में चलने वाली उस आवाज़ के बारे में बात की, जो हमेशा बैकग्राउंड में बड़बड़ाती रहती है: 'मैं बेकार हूँ', 'लोग क्या सोचेंगे?', 'वो मुझसे ऐसा कैसे कह सकता है?' वगैरह-वगैरह। इस आवाज़ की हर चीज़ पर अपनी राय होती है, और जो भी हो रहा है, उसे जज करने और उस पर कमेंट करने की आदत है। जब हम ध्यान देते हैं, तभी हम देख पाते हैं कि हमारे दिमाग में लगातार आने वाले विचार, इस आवाज़ के रूप में, हमें असल में डिफाइन नहीं करते। हमारे विचार असली तो हैं, पर क्या वो सच भी हैं? एकहार्ट की इस बात ने मुझे विचारों के बारे में, उनकी असलियत, और वो कितने पक्के हैं, इस बारे में और जानने के लिए प्रेरित किया। जब मैंने माइंडफुलनेस मेडिटेशन करना शुरू किया, तभी मुझे उनकी असली प्रकृति

की थोड़ी समझ आई।

पहले तो दिमाग में विचारों की ऐसी भीड़ लग गई थी, जैसे कोई मेला सा लग गया हो। एक के बाद एक विचार आ रहे थे, बिना किसी ब्रेक के। कुछ और सोचने की जगह ही नहीं थी। फिर जब मैंने थोड़ी देर चुप्पी साध ली, तो लगा कि विचारों के बीच में थोड़ी सी जगह बन गई है, जैसे भीड़ में थोड़ी सी जगह खुल गई हो।

पहली बार मुझे इसका एहसास तब हुआ जब मैं एक भयंकर ट्रैफिक जाम में फंस गया था। मेरे दिमाग में बस यही चल रहा था, 'अरे यार, मैं बहुत लेट हो जाऊंगा, और मरीज शिकायत करने लगेंगे। मुझसे मिलने के लिए इंतजार कर रहे वीआईपी हंगामा खड़ा कर देंगे।' अचानक, मैंने सब छोड़ दिया, यह समझते हुए कि यह मेरे बस में नहीं है, इस पर सोचने का कोई मतलब नहीं है।

अचानक से सब शांत हो गया, और मेरे दिमाग में चल रहे शोर में एक पॉज़ सा आ गया। हैरानी की बात ये थी कि मैं अपने ही विचारों को देख पा रहा था। तो सोचा, अगर मैं इन विचारों को देख सकता हूँ, तो मैं इनसे अलग हूँ। ये एक छोटा सा 'अहा' वाला पल था, और मुझे लगा कि यही वो चीज़ है जिसे एकहार्ट ने दिमाग में चलने वाली आवाज़ कहा था। इस समझ के साथ, बाहर के शोर-शराबे के बावजूद, मन में थोड़ी शांति और जगह सी बन गई।

ध्यान में जितना गहरे उतरते गए, उतनी ही तरक्की होती गई। जब आप ध्यान लगाते हैं तो विचार चारों तरफ से घेर लेते हैं। हमें बस उनको पहचानना है। अगर स्ट्रेस या घबराहट हो रही है, तो उन विचारों को डर या चिंता का नाम दे दें। बस नाम देने से ही, हम और हमारे विचारों के बीच थोड़ी सी जगह बन जाती है। जब ये जगह बनती है, तब एहसास होता है कि हम अपने विचारों से अलग हैं। इस एहसास से विचारों की पकड़ और उनका असर कम हो जाता है।

याद है न विक्टर फ्रैंकल की वो बात? 'किसी चीज़ के घटित होने और उस पर रिएक्ट करने के बीच में जो समय अंतराल होता है, उसमें ही हमारी ताकत छिपी है कि हम कैसे रिएक्ट करेंगे।' जब मुझे ये समझ आया कि सोचने की प्रक्रिया तो बस मेरी चैतन्यता का एक हिस्सा भर है, तो मुझे बहुत कुछ सीखने को मिला। चैतन्य होने के लिए सोचने की ज़रूरत नहीं है, लेकिन विचार आने के लिए चैतन्य होना ज़रूरी है।

विचारों का जागृत होना

कई बार हम भूल जाते हैं कि हमारा दिमाग और विचार, दुनिया को देखने के हमारे नजरिये पर एक छन्नी की तरह काम करते हैं। सोचिए, आप पार्क में टहल रहे हैं, प्रकृति का आनंद ले रहे हैं। कुछ ही देर में आपके दिमाग में ख़याल आने लगेंगे, 'ये कौन सा फूल है?', 'इस पार्क की देखभाल अच्छी होनी चाहिए', या 'ये पार्क दूसरे पार्कों जितना अच्छा नहीं है'। कुछ पल पहले जो सुंदरता और आकर्षण था, वो धीरे-धीरे कम होने लगता है।

सोचना तो ज़रूरी है, पर दिक्कत तब होती है जब हम इसमें ही उलझ जाते हैं। चीज़ों की तुलना करने, उन पर लेबल लगाने और जज करने के बजाय, उन्हें वैसे ही रहने देना चाहिए और अपने दिमाग के फिल्टर के बिना, चीजों का सीधा अनुभव करना चाहिए। अपने दिमाग के स्विच को कंट्रोल में रखना ज़रूरी होता है। विचारों के गुलाम बनने के बजाय, सोच को एक क्रिएटिव और पावरफुल टूल की तरह इस्तेमाल करना चाहिए। ऐसा तब होगा जब हम रोज़मर्रा की ज़िंदगी में विचार-मुक्त चेतना, जागरूकता के क्षणों का अनुभव करते हैं।

आकर्षण का नियम

इस सबका हमारी रोज़मर्रा की ज़िंदगी पर क्या असर पड़ता है? क्या यह बस एक दिलचस्प विचार है, या इससे कोई फ़र्क पड़ सकता है?

असल में, यह हमारे जीने के तरीके को पूरी तरह से बदल सकता है, क्योंकि ज्यादातर समय हम खुद को अपने विचारों के कब्जे में पाते हैं। वे हमें कंट्रोल करते दिखते हैं, लेकिन एक बार जब हमें एहसास हो जाता है कि विचार आते-जाते रहते हैं, तो हमें उनके गुलाम बनने की ज़रूरत नहीं है।

हमारे विचार हमारे संस्कारों पर आधारित होते हैं, जो बचपन से लेकर आज तक जो कुछ हमें सिखाया गया है, और हमारे जीवन के अनुभवों का मिश्रण हैं। लेकिन, ये मत सोचें कि हमारे विचार ही सबसे सही हैं। हम वो विचार चुन सकते हैं जो हमारे काम के हों, और जो हमें पीछे खींचते हैं उन्हें भूल सकते हैं।

इस बात में कोई दो राय नहीं कि विचारों में बहुत दम होता है। जब मैंने रोंडा बर्न की किताब 'द सीक्रेट' में 'आकर्षण के नियम' के बारे में पढ़ा, तो मैं विचारों की ताकत से पूरी तरह से प्रभावित हो गया। इस किताब ने मुझे बहुत कुछ सिखाया और मुझे एहसास हुआ कि कैसे मैं खुद को सीमित विचारों और विश्वासों में बांध रहा था। इन सबको बदलना मेरी जिंदगी के सफ़र का बहुत बड़ा हिस्सा था।

"मैं क्रिएटिव नहीं हूँ" या "मैं आकर्षक नहीं हूँ" जैसे ख़याल मेरे मन में बार-बार आते थे। जब मैंने इन विचारों को मानना बंद कर दिया और अपने सोच और विश्वासों के बारे में जागरूक रहने का फैसला किया, तो बहुत बड़ा बदलाव आया। अपने विचारों के प्रति जागरूक होने से मैं उन्हें और भी सकारात्मक रूप में बदल सका।"

लेकिन जब मैंने माइंडफुलनेस की प्रैक्टिस शुरू की और मन की गहराइयों में उतरना शुरू किया, तो मुझे एहसास हुआ कि विचार भले ही ज़रूरी हों, पर असली ख़ुशी और सुकून तो वो नहीं हैं। असल में, हमारा काम तो अपने विचारों की मूल जड़ों तक जाकर उन्हें समझना है। यही जड़ हमारे होने का असली स्रोत है, शुद्ध चेतना, जो हमारे हर अनुभव के बीच में होती है।

मुझे यह जानकर बहुत ख़ुशी हुई कि रोंडा बायर्न की नई किताब, "द ग्रेटेस्ट सीक्रेट" में भी इसी बात पर चर्चा की गई है। यह किताब उनके उस सफ़र का अगला पड़ाव है जिसमें वो हमारे सभी विचारों और विश्वासों के मूल स्रोत को खोजने की कोशिश कर रही हैं। उन्हें पता चला है कि हमारे सभी विचार चेतना की पृष्ठभूमि में ही जन्म लेते हैं। वो कहती हैं कि चाहे हमारा अनुभव सुखद हो या दुखद, चाहे हमारे विचार उत्साह से भरे हों या निराशा से, आज़ादी इस बात को पहचानने में है कि इन सभी अनुभवों के केंद्र में चेतन उपस्थिति है, जो हमारा असली स्वरूप है।

क्या यह सच है?

अपने दिमाग में चल रही उलझनों को सुलझाने का एक दमदार और कारगर तरीका है बायरन केटी का बताया हुआ तरीका। बायरन एक अमेरिकी आध्यात्मिक शिक्षिका और लेखिका हैं, जिन्होंने 'द वर्क' नाम से एक सेल्फ-इन्क्वायरी की विधि सिखानी शुरू की। उन्हें ये बात समझ में आई थी कि

हमारी ज़्यादातर परेशानियों की जड़ हमारे वो नेगेटिव विचार होते हैं, जिन पर हम बिना सोचे-समझे यकीन कर लेते हैं। जब हम अपने विचारों की गहराई में जाकर उन पर सवाल उठाते हैं, तो हम अपने अंदर के विश्वासों और सोच को समझ पाते हैं और उनसे आज़ाद हो पाते हैं।

बायरन केटी का तरीका है कि जब हम किसी परेशान करने वाले विचार से टकराते हैं तो उसे चार सवालों के ज़रिये जांचें:

- क्या ये सच है?
- क्या आप पक्के तौर पर कह सकते हैं कि ये सच है?
- जब आप इस विचार को मान लेते हैं, तो आपका रिएक्शन क्या होता है?
- विचार के बिना आप कहां होते?

इसका सही फायदा उठाने के लिए, बस दिमाग लगाकर जवाब ढूंढने की बजाय हमें चुपचाप बैठकर इन सवालों पर गहराई से सोचना होगा। दिमाग अक्सर लॉजिक लगाने और चीज़ों को तोड़ने-मरोड़ने में लग जाता है, जिससे कोई फायदा नहीं होता। जब भी हम अपने ख़यालों पर सवाल उठाते हैं, तो हम बचपन से चली आ रही अपनी पुरानी सोच को छोड़ने लगते हैं। हमें पता चलता है कि हम इन ख़यालों से कितने लंबे समय से चिपके हुए हैं, और यही हमारी परेशानी की जड़ हैं। मजे की बात यह है कि ये बिल्कुल सच लगते हैं, लेकिन असल में होते नहीं हैं।

जब हम कहते हैं कि विचार सच्चे नहीं पर असली होते हैं - जैसे तिब्बती शिक्षक त्सोकनी रिनपोछे ने कहा था - इसका मतलब है कि हम अपने बारे में जो भी कहानी गढ़ते हैं, वह हमारे असली रूप से अलग होती है। फिर भी, हमारे विश्वास लगातार वास्तविकता को अपनी नज़र से देखते और समझाते हैं, जिससे हम अपने और दुनिया के बारे में बनाई हुई कहानियों को ही असली समझने की गलती कर बैठते हैं। यह गलती नक्शे को ही असली जगह समझ लेने जैसी है।

एक उदाहरण के लिए, वो आम ख़याल सोचिए जो अक्सर हमें परेशान करता है, खासकर जब हम अपने दोस्तों या साथ काम करने वालों से अपनी

तुलना करते हैं: 'मैं पर्याप्त नहीं कमा रहा हूं।' हम बायरन की विधि का उपयोग करके इसकी गहराई से जांच कर सकते हैं। जब हम खुद से पूछते हैं कि क्या यह सच है, तो हमारा तत्काल जवाब हो सकता है: 'हां, यह सच लगता है।' लेकिन ऐसा करके, हम इस बात की संभावना को भी जगह देते हैं कि इसमें और भी कुछ हो सकता है, यानी हम इस बारे में और सोचने के लिए तैयार हो जाते हैं।

हम अगला सवाल यह करते हैं, क्या हम इस बात को पूरी तरह सच मान सकते हैं? गौर से विचार करने पर, पूर्ववर्ती जवाब पर हमारा भरोसा कम होने लगता है। यह सिर्फ तब होता है जब हम अपने साथियों से अपनी तुलना करते हैं, तो हमें लगता है कि हम कम हैं। अगर हम सिर्फ अपने बारे में सोचें, तो हम अपनी कमाई से संतुष्ट हो सकते हैं, क्योंकि हमारी अधिकांश ज़रूरतें आसानी से पूरी हो जाती हैं, और शायद हमारे पास कुछ बचत भी हो। सही तुलना करने के लिए, हमें उन लोगों के बारे में सोचना चाहिए जो हमसे कम कमाते हैं, ताकि हमारे मन में पहले जो विचार आए हैं हम उन पर शक करने लगें, उसे सही न मानें।

अब तीसरे सवाल पर चलते हैं: जब हम इस बात को मान लेते हैं, तो हमें कैसा लगता है? हो सकता है कि हम निराश, उदास और हतोत्साहित महसूस करें। इन नकारात्मक भावनाओं के साथ सीने या पेट में जकड़न जैसे शारीरिक संवेदनाएं भी हो सकती हैं। हमें अपने काम के प्रति एक अजीब सा विरोध महसूस हो सकता है, क्योंकि हमें लगता है कि यह हमें उचित मेहनताना नहीं देता है।

और आखिरी सवाल का जवाब, कि इन बेकार के ख़यालों के बिना हम कैसा महसूस करेंगे, तो भाई साफ़ है - हम ज़्यादा खुश, शुक्रगुज़ार, मोटिवेटेड और हल्का फील करेंगे। हम तो अक्सर दूसरों से अपनी तुलना करते रहते हैं, जिससे हमें हमेशा लगता है कि हमारे पास कुछ कमी है, और हम अपनी असली खुशियों को ही भूल जाते हैं।

इस तरीके को समझने और कई मुद्दों पर सवाल जवाब करने के बाद, मैंने अपने एक करीबी दोस्त से इस बारे में बात की। उनका टीनएज बेटा विक्रांत भी कुछ परेशानियों से जूझ रहा था। उन्हें यह तरीका बहुत काम का लगा और उन्होंने बाद में अपने अनुभव मेरे साथ शेयर किए। उन्हें अक्सर यही लगता था कि उनका बेटा आलसी और गैर जिम्मेदार है, खासकर जब वह विक्रांत को सुबह देर तक सोता देखते थे।

उन्होंने मन ही मन इस बात पर विचार करना शुरू किया: 'क्या यह सच है? क्या मैं निश्चित रूप से कह सकता हूं कि विक्रांत गैर-ज़िम्मेदार और आलसी था?' मेरे मित्र काफ़ी देर तक इस पर सोचते रहे और उन्हें यह एहसास हुआ कि उनकी ज़्यादातर धारणाएं इस बात पर आधारित थीं कि वह अपने बेटे को कैसा देखना चाहते थे। ये धारणाएं उनकी अपनी जवानी की चुस्ती और परिश्रम से प्रभावित थीं।

मेरे दोस्त ने माना कि उनके ज़्यादातर ख़याल इस डर में जकड़े हुए थे कि विक्रांत पढ़ाई में ढिलाई बरत रहा है, जिससे उसके पेपर खराब हो सकते हैं, और लोग उन्हें एक बुरा पिता समझेंगे। मन ही मन वो विक्रांत के प्रदर्शन की तुलना अपने साथ काम करने वालों के बच्चों से करते थे, जिससे जलन और खुद को कमतर समझने की भावना पैदा होती थी। यहां तक कि वह सोचते थे कि अगर विक्रांत पढ़ाई में अच्छा नहीं कर पाया और अच्छी नौकरी नहीं मिली तो वह एक बोझ बन जाएगा।

इस तरह, उन्हें एहसास हुआ कि विक्रांत के गैर-ज़िम्मेदार होने का उनका अंदाज़ा उनके अपने डर और चिंताओं पर आधारित थे, साथ ही दूसरों से तुलना करने की उनकी आदत भी इसमें शामिल थी। इस नजरिए में बदलाव से उन्हें यह स्वीकार करने में मदद मिली कि उनके बेटे में अपने अनोखे गुण हैं, जिन्हें वह सही समय आने पर दुनिया के साथ साझा करेगा। विक्रांत के 'आलस' और मेहनत की कमी के बारे में, मेरे दोस्त को अब लगने लगा कि शायद विक्रांत को ज़िंदगी में मेहनत और ज़िम्मेदारी के बारे में ज़रूरी सबक सीखने बाकी हैं।

इसके बाद, वो तीसरे सवाल की ओर बढ़े - उन्हें कैसा लगा जब उन्हें लगा कि विक्रांत गैर-ज़िम्मेदार है। वो तुरंत तनाव में आ गए। बेचैनी और अस्वीकृति उनके अंदर घर कर गई।

जब चौथा सवाल आया कि अगर वो इस सोच से आज़ाद हो जाएं तो उन्हें कैसा लगेगा, तो उनके अंदर एकदम से एक हल्कापन और ख़ुशी की लहर दौड़ गई। अब वो विक्रांत को बिना किसी शर्त के, दिल खोल के प्यार कर सकते थे और उसे जैसे वो है वैसे ही अपना सकते थे।

अपने दोस्त को अपने दिल की बात करते हुए सुनना, उसके विचारों और विश्वासों को खुलकर रखते हुए देखना, कितना अच्छा लगा। अक्सर हम दूसरों को जज करते हैं, उनकी तुलना करते हैं, अपने ही हिसाब से उनके बारे में सोचते हैं, और इस चक्कर में खुद ही परेशान होते रहते हैं। लेकिन

ज़रा सोचो, ज़िंदगी कितनी आसान हो जाएगी अगर हम दूसरों को वैसे ही स्वीकार कर लें जैसे वो हैं, और अपनी बनाई हुई धारणाओं को छोड़ दें। जैसे कोच बॉबी चेगविन ने बहुत खूबसूरत बात कही है, 'मेरे बारे में तुम्हारी राय तुम्हारे बारे में बहुत कुछ बताती है; और तुम्हारे प्रति मेरा रवैया मेरे बारे में मेरी समझ को दिखाता है।'

सोचने की लत

हमारे नए-नए आइडियाज़ तो लाजवाब हैं, इसमें कोई दो राय नहीं। सोच अच्छी हो, कुछ नया करने वाली हो, और सही जगह इस्तेमाल हो तो कमाल कर सकती है, लेकिन ज़्यादातर तो हम वही घिसी-पिटी बातें ही सोचते रहते हैं, जैसे कोई आदत हो गई हो, बार-बार वही, और कभी-कभी तो लगता है जैसे बस बेकाबू होकर सोचे जा रहे हों।

आजकल की सबसे बड़ी बीमारियों में से एक है - जबरदस्ती सोचते रहना। हम पर लगातार सोचते रहने और परेशान होने का प्रेशर है। हमें डर है कि अगर हम ठीक से चिंता नहीं करेंगे तो हमारी मुश्किलें बढ़ जाएंगी। किसी तरह, एक अजीब सी बात है कि अगर हम चिंता करते हैं और खूब चिंतन करते हैं, तो इससे समस्या थोड़ी कम हो जाएगी। लेकिन क्या ऐसा होता है? असल में, हमारी आदत से बनी सोच और चिंताएं हमें एक खुली और आज़ाद ज़िंदगी जीने से रोकती हैं।

किसी भी और लत की तरह, बेतहाशा सोच-विचार करना भी एक लत है और उतनी ही नुक़सानदेह भी। हम ये भूल ही गए हैं कि अपने विचारों में थोड़ी सी जगह कैसे बनाएं, क्योंकि सोच-विचार करना तो जैसे हमारी पहचान ही बन गया है। एक चुटकुला है कि एक आदमी घोड़े पर सवार है, और बहुत तेज़ी से भाग रहा है, और उसका दोस्त चिल्लाता है, 'अरे, इतनी जल्दी में कहां जा रहे हो?' सवार पीछे मुड़कर बेबसी से चिल्लाता है, 'मुझे भी कुछ ख़ास पता नहीं, घोड़े से ही पूछ लो।'

कहीं ना कहीं, हमारे विचारों के साथ भी यही कहानी हो गई है। विचारों में एक ऊर्जा होती है, जो हमें अपने साथ बहा ले जाती है। लेकिन, हम जबरदस्ती सोचने से खुद को दूर रख सकते हैं। विचार आते रहेंगे, पर हमें उन पर ध्यान देने की ज़रूरत नहीं है। जैसे ज़ेन गुरु शुनर्यू सुज़ुकी कहते हैं, 'अपने

घर का अगला और पिछला दरवाज़ा खुला छोड़ दो। विचारों को आने-जाने दो। बस उन्हें चाय पिलाने मत बैठो।'

एकहार्ट टोले ये भी मानते हैं कि हम बिना कुछ सोचे-समझे भी जागरूक और सचेत रह सकते हैं। हमें हर चीज़ को नाम देने और उसके बारे में राय बनाने की ज़रूरत नहीं है। हम किसी नज़ारे या तस्वीर को देख सकते हैं और बस उसे महसूस कर सकते हैं। इससे धीरे-धीरे हमारे ख़यालों के बीच थोड़ी जगह बनने लगती है। हम जितना ज़्यादा अपनी इंद्रियों का इस्तेमाल करके बिना कुछ सोचे-समझे जागरूक और सचेत रहने की कोशिश करेंगे, उतना ही आसान होगा इस जगह को बनाना।

क्या कोई विचारक है?

हेल ड्वोस्किन, जो सेडोना ट्रेनिंग एसोसिएट्स के संस्थापक हैं, एक सवाल पूछते हैं: क्या हमारे ख़यालों के पीछे कोई सोचने वाला होता है, या फिर विचार अपने आप ही हमारे जेहन में आ जाते हैं? यही सबसे बड़ा अंतर है जिसे समझना ज़रूरी है, और इन दोनों के बीच का फ़र्क़ समझ लेना ज़िंदगी बदल देने वाला हो सकता है।

चलिए, इसे थोड़ा और गहराई से समझते हैं। एक मिनट के लिए रुक जाएं, शांत हो जाएं और किसी चीज़ को देखें। यह कोई भी वस्तु हो सकती है, एक मेज या वह फ़ोन जो आप पकड़े हुए हैं। जब आप कुछ देखते हैं, तो क्या आपकी आंखें कहती हैं, 'मैं देख रहा हूं'? या फिर ऐसा होता है कि एक बार देखने के बाद, एक ख़याल आता है जो कहता है, 'मैं फ़ोन देख रहा हूं।' ज़रा रुक कर इस बात पर गौर करें। इसे एक बार फिर से पढ़ लें।

अब आप अपने सुनने पर ध्यान दें। कार की आवाज़ या चिड़ियों की चहचहाहट को सुनें। कुछ सेकंड के लिए ठहर जाएं। क्या आपका कान कहता है, 'मैं आवाज़ सुन रहा हूं'? या सुनने के बाद मन में ख़याल आता है, 'मैंने कार की आवाज़ सुनी।' ऐसे छोटे-छोटे प्रयोग करते रहें, और आप एक बड़ी बात समझ जाएंगे कि सुनना, देखना, छूना - ये सब आपकी एक सचेतन उपस्थिति में घटित होते हैं।

फिर दिमाग में ख़याल आता है और कहता है, 'अरे, मैंने ये सुना था,' 'मैंने ये देखा था'। ऐसा लगता है जैसे देखने-सुनने वाला कोई अलग व्यक्ति है।

और खुद इन विचारों का क्या? क्या हम कभी जानबूझकर कोई ख़याल सोचते हैं? हमें तो ऐसा ही लगता है, पर एक बार फिर से ध्यान से देखें तो पता चलेगा। किसी ख़याल को अपने मन में आने दें, बस देखें क्या होता है।

क्या आप इसे देख पा रहे हैं? क्या कोई ऐसा था इसके पीछे, जो यह विचार बना रहा था? हमने पहले ही देखा था कि वहां कोई व्यक्ति नहीं था, बस एक सचेतन उपस्थिति थी। तो इससे हम समझ सकते हैं कि विचार इस कभी न बदलने वाली चेतना की पृष्ठभूमि में ही आते-जाते रहते हैं। यह एक बाद का विचार है जो बाद में आता है और सोचने का श्रेय लेता है। उदाहरण के लिए:

सोच नंबर 1: 'अरे, नाश्ते में क्या खाऊं?'

सोच नंबर 2: 'चलो, टोस्ट और कॉफी ही सही रहेगी।'

यहां ऐसा लगता है कि एक विचारक पहले विचार को सोच रहा है और दूसरा विचार उसकी पुष्टि करता है। जबकि विचार नंबर 1 बस अचानक से प्रकट होता है और विचार नंबर 2 (किसी के विकल्पों और विश्वासों के आधार पर) यह दिखाने के लिए आता है कि कोई विचारक और चयनकर्ता है।

अपने अगले विचार पर भरोसा मत करें!

इस सोचने-विचारने की आदत से बचने के लिए बहुत से ज्ञानी शिक्षकों के पास एक गहरा मंत्र है। अनंतजी जैसे जाने-माने अध्यात्म गुरु कहते हैं, 'अपने अगले विचार पर भरोसा मत करो।' अमेरिकी अध्यात्मिक शिक्षक आद्याशांति भी अक्सर यही कहते हैं कि असली आज़ादी का रास्ता अपने विचारों पर भरोसा करना छोड़ना है। अब, उनके इस कथन का मतलब क्या है?

हमें अपने ख़यालों को खुद से जोड़ना बंद करना होगा। ये ख़याल अधूरी सच्चाई दिखाते हैं, पूरी कहानी नहीं। जैसे, कभी दिमाग में आता है ना, "मैं कुछ खास नहीं हूं या प्यार पाने लायक नहीं हूं" और हम इस बात को सच मान लेते हैं। बचपन से जो सीखा है, पुराने किस्से, और अपने तजुर्बे, ये सब

मिलकर इस ख़याल को इतना पक्का बना देते हैं कि लगता है जैसे कोई सच्ची बात हो। हमें इन कहानियों पर यकीन करना छोड़ना होगा और खुद को इन पुराने ख़यालों और धारणाओं से आज़ाद करना होगा।

धर्मता फाउंडेशन के संस्थापक, अनाम थबटेन, कहते हैं कि हमारे विचार हमेशा वास्तविकता को रंग देते हैं और उसे नया रूप दे देते हैं।

जब हम अपने विचारों से अपनी पहचान को अलग कर लेते हैं, तो हम जीवन को बिना किसी मान्यता के सीधे देख पाते हैं। हम उस पल की असलियत को वैसा ही महसूस करते हैं, जैसा वह है, न कि अपने विचारों के चश्मे से। हमारा ज़्यादातर दुख अनचाहे विचारों की वजह से होता है।

जब हम काम पर जाते हुए ट्रैफिक जाम में फंस जाते हैं, तो हमारा दिमाग गुस्से से भर जाता है, 'अरे नहीं, ये तो बहुत बुरा है, ट्रैफिक पुलिस वाले को कुछ नहीं आता। सब कितने गैर जिम्मेदार हैं।' आखिर में, हम इसी बात पर अड़ जाते हैं कि कोई जिम्मेदार नहीं है और हमारा दिन खराब हो गया। ध्यान दें कि यह सब एक विचार से शुरू हुआ, एक ऐसा विचार जो वर्तमान स्थिति को स्वीकार नहीं कर रहा है। जब हम जो हो रहा है उसका विरोध करते हैं, तो हम अपने लिए दुख का रास्ता खोलते हैं। जिस पल हम जो है उसे स्वीकार कर लेते हैं, हम उन विरोध भरे विचारों से अपना नाता तोड़ लेते हैं, तो सचेतन हम यह सीधे देख पाते हैं कि क्या हो रहा है और उचित कदम उठाते हैं।

अलग मै भी एक ख़याल है

जब हम अपनी हकीकत की तह में जाते हैं, तो एक गहरी बात समझ आती है। हमें एहसास होता है कि ये जो मैं-पन है, ये मेरा और मुझसे जुड़ी पहचान, ये भी एक ख़याल ही है। हमारी पूरी ज़िंदगी इसी मैं के लिए गुज़र गई है, ये जो मैं खुश होता है, उदास होता है, जिसको कुछ चाहिए, जो अधूरा है। जैसा कि पहले बात हुई थी, हमारे दिमाग की आवाज़ बचपन से ही इस 'मैं' और 'मेरा' की कहानी बनाती है।

जब हम अपने दिमाग में चल रही बातों, उससे जुड़े ख़यालों और जज़्बातों से हटकर देखते हैं, तब कहीं हमें एक खुलापन सा नज़र आता है। हम धीरे-धीरे परतें हटाते हैं और इस 'मैं' को समझते हैं। हम अपने ख़यालों से भी गहरे झांकते हैं और एक बड़ी मौजूदगी को महसूस करने लगते हैं। हमें समझ

आता है कि एक अलग इंसान और 'मैं' का यह कॉन्सेप्ट भी तो एक ख़याल ही है। एक ऐसा ख़याल जिसे हमने अपनी यादों, जज़्बातों, आदतों और अपने यकीन से जोड़ लिया है। हम अपनी असली पहचान को एक मौजूदगी और होशियारी के रूप में देखते हैं, और यह तथाकथित 'मैं', जिसे हमने एक अलग आत्मा, सोचने वाला और करने वाला माना है, वो भी एक ख़याल ही निकलता है, जिस पर हमने अंधा भरोसा किया है।

यह मान्यता हमें आसानी से आगे बढ़ने के बजाय संघर्ष करने पर मजबूर करती है, क्योंकि यह 'मैं' मानता है कि यह एक अलग, संकुचित और भयभीत स्वयं है जिसे अपना बचाव करने और यह साबित करने की आवश्यकता है कि यह सही है। इसलिए, यह जानना कि दिमाग की आवाज़ और इससे जुड़े विचार वास्तव में हम नहीं हैं, बहुत मुक्तिदायक है और हमारे जीवन में कमी और लोभ के विपरीत विस्तार और आनंद के लिए मंच तैयार करता है।

ये चैप्टर हमें अपने खयालों और विश्वासों की दुनिया में झांकने का मौका देता है। ये हमें ये सोचने पर मजबूर करता है कि क्या हमारे विचार उतने पक्के हैं जितना हम उन्हें मान लेते हैं? हो सकता है ये बातें कुछ अटपटी लगें, लेकिन अभी हम अपने मन में चल रहे विचारों को ध्यान से देख और समझ सकते हैं। क्या हम अपने विचारों को पहचान सकते हैं, और ऐसा करके उनके बीच थोड़ी दूरी बना सकते हैं? यही सबसे पहला और ज़रूरी कदम है।

धीरे-धीरे, हम हर एक विचार को अपना मानना और उस पर भरोसा करना छोड़ देते हैं। वर्तमान में सचेतन मौजूदगी और जागरूकता के प्रकाश से, हम समझने लगते हैं कि कैसे हमारे अधिकांश विचार बचपन से ही हम में बोए गए हैं और वे हमारी पहचान बन गए हैं। अब हम हर विचार की जांच कर सकते हैं और सवाल कर सकते हैं कि क्या वे वास्तव में सच हैं। क्या यह हकीकत है या सिर्फ हकीकत का एक दिखावा?

जब हम अपने विचारों को ध्यान से देखने और उन पर सवाल उठाने को तैयार होते हैं, और उन पर आंख मूंद कर विश्वास करना बंद कर देते हैं, तो शायद हम अपनी ज़िंदगी का सबसे ज़रूरी कदम उठा चुके होते हैं। हम बेकार के और घिसे-पिटे विचारों में उलझना छोड़ सकते हैं, और उनकी जगह ऐसे विचारों को अपना सकते हैं जो उपयोगी हों, उत्साह बढ़ाएं, और रचनात्मक हों। सबसे महत्वपूर्ण बात, हम अपने विचारों को अपने ऊपर हावी होने देने के बजाय, उन पर काबू पाना शुरू कर देते हैं।

अभ्यास

- आराम से बैठकर अपने विचारों को बिना किसी जजमेंट के देखने की कोशिश करें। उन्हें बस आते-जाते देखें।
- देखें कैसे विचार मन में आते-जाते रहते हैं। भले ही आप ध्यान न दें, वो आते-जाते रहेंगे।
- ध्यान दें कि जब आप विचारों में ज्यादा उलझते नहीं हैं, तो वो आते हैं, थोड़ी देर रहते हैं, और फिर चले जाते हैं।
- चीजों को जैसी हैं वैसे ही देखने की कोशिश करें, उन्हें नाम देने की ज़रूरत नहीं। चाहे फूल हो या चिड़िया, बिना नाम दिए उस पर ध्यान दें।
- दिन भर में ऐसे पल ढूंढें जब विचार न हों, बस जागरूकता हो।
- देखने और सुनने की अपनी शक्तियों का इस्तेमाल करके अपने प्रत्यक्ष अनुभव को समझें। जब आप एक पेड़ देखते हैं, क्या उस पर पेड़ लिखा हुआ दिखता है, या आपका मन उसे पेड़ कहता है? जब आप कोई आवाज़ सुनते हैं, तो क्या आपका मन उसे गाड़ी या आवाज़ का नाम देता है, या आवाज़ खुद ही बताती है कि क्या हो रहा है? इस प्रयोग के दौरान खुले दिमाग से रहें।
- विचारों के प्रति सचेत रहें, विचारों के बीच के खालीपन के प्रति, और विचारों के आस-पास के खालीपन के प्रति भी सचेत रहें।
- देखें कि क्या आप विचारों और जागरूकता में अंतर कर सकते हैं। क्या दोनों एक ही हैं? क्या विचारों के बिना जागरूकता हो सकती है?
- अपनी गहरी मान्यताओं पर सवाल उठाएं। खुद से पूछें कि अगर ये मान्यताएं सच नहीं हैं और बस आपके मन की बनाई हुई कहानियां हैं, तो कैसा लगेगा?
- अपने सीमित करने वाले विचारों की एक सूची बनाएं, जो आपको अलगाव, डर और अकेलापन महसूस कराते हैं।
- किसी भी ऐसे विचार के बारे में सोचें जो आपको चिंता या तनाव दे रहा है और सवाल करें कि क्या यह सच है?

- बायरन केटी के सुझाए तरीके का इस्तेमाल करके खुद से चार प्रश्न पूछें: क्या यह सच है? क्या आप निश्चित हैं कि यह सच है? जब आप इस विचार पर विश्वास करते हैं तो आपको कैसा लगता है? जब आप इस विचार को छोड़ देते हैं तो आपको कैसा लगता है?

8.

मौजूदगी के तोहफ़े: विस्मय (Awe), आश्चर्य (Wonder) और प्रवाह (Flow)

जब ये सब खत्म हो जाएगा, तो मैं कहना चाहूंगी कि मेरा पूरा जीवन एक ऐसी दुल्हन की तरह बीता जो विस्मय से ब्याही गई थी। मैं एक ऐसा दूल्हा थी, जिसने दुनिया को अपनी बाहों में समेटा था।

— ***मैरी ओलिवर***

आज का दिन काफ़ी व्यस्त रहा, मरीजों की लंबी कतार लगी थी। सुबह से फोन लगातार बज रहा था, जिससे मैं थोड़ा चिड़चिड़ा और परेशान महसूस कर रहा था। पांचवीं मंजिल पर मरीज को देखने के बाद मैंने अपनी टू-डू लिस्ट देखी कि मुझे आगे किस वार्ड में जाना है। ओपीडी से लगातार फोन आ रहे थे, मुझे उन मरीजों के बारे में सूचित कर रहे थे जिन्हें मेरा इंतज़ार था।

मैं मुड़ा, और एक गहरी सांस लेते हुए ठहर गया। वार्ड की बालकनी से नीचे देखा तो पार्क में लोग आराम से बैठे थे, दोपहर के सुहाने मौसम में। फरवरी का महीना था, हल्की ठंडी हवा के साथ धूप बहुत अच्छी लग रही थी। नीले खुले आसमान का नजारा और चिड़ियों की आवाजें दिल को सुकून दे रही थीं। एक पल के लिए मैं सब कुछ भूल गया, बस उस खूबसूरत लम्हे में खो गया।

इस पूरी प्रक्रिया में कुछ मिनट ही लगे। यह एक साधारण, सामान्य क्षण था, लेकिन यह एक सुंदर और जीवंत रूप में बदल गया। पल भर ठहरने और आसपास जो हो रहा था उसके प्रति सजग रहने के उस क्षण में, मैं रोजमर्रा की ऑटोपायलट गतिविधियों और भागदौड़ के चक्र से कुछ देर के लिए आजाद हो गया, जिसने मुझे लगभग अपनी गिरफ्त में ले लिया था। और ठहराव की

इस प्रक्रिया में, मैंने एक अजीब सी शांति और विस्मय का एहसास किया, जो बहुत ही सुकून देने वाला और आज़ादी का एहसास कराने वाला था। मुझे समझ आया कि कितनी भी भागदौड़ भरी ज़िंदगी हो, अगर हम ठहरना सीख लें, तो हम आज़ाद हो सकते हैं। हर रोज़ की चीज़ें भी एक जादुई और हैरान कर देने वाले पल में बदल सकती हैं।

सचेत और वर्तमान में रहने का मतलब सिर्फ अपनी चिंताओं और भावनाओं से वाकिफ़ होना भर नहीं है। इसका मतलब यह भी है कि हम ज़िंदा होने की साधारण सी ख़ुशी को महसूस कर सकें।

जब हम सच में इस पल में होते हैं, तो हमें अपने चारों ओर अद्भुत और आश्चर्यजनक चीज़ें दिखाई देती हैं। लेकिन हमारी भागदौड़ भरी ज़िंदगी, उलझे हुए विचार, और पुरानी बातें हमें इस ख़ुशी को महसूस करने से रोक देती हैं। मुझे साफ़ याद है, हमने लंदन जाने का प्लान महीनों पहले से बनाया था और हम कितने उत्साहित थे।

हम उस दिन लंदन की खूबसूरत गलियों में घूम रहे थे। गर्मी की दोपहर थी, मौसम एकदम मस्त था, पर मेरे अंदर तो मानो तूफ़ान मचा था। सुबह एक परेशान करने वाले फोन के बाद पत्नी से बहस हो गई थी। नतीजा ये हुआ कि आस-पास की खूबसूरती और रौनक तो जैसे मैंने देखी ही नहीं, सारा दिन बस अपने ख़यालों में खोया रहा। इस घटना से मुझे ये एहसास हुआ कि विदेश घूमने से या छुट्टियां मनाने से मन प्रसन्न रहे, यह ज़रूरी नहीं। अगर मन अशांत है, तो दुनिया की कोई भी खूबसूरती हमें सुकून नहीं दे सकती। और वहीं दूसरी तरफ, अगर मन शांत और प्रसन्न है, तो खूबसूरती और अचरज को महसूस करने के लिए किसी खास जगह जाने की भी ज़रूरत नहीं है।

विस्मय

विस्मय को एक ऐसी अनुभूति के रूप में वर्णित किया जा सकता है जिसमें हम किसी विशाल और गहन चीज़ की उपस्थिति में जीवंतता, कालातीतता, और विस्तार का अनुभव करते हैं। आम तौर पर विस्मय शब्द का इस्तेमाल ताजमहल या नियाग्रा फॉल्स जैसे अजूबों की भव्य सुंदरता का वर्णन करने के लिए किया जाता है, लेकिन जब हम पूरी तरह से वर्तमान में होते हैं, तो हमें विस्मय के ऐसे क्षण लगभग कहीं भी मिल सकते हैं।

माइक्रोडोजिंग माइंडफुलनेस

हममें से ज्यादातर लोग सोचते हैं कि विस्मय एक दुर्लभ और अनमोल उपहार है जो हमें कभी-कभार ही मिलता है, जबकि अपनी जिंदगी के ज्यादातर हिस्से में हमें नीरस और साधारण चीज़ों से ही काम चलाना पड़ता है। लेकिन, यह सच नहीं है।

चलिए, मैं आपको एक मज़ेदार चीज़ से मिलवाता हूं, जिसका नाम है 'माइक्रोडोज़िंग माइंडफुलनेस'। यह एक आसान तरीका है जिससे हम अपनी रोज़मर्रा की ज़िंदगी में भी विस्मय और अचरज के पल महसूस कर सकते हैं। हम दिन भर में कई बार छोटे-छोटे पलों में माइंडफुलनेस का अनुभव करते हैं, अपने सभी इंद्रियों का इस्तेमाल करके, स्थिर होकर, वर्तमान में जीते हुए, और अपने आस-पास की सुंदरता को नोटिस करके। हमारा दिन कितना खुशनुमा हो सकता है अगर हम दिन में कई बार विस्मय का अनुभव कर सकें, यहाँ तक कि नहाने, खाना बनाने, या सफ़र करने जैसी साधारण गतिविधियों में भी!

माइक्रोडोज़िंग माइंडफुलनेस का मतलब है थोड़ी देर रुकना, और जो कुछ हम अपनी आंखों, नाक और त्वचा से महसूस कर रहे हैं, उसे पूरी तरह से ग्रहण करना और उसकी कद्र करना। जब हम माइक्रोडोज़िंग माइंडफुलनेस सीखकर और ज़्यादा "प्रेज़ेंट" रहना शुरू करते हैं, तब हम म्यूज़िक सुनते हुए, अपने पालतू जानवर को दुलारते हुए, या फिर ट्रैफिक जाम में या काम के बोझ तले भी विस्मय का अनुभव कर सकते हैं।

कैलिफोर्निया विश्वविद्यालय, बर्कले में ग्रेटर गुड साइंस सेंटर, "पावर ऑफ अवे" के लेखक जेक ईगल और उनकी टीम के साथ मिलकर माइंडफुलनेस की माइक्रोडोज़िंग के वैज्ञानिक लाभों पर काम कर रहा है। उनकी रिसर्च से पता चला है कि जिन लोगों ने माइंडफुलनेस की माइक्रोडोज़िंग सीखी, उन्होंने बताया कि उनका पुराना दर्द कम हुआ, चिंता और डिप्रेशन घटा, और ख़ुशी के साथ-साथ उनकी सेहत भी अच्छी रही।

विस्मय पर अध्ययन कर रहे शोधकर्ताओं — मिशेल शियोटा, डैचर केल्टनर, और जोना पैकेट के अनुसार सच्ची विस्मय की भावना पैदा करने के लिए दो मुख्य चीजें चाहिए। पहली, हमारा सामना किसी विशाल चीज से होना चाहिए, चाहे वह भौतिक रूप में हो—जैसे कोई झरना, सूर्यास्त, या

आकाश, जिसे हम प्रत्यक्ष विशालता कहते हैं—या किसी विचार से—जैसे उदारता, शक्ति, या महानता—जिसे हम वैचारिक विशालता कहते हैं।

विस्मय का दूसरा पहलू यह है कि यह अनुभव दुनिया के बारे में हमारी समझ से परे होता है, हमें अपनी धारणाओं को बदलने और नई जानकारी को अपनाने के लिए मजबूर करता है। इसलिए, हम देख सकते हैं कि विस्मय कई तरह के अनुभवों से पैदा हो सकता है। एक खूबसूरत सूर्योदय, बहादुरी या करुणा का कोई बड़ा काम, कोई मार्मिक फिल्म देखना, ये सभी विस्मय की भावना पैदा कर सकते हैं। विस्मय जीवन बदल देने वाले और दिमाग हिला देने वाले अनुभवों के रूप में हो सकता है जैसे ग्रांड कैन्यन देखना, ग्रेट बैरियर रीफ देखना, या किसी शिशु के जन्म लेने को देखना। फिर भी, जैसा कि हमने पहले भी कहा है, पत्तों के बदलते रंग, गालों को छूकर गुजरने वाली हल्की हवा, या किसी की छोटी सी मदद में भी रोजमर्रा का विस्मय छुपा है।

अपनी बखूबी रिसर्च की हुई किताब "ऑस्ट्रक" में, जोना पैकेट इस बात पर जोर देते हैं कि विस्मय का एक खास पहलू यह है कि इससे हमें दूसरों से और खुद से भी बड़ी किसी चीज़ से जुड़ाव महसूस होता है। विस्मय हमें और हमारे आसपास की दुनिया के बीच की लकीर को धुंधला देता है, अहंकार को कम करता है और हमें दुनिया और विशाल ब्रह्मांड में मौजूद बड़ी ताकतों से जोड़ता है। इतना ही नहीं, यह हमें और भी दयालु और करुणामय बनने के लिए प्रेरित करता है।

विस्मय का नैतिक सौंदर्य

अपनी किताब, ऑः द न्यू साइंस ऑफ़ एव्रीडे वंडर, ऐंड हाउ इट कैन ट्रांसफॉर्म योर लाइफ़ (विस्मयः रोज़मर्रा के आश्चर्य का नया विज्ञान और यह आपके जीवन को कैसे बदल सकता है) में डैचर केल्टनर विस्मय की नैतिक सुंदरता के बारे में बात करते हैं, और वह उन चीज़ों का ज़िक्र करते हैं जब दूसरे लोग हमें आसानी से विस्मय में डाल सकते हैं। वो कहते हैं कि जब हम किसी के गजब के साहस, उनकी दयालुता, मुश्किल हालातों से लड़ते हुए, या किसी कमजोर की जीत देखते हैं, तो हमें एक अलग ही तरह का विस्मय महसूस होता है।

वो कहते हैं कि बहादुरी के काम एक तरह की नैतिक खूबसूरती होते

हैं, जिसमें बहुत बड़ा बदलाव लाने की ताकत होती है। जैसे कि जब लोग सीपीआर देकर किसी को दिल का दौरा पड़ने पर बचा लेते हैं, जब मां-बाप बहुत मुश्किल हालात में भी अपने बच्चों को पालकर उन्हें काबिल बना देते हैं, या जब कोई अनजान इंसान किसी की मदद के लिए आगे बढ़ आता है। करुणा और दया भी इसी नैतिक खूबसूरती के उदाहरण हैं, और मुश्किलों को मात देना भी, खासकर जब कोई दिमागी या शारीरिक चुनौतियों से जीत जाता है।

उनकी किताब पढ़ने के बाद मुझे एहसास हुआ कि इस नैतिक खूबसूरती को देखने की सबसे अच्छी जगह अस्पताल है—जहाँ मरीज़ चमत्कारिक ढंग से ठीक हो जाते हैं, बेहोश मरीज़ होश में आकर अपनों को पहचान लेते हैं, यहाँ तक कि अनजान लोग भी खून और दवाइयों का इंतज़ाम करने में मदद करते हैं, इमरजेंसी रूम के डॉक्टर पूरी रात जागकर गंभीर मरीज़ों की देखभाल करते हैं। मुझे आज भी याद है, कोविड के टाइम मेरे साथी इमरजेंसी और आईसीयू में कैसे जान लगा रहे थे, रोंगटे खड़े हो जाते हैं सोचकर। और हां, जब हम देखते हैं कि कोई कमज़ोर इंसान कैसे हर मुश्किल को पार कर लेता है, तो दिल एक अलग ही जज़्बे से भर जाता है।

विस्मय का अनुभव करने में चुनौतियां

हमारी रोज़मर्रा की भागदौड़ वाली ज़िंदगी सबसे बड़ी रुकावट है, जो हमें अक्सर विस्मय और आश्चर्य के पल जीने से रोकती है। हम लगातार एक काम से दूसरे काम पर भागते रहते हैं, जैसे कि हमारी ज़िंदगी इसी पर निर्भर हो, और हमेशा तकनीक से चिपके रहते हैं। हालांकि तकनीक और सोशल मीडिया कई मायनों में वरदान हैं, लेकिन वे हमें ठहरने, ऊपर देखने और प्रकृति और लोगों से जुड़ने से रोकते हैं। हमारी संस्कृति को विस्मय से वंचित कहा गया है।

कार या मेट्रो में सफ़र करते वक़्त, हम अक्सर अपने फ़ोन या एफ़एम रेडियो में मग्न रहते हैं, क्योंकि हम शांति और ख़ामोशी के आदी नहीं होते। चुप्पी, कई मायनों में, विस्मय की जननी है। जब हम ठहरते हैं, तभी रोज़मर्रा की चीज़ों की पवित्रता और ख़ूबसूरती हमें दिखाई देती है। पहले के मुक़ाबले, 'विस्मय' की भावना पर हालिया शोध छह प्रमुख भावनाओं - दुख, क्रोध,

भय, ख़ुशी, आश्चर्य, और घृणा - पर केंद्रित है। विस्मय अब मन की एक विलासिता नहीं माना जाता है। मनोवैज्ञानिक और विस्मय पर शोधकर्ता डॉ. मिशेल शिओटा कहती हैं: 'विस्मय अब एक अर्थपूर्ण जीवन का एक महत्वपूर्ण हिस्सा माना जा रहा है।' फिर भी, शोधकर्ता आधुनिक विज्ञान की मदद से विस्मय की इस शाश्वत अवधारणा को समझने की कोशिश कर रहे हैं।

विस्मय के सबसे बड़े फायदे:

- नियमित रूप से विस्मय का अनुभव करने से ख़ुशी और सेहत बढ़ती है, और लोग जीवन में ज्यादा संतुष्टि महसूस करते हैं। यू.सी. बर्कले के शोधकर्ताओं ने यह भी पाया है कि ये सकारात्मक प्रभाव सिर्फ कुछ दिनों तक नहीं रहते, बल्कि हफ्तों तक बने रह सकते हैं।
- विस्मय के अनुभव हमें भौतिकवाद से दूर ले जाते हैं और हमें गहरे, अधिक सार्थक मूल्यों से जोड़ते हैं। यह हमें एक उच्च स्तर की ओर ले जा सकता है, हमें अपने आसपास की बड़ी दुनिया से जोड़ सकता है।
- यह तनाव और दुश्चिंता को कम करता है।
- यह हमारे मानसिक क्षितिज का विस्तार करता है।
- यह विनम्रता बढ़ाता है और हमें कम स्वार्थी बनाता है। इससे जुड़ाव और एक-दूसरे पर निर्भरता की भावना पैदा होती है।

आश्चर्य

आश्चर्य और विस्मय, ये दोनों भावनाएं एक-दूसरे से बहुत करीब से जुड़ी हुई हैं। अक्सर हम इन दोनों शब्दों को एक साथ ही इस्तेमाल करते हैं। "ट्रैकिंग वंडर" किताब के लेखक और "ट्रैकिंग वंडर कंसल्टेंसी" के संस्थापक, जेफरी डेविस, आश्चर्य को एक ऐसी गहरी जागरूकता की स्थिति के रूप में परिभाषित करते हैं जो किसी अप्रत्याशित चीज़ के कारण उत्पन्न होती है, जो हमें आनंदित या भ्रमित करती है, या दोनों ही करती है। जब हम आश्चर्यचकित होते हैं, तो हमारे शरीर पर रोंगटे खड़े हो जाते हैं, यह आश्चर्य

के प्रति हमारी शारीरिक प्रतिक्रिया है। और यह आश्चर्य जीवन के सबसे साधारण से साधारण पलों में भी छिपा हो सकता है। अपनी किताब में, जेफरी डेविस आश्चर्य के छह पहलुओं पर चर्चा करते हैं, जो अक्सर युग्म (जोड़ी) में काम करते हैं:

पहली जोड़ी है खुलेपन और जिज्ञासा की। खुलापन वो विशाल आसमान है जो हमें अचरज से भर देता है। जिज्ञासा उस अचरज का वो सक्रिय पहलू है जो यथास्थिति को चुनौती देती है और सवाल उठाती है।

दूसरी जोड़ी है - हैरानी और उम्मीद। हैरानी तब होती है जब हमारी अपनी पहचान या हम जो कुछ कर रहे हैं वो सब उलझ जाता है। उम्मीद एक इंद्रधनुष की तरह है, जहां हम सपने देखते हैं और लक्ष्य बनाते हैं। बिना थके आगे बढ़ते रहने के लिए ये दोनों चीज़ें ज़रूरी हैं।

तीसरी जोड़ी है जुड़ाव और प्रशंसा। जुड़ाव दूसरों के साथ तालमेल बिठाने, अजनबियों और दोस्तों दोनों से जुड़ने की हमारी चाहत को दर्शाता है। प्रशंसा किसी और की उत्कृष्टता, चरित्र, या कौशल के लिए एक आश्चर्यजनक प्रेम है। जेफ़री प्रशंसा को एक तरह की सकारात्मक ईर्ष्या के रूप में समझाते हैं।

अपने रिसर्च के माध्यम से, जेफरी बताते हैं कि आश्चर्य हमारी जिंदगी की क्वालिटी बढ़ाने का एक ज़बरदस्त तरीका है। वो हमें सलाह देते हैं कि समय-समय पर रुक कर खुद से सवाल पूछें ताकि हमारे अंदर का आश्चर्य बना रहे। वो खासतौर पर सलाह देते हैं कि दिन के अंत में खुद से पूछें कि आज का सबसे अच्छा पल क्या था—ये कोई छोटी सी बात भी हो सकती है जैसे किसी से अच्छी बातचीत या किसी को दी गई या उससे मिली तारीफ़। इस तरह के आश्चर्य के पल हमारे दिन को यादगार बना सकते हैं। ये तो सामान्य सी बात है कि जिस चीज़ पर हम ध्यान देते हैं, वही हमारी ज़िंदगी में आकर्षित होती है। अगर हम विस्मय और आश्चर्य पर ध्यान दें, तो हम साधारण से साधारण समय को भी जादुई, यादगार पलों में बदल सकते हैं।

विस्मय और अचरज जैसी सकारात्मक भावनाओं का रोल

हमारे जीवन में अचरज और विस्मय का क्या रोल है? क्या यह सिर्फ अच्छा और सुखद महसूस करने के बारे में है, या इनके हमारे जीवन में कुछ और भी गहरे और लंबे समय तक चलने वाले प्रभाव हैं? जानी-मानी

वैज्ञानिक और शोधकर्ता बारबरा फ्रेडरिक्सन अपनी किताब "पॉज़िटिविटी" में कहती हैं कि विस्मय और अचरज जैसी भावनाएं उस घटना के बाद भी अपना प्रभाव छोड़ती हैं जिसने उन्हें जगाया था, और ये हमारे जीवन की दिशा को बदलने की ताकत रखती हैं।

अपने मशहूर 'ब्रॉडेन एंड बिल्ड' सिद्धांत में, उन्होंने बताया कि ये सकारात्मक भावनाएं हमारे दिमाग के दरवाजे खोल देती हैं, जिससे हम और भी ज़्यादा चीज़ों के बारे में सोच पाते हैं और नई संभावनाओं को देख पाते हैं। विस्मय, अचरज और प्रेरणा जैसी सकारात्मक भावनाएं हमारे दिल और दिमाग को बड़ा बना देती हैं, जिससे हम ज़्यादा ग्रहणशील और रचनात्मक बन जाते हैं। ये भावनाएं हमें बेहतर बनाती हैं क्योंकि इनसे हमें नए रिश्ते बनाने, नया ज्ञान हासिल करने और जीने के नए तरीके खोजने का मौका मिलता है। इससे हमें भविष्य के लिए संसाधन जुटाने और लोगों से नए कनेक्शन बनाने में मदद मिलती है।

एक और मज़ेदार बात शोधकर्ता डैनियल डैनर ने अपनी स्टडी में ढूंढ निकाली है - ज़्यादा पॉज़िटिविटी, यानी सकारात्मक सोच, से ज़िंदगी लंबी और अच्छी चलती है। और सबसे अच्छी बात ये है कि विस्मय और अचरज जैसी भावनाओं को कुछ आसान से तरीकों से बढ़ाया, पोषित और संजोया जा सकता है, यानी ऐसा कर पाना हम सबके बस की बात है!

विस्मय और आश्चर्य की मेरी कहानी

माइंडफुलनेस का अभ्यास और मौजूदा पल में जीना सीखने से मुझे रोजमर्रा की जिंदगी में भी विस्मय और आश्चर्य के पल दिखने लगे। पहले तो साल में एक-दो बार ही ऐसा होता था, ज्यादातर छुट्टियों या ब्रेक के दौरान। माइंडफुलनेस की बदौलत मुझे एहसास हुआ कि हमारे आसपास हर दिन अचरज से भरे पल होते हैं।

हम इन खूबसूरत लम्हों को इसलिए मिस कर देते हैं क्योंकि हम हमेशा विचारों में डूबे रहते हैं और काम में दबे होते हैं। बचपन से ही हमें सिखाया गया है कि काम, भागदौड़ और उपलब्धियां ही सब कुछ हैं। इनके बीच सकारात्मक भावनाओं को हम कमतर आंकते हैं या नज़रअंदाज़ कर देते हैं। यही वजह है कि हम किसी दोस्त या अनजान के साथ दिल से मुस्कुराने

के मौके, गालों पर हवा के झोंकों को महसूस करने और हर दिन होने वाले सूर्योदय और सूर्यास्त जैसे अनमोल पलों को खो देते हैं।

सबसे अच्छी बात यह है कि माइंडफुलनेस और सकारात्मक भावनाएं एक दूसरे को बढ़ावा देती हैं। हम जितना ज़्यादा जागरूक और वर्तमान पलों में रहते हैं, उतना ही हम उन चीज़ों को नोटिस करते हैं जो हमें विस्मय और आश्चर्य का एहसास कराती हैं। हम अपने जीवन में जितना ज़्यादा आश्चर्य का अनुभव करते हैं, उतना ही हम माइंडफुल बनते जाते हैं। मुझे यह भी पूरा यकीन है कि अपनी बेबसी और निराशा की उथल-पुथल भरी यात्रा के दौरान अपने दिल को पूरी तरह से खोल देने से मैं पूरी तरह से खुल गया और मुझे उस आयाम तक पहुंच मिल गई जो पहले मेरे लिए पहुंच से बाहर था। मैं अपने आस-पास की अद्भुत सुंदरता और विस्मय के प्रति और भी गहरे स्तर पर जागरूक हो गया।

जब मैंने खलील जिब्रान की बात पढ़ी, "दुख तुम्हारे अस्तित्व में जितना गहरा उतरता है, उतनी ही ज्यादा ख़ुशी तुम समेट सकते हो," तो मुझे उनकी बात एकदम समझ आ गई। जब हम खुद को पूरी तरह से दुख और दर्द महसूस करने देते हैं, तब हम ख़ुशी और सुंदरता को भी और गहराई से अनुभव कर पाते हैं।

अपने दिमाग को भूल जाएं; अपनी इंद्रियों के पास आएं

अपने जीवन में और भी ज्यादा अचरज और विस्मय भरने का आसान तरीका है कि आप अपनी इंद्रियों पर वापस आ जाएं। जितना ज्यादा हम अपनी इंद्रियों - सुनने, देखने, छूने, सूंघने और चखने - पर ध्यान देंगे, उतना ही कम हम अपने विचारों और दिमाग में खोए रहेंगे। अपने रोजमर्रा के कामों से कुछ मिनट निकालें और अपनी संवेदनाओं पर वापस आएं। अपने आस-पास के दृश्यों और आवाज़ों से अवगत हों - पंखे की आवाज़, लोगों की बातें, कुत्तों का भौंकना, पक्षियों का गाना, प्रकृति के नज़ारे और रंग, और फूलों की मंद खुशबू। यह अभ्यास आपको अपने विचारों के अत्याचार से बचने और अपनी चेतना को अपने शरीर और वर्तमान क्षण में वापस लाने में मदद कर सकता है।

दिन भर में बस कुछ सेकंड के लिए ही सही, बार-बार थोड़ी-सी जागरूकता

बरतने से, ये एक आसान सी आदत बन जाएगी जिसे आप अपना सकते हैं और संजो सकते हैं। जैसे कि मशहूर जर्मन मनोवैज्ञानिक फ्रिट्ज़ पर्ल्स ने कहा था: 'अपने दिमाग को भूल जाओ और अपनी इंद्रियों के पास आओ।' अपने दिमाग को भूलकर अपनी इंद्रियों के पास वापस आना हमारे उलझे हुए विचारों और चिंताओं का तोड़ है। हम विचारों के बारे में सोचना बंद कर देते हैं और वर्तमान में लौट आते हैं।

फ्लो

मेरा वेडिंग रिसेप्शन था, और मेहमान धीरे-धीरे आ रहे थे। डीजे बढ़िया गाने बजा रहा था, और मैं और मेरी नई नवेली दुल्हन अपने दोस्तों और रिश्तेदारों का ख़ुशी-ख़ुशी स्वागत कर रहे थे। लेकिन मेरे दिमाग के एक कोने में यह बात खटक रही थी कि मुझे अगली सुबह ही अपने एमडी प्रैक्टिकल वाइवा एग्जाम के लिए दूसरे शहर जाना है, जो बस तीन दिन दूर थे। यह एमडी प्रैक्टिकल एग्जाम मेरे करियर के सबसे कठिन एग्जाम में से एक होने वाला था, क्योंकि इसमें गलती की गुंजाइश बहुत कम थी, और कुछ मजबूरियों के चलते मैंने एग्जाम से ठीक पहले शादी कर ली थी। मैं एक साथ कई तरह की भावनाओं का अनुभव कर रहा था - उत्साह, ख़ुशी, और डर, सब एक साथ।

इसी बीच एक दोस्त आया और बोला, 'यार सारोज, चल ना, आज फिर वैसे ही धूम मचाते हैं जैसे हॉस्टल पार्टियों में मचाते थे।' मैं तो जैसे इसका इंतजार ही कर रहा था। मेरी बीवी मुझे अचरज भरी निगाहों से देखने लगी, लेकिन मैं सीधे डांस फ्लोर पर जा पहुंचा और पूरे जोश के साथ नाचने लगा। डीजे तो जैसे मेरी पसंद के ही गाने बजा रहा था। मैंने मन ही मन सोचा कि इन तीन-चार घंटों का पूरा मज़ा लेना है, क्योंकि कल से तो फिर टेंशन ही टेंशन है।

कुछ देर बाद मेरी पत्नी डांस फ्लोर पर मेरा साथ देने पहुंच गईं। मेहमानों का स्वागत करने का काम उन्होंने रिश्तेदारों पर छोड़ दिया था। जब वह डांस फ्लोर पर मेरा साथ देने पहुंचीं, तो मुझे एक बढ़िया सरप्राइज मिला। अब मैं पूरे जोश और मस्ती में डांस कर रहा था, जैसे कोई ऊर्जा और ताकत अंदर और बाहर से मुझमें भर रही हो। मुझे कुछ खाना भी याद नहीं रहा, क्योंकि

मैं उन मूमेंटम से बाहर नहीं आना चाहता था।

भले ही उस दिन को बाइस साल बीत गए हैं, और तब से मैंने कई सारे कार्यक्रम और लाइव डांस शो देखे हैं, लेकिन उस रात से ज्यादा मंत्रमुग्ध करने वाला कुछ भी मुझे याद नहीं आता। बाद में जब मैं हंगेरियन-अमेरिकन मनोवैज्ञानिक मिहाली सिक्सजेन्टमिहाय की एक किताब पढ़ रहा था, तब मुझे एक ऐसा शब्द मिला जो उस रात मेरे अनुभव से काफ़ी मिलता-जुलता था। इसे 'फ्लो' कहा जाता है।

जोन में

"फ्लो" का मतलब है किसी काम में इतना खो जाना कि समय का होश ही ना रहे। ऐसा लगता है जैसे दुनिया ही गायब हो गई हो, खुद भी कहीं खो गए हों। ऊपर वाला उदाहरण कुछ ऐसा ही है, और मुझे पक्का यकीन है कि आपने भी कभी ऐसा महसूस किया होगा। शायद कोई मजेदार किताब पढ़ते हुए, खेल या गाने में डूबे हुए, नाचते हुए, या फिर छुट्टियों के मज़े लेते हुए।

खिलाड़ियों की दुनिया में, चाहे वो धावक हों, फुटबॉलर हों, या क्रिकेटर हों, 'ज़ोन में होना' एक जाना-पहचाना जुमला है। याद है जब 2007 के टी20 वर्ल्ड कप में युवराज सिंह ने इंग्लैंड के स्टुअर्ट ब्रॉड की लगातार छह गेंदों पर छक्के जड़े थे? उन्होंने उस पल को 'पूरी तरह फ़्लो में और ज़ोन में होना' बताया था। जब हम फ़्लो में होते हैं, तो चीज़ें बिना ज़्यादा मेहनत के, अपने आप होती हुई लगती हैं। इसे ऐसे समझ सकते हैं जैसे हम खुद को रास्ते से हटा लें और किसी और ताकत को कमान सौंप दें।

इस टॉपिक में मेरी खूब दिलचस्पी है क्योंकि इसका असर बहुत दूर तक जाता है। जब से मैंने ध्यान करना और सिखाना शुरू किया है, तब से मुझे इसके बारे में और भी ज्यादा पता चला है और मेरी इसमें दिलचस्पी बढ़ गई है। ध्यान और फ्लो एक जैसे नहीं हैं, लेकिन ध्यान लगाने से फ्लो में जाने के चांस बढ़ सकते हैं।

मिहाली सिक्सजेंटमिहाली ने ख़ुशी के बारे में अपनी रिसर्च में पाया कि जब लोग 'फ्लो' में होते हैं तो वे सबसे ज्यादा क्रिएटिव, प्रोडक्टिव और खुश होते हैं। उन्होंने खिलाड़ियों, संगीतकारों और कलाकारों से बात की क्योंकि वे जानना चाहते थे कि वे कब अपने सबसे अच्छे फॉर्म में होते हैं। उन्हें यह

भी जानने में दिलचस्पी थी कि इन अनुभवों के दौरान उन्हें कैसा लगता है। मिहाली ने 'फ्लो स्टेट' शब्द इसलिए गढ़ा, क्योंकि उन्होंने जिन लोगों से बात की उनमें से कई ने अपने सबसे अच्छे प्रदर्शन के समय को ऐसे बताया जैसे उनका काम बिना किसी खास मेहनत-मशक्कत के उनमें से अपने आप प्रवाहित होता है।

उनका मकसद यह जानना था कि कौन-सी चीज़ रचनात्मकता को बढ़ावा देती है, खासकर काम के माहौल में, और कैसे रचनात्मकता उत्पादकता को बढ़ा सकती है।

उन्होंने यह निष्कर्ष निकाला कि फ्लो सिर्फ एक उत्पादक कर्मचारी के लिए ही नहीं, बल्कि एक संतुष्ट कर्मचारी के लिए भी बहुत ज़रूरी है।

सिक्सज़ेंटमिहाली फ्लो को इस तरह परिभाषित करते हैं, 'वो स्थिति जिसमें लोग किसी गतिविधि में इतने मग्न होते हैं कि बाकी सब कुछ महत्वहीन लगता है; अनुभव ही इतना आनंददायक होता है कि लोग सिर्फ इसे करने के लिए, बड़ी कीमत चुकाने को भी तैयार हो जाते हैं।'

फ़्लो की खासियतें:

- मिहाली ने फ़्लो के बारे में ये बातें बताई हैं:
- काम में पूरा ध्यान लगा रहता है
- लक्ष्य और इनाम साफ़ पता होते हैं, और साथ में फ़ौरन राय मिलती है
- समय का पता ही नहीं चलता (कभी तेज़, कभी धीमा लगता है)
- काम करना ही मज़ेदार लगता है
- सब कुछ आसानी से होता है, बिना किसी मेहनत के
- चुनौती और हुनर के बीच में संतुलन होता है
- काम और होश एक हो जाते हैं, अपने बारे में ज़्यादा सोचना बंद हो जाता है
- काम पर पूरा काबू होने का एहसास होता है

फ्लो पर जो रिसर्च हुई है, उससे पता चलता है कि जो लोग अपने-आप में

मस्त रहते हैं (ऑटोटेलिक व्यक्तित्व), उन्हें अक्सर फ्लो में रहने का मौका मिलता है। ये लोग किसी बड़े लक्ष्य के पीछे भागने के बजाय चीजें अपने मजे के लिए करते हैं। इन लोगों में कुछ खास बातें होती हैं, जैसे जिंदगी में खूब दिलचस्पी, हर काम में डटे रहना और खुद को ज्यादा महत्व न देना।

"फ्लो" की अवस्था क्या होती है इस पर बहुत रिसर्च हो रही है। एक न्यूरोसाइंटिस्ट, आर्ने डायट्रिच (Arne Dietrich) के अनुसार, जब हम फ्लो में होते हैं तो हमारे दिमाग के एक हिस्से की एक्टिविटी कम हो जाती है जिसे प्रीफ्रंटल कॉर्टेक्स (prefrontal cortex) कहते हैं। ये प्रीफ्रंटल कॉर्टेक्स हमारे दिमाग का वो हिस्सा है जो हमें खुद के बारे में सोचने, याद रखने, समय को समझने, और चीज़ों को दिमाग में रखने में मदद करता है। यानी ये हमारे होश और ख़यालों के लिए ज़िम्मेदार है।

लेकिन जब कोई फ़्लो स्टेट में होता है, तो ये माना जाता है कि दिमाग का ये हिस्सा थोड़े समय के लिए कम एक्टिव हो जाता है, जिसे ट्रांसिएंट हाइपोफ्रंटैलिटी कहा जाता है। इस वजह से, इंसान को समय के बीतने का एहसास नहीं होता, खुद के बारे में सोचना बंद हो जाता है, और अंदर की आलोचना करने वाली आवाज़ भी शांत हो जाती है।

जैसा कि शतरंज के ग्रैंडमास्टर नाकामुरा कहते हैं, किसी काम में फ्लो में रहने के लिए, उस काम की चुनौतियों और आपके हुनर के बीच एक संतुलन होना बहुत ज़रूरी है। अगर चुनौती आपके हुनर से बड़ी है, तो आप चिंतित और तनावग्रस्त हो जाएंगे। दूसरी तरफ, अगर आपका हुनर चुनौती से कहीं ज्यादा है, तो आप बोर हो जाएंगे और आपका ध्यान भटक जाएगा।

फ्लो ट्रिगर्स

'आर्ट ऑफ़ द इम्पॉसिबल' के लेखक और 'फ्लो जीनोम प्रोजेक्ट' के फाउंडर, स्टीव कोटलर कई सालों से फ्लो स्टेट्स पर रिसर्च कर रहे हैं। उन्होंने ऐसे बीस से भी ज्यादा फ्लो ट्रिगर्स की पहचान की है जो हमें फ्लो स्टेट में जाने में मदद करते हैं। उनके हिसाब से, ये सब हमें अपने ध्यान को इसी पल में लाकर काम करते हैं। ये हमारे शरीर में डोपामाइन और/या नॉरएड्रेनालाईन बढ़ा देते हैं। साथ ही, ये दिमागी बोझ (कॉग्निटिव लोड) को भी कम करते हैं जिससे हमें एक्स्ट्रा एनर्जी मिलती है जिसे हम अपने ध्यान को और बढ़ाने

में लगा सकते हैं।

अंदर के ट्रिगर - साफ लक्ष्य, झटपट फीडबैक, पूरी एकाग्रता, और चुनौती-कौशल का बैलेंस - सबसे ज़रूरी हैं। वो ध्यान और आज़ादी के मेल को फ्लो स्टेट लाने वाला बताते हैं। उत्सुकता, जुनून-उद्देश्य की तिकड़ी अंदर के उन मोटिवेटर्स में सबसे ऊपर है जो फ्लो को बढ़ावा देते हैं। फ्लो, फोकस के पीछे चलता है, और जब हम पूरी तरह से अभी के पल पर ध्यान देते हैं, तो यह फ्लो स्टेट्स का रास्ता खोल देता है। इससे पता चलता है कि एक साथ कई काम करने से ऐसी स्थिति नहीं बन पाती। उनके रिसर्च ने यह भी बताया कि 90 से 120 मिनट तक बिना रुकावट के ध्यान लगाना फोकस और फ्लो को बढ़ाने के लिए सबसे अच्छा तरीका है। स्टीव दूसरे ट्रिगर्स के साथ फ्लो के लिए शॉर्टकट के रूप में देर से मिलने वाले फीडबैक के बजाय तुरंत फीडबैक की भी बात करते हैं। हमने पहले चुनौती-कौशल बैलेंस की बात की थी, जिसे वो सबसे ज़रूरी ट्रिगर्स में से एक मानते हैं। इसे वह स्वीट स्पॉट (मधुर स्थिति) कहते हैं, जहां काम बस इतना ही मुश्किल होता है कि हम स्ट्रेच हो जाएं, इतना कठिन नहीं कि बिखर जाएं।

अपनी किताब 'द राइज़ ऑफ सुपरमैन' में, कोटलर एक जादुई संख्या के रूप में चार प्रतिशत का आंकड़ा बताते हैं। उनके अनुसार, अगर किसी काम की चुनौती हमारे कौशल से चार प्रतिशत ज्यादा है, तो उस काम से हमें 'फ्लो स्टेट' में जाने का मौका मिलता है। वो अपनी किताब लिखने का उदाहरण देते हैं और बताते हैं कि वो रोज़ाना शब्दों की संख्या अपने आरामदायक स्तर से लगभग चार से पांच प्रतिशत ज्यादा रखते हैं।

स्टीव ने फ्लो स्टेट पाने के लिए कुछ बाहरी ट्रिगर्स के बारे में भी बताया है। एक है - बड़े परिणाम, मतलब आगे कोई खतरा या डर होना। इस बात से मुझे अपनी शादी के रिसेप्शन का वक्त याद आया। उस दौरान मेरे महत्वपूर्ण एग्जाम होने वाले थे, जिससे पार्टी के मज़े में थोड़ा डर भी था। कुछ नयापन, अनिश्चितता और जटिलता का मेल भी कमाल कर सकता है। अगर हम अपनी ज़िंदगी में फ्लो को बढ़ाना चाहते हैं, तो हमें अपने आसपास भी ऐसा ही माहौल बनाना होगा। स्टीव का कहना है कि प्रकृति में ये तीनों ट्रिगर्स काफ़ी मात्रा में मिलते हैं, इसलिए रोज़ टहलना या कभी-कभी प्रकृति के बीच काम करना बहुत फायदेमंद हो सकता है।

बाहरी और भीतरी दुनिया के बीच की सीमा पर 'गहरी अवस्था' होती है। गहरी अवस्था एक तरह की बढ़ी हुई शारीरिक जागरूकता है। इसका मतलब

है कि जब हम किसी काम में अपनी कई इंद्रियों का इस्तेमाल करते हैं, तो हम उस काम पर सबसे ज्यादा ध्यान देते हैं। स्टीव का मानना है कि यही कारण है कि खिलाड़ी दूसरों की तुलना में अक्सर 'फ्लो' या 'ज़ोन' अवस्था में आ जाते हैं। यह आश्चर्य की बात नहीं है कि रचनात्मकता भी एक और महत्वपूर्ण 'फ्लो' ट्रिगर है।

हालांकि 'फ्लो' आम तौर पर किसी एक व्यक्ति के बेहतरीन प्रदर्शन की बात करता है, लेकिन इन दिनों 'ग्रुप फ्लो' नाम की चीज़ में भी लोगों की दिलचस्पी बढ़ रही है। ग्रुप फ्लो का मतलब है जब एक साथ काम कर रहे कई लोग अपने सबसे बेहतरीन स्तर पर प्रदर्शन करते हैं। ग्रुप फ्लो और टीम फ्लो, टीम के अंदर की कुछ खास बातों से पैदा होते हैं। यहां भी, पूरी एकाग्रता, ध्यान, साझा और स्पष्ट लक्ष्य, और आपसी बातचीत, ग्रुप फ्लो के लिए बहुत ज़रूरी हैं।

ये नतीजे हमें दिखाते हैं कि 'फ्लो' बस संगीतकारों या खिलाड़ियों तक सीमित नहीं है, ये तो हर जगह है। किसी में भी, कहीं भी, अगर कुछ खास हालात बनें तो ये आ सकता है। हमें बस 'फ्लो' को शुरू करने वाली चीज़ों को पहचानना है, और इसके लिए तैयार रहना है।

सबसे पहले तो, हमें यह समझना होगा कि 'फ्लो' होता क्या है, इसे कैसे पाया जा सकता है, और इसके क्या फायदे हैं। फ्लो में होने के बहुत सारे फायदे हैं - जैसे कि आपका काम और भी अच्छा हो जाता है, आपकी ख़ुशी और सेहत बढ़ जाती है, और आप जो भी करते हैं उसमें और भी मन लगता है। स्टीव कोटलर जैसे रिसर्चर हमारी रोजमर्रा की जिंदगी में और भी ज्यादा फ्लो लाने में मदद कर रहे हैं, ताकि हमारी जिंदगी और भी प्रेरणादायक, क्रिएटिव और मजेदार बन सके। अक्सर हम ख़ुशी और आनंद को अपनी उपलब्धियों या जन्मदिन और सालगिरह जैसे खास मौकों से जोड़कर देखते हैं, जबकि हम उन छोटे-छोटे, प्यारे पलों को भूल जाते हैं जो हमारी आंखों के सामने ही होते हैं। हम भविष्य के बारे में सोचते-सोचते वर्तमान की खूबसूरती को नजरअंदाज कर देते हैं और अपने ही ख़यालों में खो जाते हैं। जब हम वर्तमान में जीना शुरू करते हैं और चीजों को और गहराई से देखते हैं, तब हमें अपने आस-पास की हर चीज की खूबसूरती और जीवंतता दिखाई देती है, और हम उन अद्भुत, आश्चर्यजनक और 'फ्लो' वाले पलों का आनंद ले पाते हैं जो हमारे सामने ही होते हैं।

हम दिनभर में छोटे-छोटे ऐसे पल ढूंढ सकते हैं जो हमारे दिलों को खुश

कर दें और हमें ज़िंदगी की रौनक का एहसास कराएं। शुरुआत इस बात पर ध्यान देने से करें कि आप किस चीज़ पर ध्यान दे रहे हैं, क्योंकि यही सबसे बड़ा अंतर लाता है। जैसे कि लेखिका जूलिया कैमरन ने खूबसूरती से कहा है, 'जीवन की गुणवत्ता हमेशा ख़ुशी महसूस करने की क्षमता के अनुपात में होती है। ख़ुशी महसूस करने की क्षमता ध्यान देने का एक तोहफा है।' दुनिया को देखने के अपने नज़रिए को बदलकर, हम किसी भी समय सबसे साधारण पलों को भी चमत्कारी अनुभवों में बदल सकते हैं।

अभ्यास

- रोज़ाना कुछ मिनटों के लिए माइंडफुलनेस की माइक्रोडोज़िंग का अभ्यास करें। बस अपने आस-पास के वातावरण को देखें और उनकी शांति और सुंदरता को महसूस करें। वर्तमान में रहें और अपने प्राकृतिक परिवेश, सूर्योदय, सूर्यास्त या कोमल हवा को महसूस करें।
- अपने आस-पास किसी भी प्राकृतिक जगह पर टहलने निकलें और दिल खोलकर अपने आसपास की चीज़ों को महसूस करें।
- अपनी लाइफ़ में थोड़ा और विस्मय (Awa) कैसे ला सकते हैं? बीच-बीच में ठहरकर अपने आस-पास की चीज़ों को गौर से देखें। इस अभ्यास से आपकी 'विस्मय' से मुलाकात का सिलसिला बढ़ जाएगा।
- ऐसी चीज़ों की लिस्ट बनाएं जो आपको फ़्लो में लाती हों - जैसे म्यूज़िक, डांस, गेम्स या पढ़ना।
- अपने रोजमर्रा के कामों में कुछ ऐसा शामिल करने की कोशिश करें जो आपको आनंद देता है। अगर आपको डांस पसंद है, तो हफ्ते में तीन बार थिरकने का मौका जरूर निकालें। भले ही थोड़े समय के लिए ही सही, लेकिन इसे अपने शेड्यूल में शामिल करने की पूरी कोशिश करें।
- दिन खत्म होने से पहले, ऐसी तीन चीजें ज़रूर लिखें जिसने आपको मंत्रमुग्ध किया हो—कोई अच्छी बातचीत, एक प्यारी सी मुस्कान, या कोई नेक काम। इसे अपनी रोज की आदत बना लें।
- जब भी मौका मिले, आसमान और बादलों के बदलते नज़ारे को निहारें

और कुछ पल उसके साथ रहें। ये आपको एक अद्भुत और विस्मयकारी एहसास दे सकता है।

- दिन खत्म पर अच्छी चीज़ों को याद करना, जैसे—किसी से दिल से हुई बात, एक सच्ची मुस्कान, कुछ मीठी बातें या फिर बस एक प्यारा सा 'हाय'।
- जितना हो सके, हर चीज़ को इस तरह से देखने की कोशिश करें जैसे आपने उसे पहली बार देखा हो। जैसे आप कोई पेड़, पौधा या गाड़ी पहली बार देख रहे हों। नयेपन से देखने की आदत डालें।
- कभी किसी बच्चे या पालतू जानवर को देखा है? वो कैसे हर चीज़ को नयेपन और कौतूहल से देखते हैं। बस उन्हें देखते हुए हम भी ठहर सकते हैं, और उनके साथ उस पल में खो सकते हैं।
- अपनी इंद्रियों को जगाएं। जब भी थोड़ा सा वक्त मिले, अपनी हर एक इंद्री को पूरी तरह से महसूस करने की कोशिश करें। सुनें, देखें, सूंघें, स्पर्श करें। किसी भी अच्छी चीज़ का आनंद लें, जैसे कोई स्वादिष्ट नाश्ता या कोई सुंदर नज़ारा, और उस पल को जियें।

9.

रचनात्मकताः जीवन जीने की राह

'रचनात्मकता स्वयं परिणामों की बिल्कुल भी परवाह नहीं करती - यह केवल प्रक्रिया की इच्छा रखती है। प्रक्रिया से प्रेम करना सीखें और जो भी हो, उसे होने दें...'

— एलिज़ाबेथ गिल्बर्ट

अपनी ज़िंदगी के एक बड़े हिस्से में, मुझे लगता था कि मैं बिल्कुल भी क्रिएटिव नहीं हूं। मैं थोड़ा-बहुत लिख लेता था, किताबें पढ़ने का शौक था, खेल और फिल्में देखना पसंद था। लेकिन मुझे यकीन था कि चूंकि मुझे ड्राइंग या पेंटिंग ज़रा भी नहीं आती थी और मैं किसी भी तरह के संगीत वाद्ययंत्र बजाने में भी माहिर नहीं था, इसलिए मेरे अंदर रत्ती भर भी क्रिएटिविटी नहीं है। मैं सोचता था कि क्रिएटिविटी कुछ ख़ास लोगों के लिए ही है, जैसे कुछ टैलेंटेड एथलीट या म्यूज़िशियन, जिनका पैशन और प्रोफेशन एक ही है, और उनकी अनोखी ज़िंदगी हम जैसे आम लोगों से बिल्कुल अलग है।

और तो और, मुझे हमेशा से लगता था कि क्रिएटिविटी या तो जन्म से मिलती है या फिर नहीं ही मिलती। फिर अचानक मेरी नज़र पड़ी मशहूर लेखक गे हेन्ड्रिक्स की दिलचस्प किताबों "द बिग लीप" और "द जीनियस ज़ोन" पर। इन्हें पढ़कर मुझे समझ आया कि असल में क्रिएटिविटी और पैशन का मतलब क्या होता है, और मेरी इच्छा जागी कि मैं इनके बारे में और जानूं।

हमारी गतिविधियों के चार अलग ज़ोन

गे गाय हेंड्रिक्स के हिसाब से, हम दुनिया में जो भी करते हैं, उसे मोटे तौर पर चार हिस्सों में बांटा जा सकता है:

1. अक्षमता वाला क्षेत्र: इसमें वो सब काम आते हैं जिनमें हम अच्छे नहीं हैं, लेकिन फिर भी हमें करने पड़ते हैं।

2. योग्यता वाला क्षेत्र: ये वो काम हैं जिनमें हम ठीक-ठाक हैं, लेकिन कोई और भी इन्हें आसानी से कर सकता है।

3. उत्कृष्टता वाला क्षेत्र: हेंड्रिक्स इसे एक लुभावना जाल कहते हैं जिसमें हम अक्सर फंस जाते हैं। हम इसमें अच्छे हो सकते हैं और शायद इनाम भी कमा लें, लेकिन ये हमारी असली प्रतिभा नहीं है जो हमें दूसरों से अलग बनाती है। उनका कहना है कि हमें 'बड़ी छलांग' लगानी चाहिए और चौथे क्षेत्र में उतरना चाहिए, जो है 'प्रतिभा का क्षेत्र'।

4. प्रतिभा का क्षेत्र: ये वो काम हैं जो करने के लिए हम सबसे ज़्यादा उपयुक्त हैं। ये हमारी खासियत और ताकत को निखारते हैं। ये हमारे अंदर से आते हैं, हमें खुश रखते हैं, और हमें सबसे रचनात्मक बनाते हैं। वह सलाह देते हैं कि हमें इस दिशा में छोटे-छोटे कदम उठाने चाहिए, और धीरे-धीरे इन कामों के लिए समय बढ़ाना शुरू कर देना चाहिए, भले ही 10 प्रतिशत ही सही। एक बार जब हम अपने जुनून को ज़्यादा समय देना शुरू कर देते हैं, तो इससे हमें और भी ज़्यादा समय और ऊर्जा देने की प्रेरणा मिलती है।

क्रिएटिविटी (रचनात्मकता) क्या है?

डॉ. डैनी पेनमैन, जो कि एक पत्रकार हैं और 'माइंडफुलनेस फॉर क्रिएटिविटी' किताब के लेखक भी हैं, वो कहते हैं कि क्रिएटिविटी का मतलब है दुनिया को नए तरीके से देखना, छुपे हुए पैटर्न को ढूंढना, अलग-अलग चीज़ों में कनेक्शन ढूंढना और नए-नए तरीके ईजाद करना। उनके अनुसार, क्रिएटिविटी में दो चीज़ें शामिल होती हैं: सोचना और करना। अगर आप सिर्फ सोचते हैं और उस पर काम नहीं करते, तो आप कल्पनाशील तो हो

सकते हैं लेकिन क्रिएटिव नहीं।

'ईट, प्रे, लव' और 'बिग मैजिक' जैसी किताबें लिखने वाली एलिज़ाबेथ गिल्बर्ट क्रिएटिविटी के बारे में बहुत बढ़िया समझाती हैं। उनके हिसाब से, क्रिएटिव होना मतलब सिर्फ आर्ट, म्यूजिक या कविता में ही नहीं है। यह एक ऐसी ज़िंदगी जीने के बारे में है जिसमें डर की जगह क्यूरियोसिटी यानी जानने की इच्छा हो। उनके मुताबिक, क्रिएटिव लाइफ़ एक बड़ी, खुश और मज़ेदार लाइफ़ होती है। हमें अपने अंदर के टैलेंट को बाहर लाने की हिम्मत करनी चाहिए। बस!

रचनात्मक विचारों के बारे में एलिज़ाबेथ का नज़रिया दिलचस्प है। उनका मानना है कि विचार हमारे चारों ओर लगातार घूमते रहते हैं। वे किसी ऐसे इंसान की तलाश में होते हैं जो उन्हें अपना ले और उनके साथ काम करे। हमें बस आराम से खुद को उनके लिए खुला और ग्रहणशील बनाना है। फिर वो विचार हमारे रास्ते में संयोग और संकेत भेजने लगेंगे, और हमें जल्द ही उस विचार से जुड़ी कई चीज़ें दिखने लगेंगी। ऐसा लगता है जैसे विचार हमसे पूछ रहा हो, "क्या तुम मेरे साथ काम करना चाहते हो?" आगे के भाग में, मैं इस बारे में बात करूंगा कि जब हम खुले दिमाग से बैठते हैं, तो प्रेरणा और विचार अनायास ही हमारे पास आते हैं, मानो कहीं से उड़कर आ गए हों।

अपनी किताब 'बिग मैजिक' में, एलिज़ाबेथ बताती हैं कि कैसे अमेरिकी कवयित्री रुथ स्टोन को प्रेरणा मिलती थी। रुथ ने एलिज़ाबेथ को बताया था कि बचपन में उन्हें लगता था जैसे कोई कविता उनकी तरफ दौड़ी चली आ रही है, एक भागते हुए घोड़े की तरह। रुथ इस संकेत को पहचानती थीं और फौरन घर की ओर भागती थीं, ताकि जल्दी से कागज़-कलम पकड़कर कविता को लिख सकें। कई बार वह कविता को पकड़ नहीं पाती थीं, और कभी-कभी बस उसकी पूंछ पकड़ पाती थीं।

रचनात्मकता और प्रेरणा कैसे काम करती है, यह इसका एक सबसे शानदार वर्णन है! सदियों से कवि और वैज्ञानिक भी बताते आए हैं कि कैसे अचानक उनमें प्रेरणा के अंतस्रोत दीप्तिमान हो उठे। ये बिल्कुल ऐसा है, जैसे कि हम रचनात्मकता और प्रेरणा को अभिव्यक्त करने का मात्र एक ज़रिया भर हैं।

रचनात्मकता कितनी ज़रूरी है?

जाने-माने क्रिएटिविटी एक्सपर्ट, 'क्रिएटिविटी मैटर्स' के संस्थापक और 'द शोरलाइन ऑफ वंडर' के लेखक ऑस्टिन शॉ हिल कहते हैं कि 2010 में जब दुनिया आर्थिक मंदी से जूझ रही थी, तब एक बड़ी कंपनी आईबीएम ने दुनिया भर के 60 देशों की 33 इंडस्ट्री के 1500 से ज़्यादा सीईओ के बीच एक सर्वे किया। उनसे पूछा गया कि आगे बढ़ने के लिए क्या ज़रूरी है? जवाब था - 'आगे बढ़ने के लिए कठोरता, मैनेजमेंट स्किल, ईमानदारी या दूरदृष्टि से भी ज़्यादा ज़रूरी है रचनात्मकता!' यानी नए आइडियाज़, नए तरीके सोचने की क्षमता। आज की तेज़ी से बदलती दुनिया में, सिर्फ़ नियमों का पालन करना या अनुशासन रखना ही काफ़ी नहीं है। कंपनियों को आगे बढ़ने के लिए, हर स्तर पर क्रिएटिविटी को बढ़ावा देना बेहद ज़रूरी है।

ऑस्टिन का जीवन मिशन है दूसरों को क्रिएटिव बनाकर उन्हें सशक्त बनाना। उनका मानना है कि रचनात्मकता (क्रिएटिविटी), विज्ञान और तकनीक, कला और व्यापार, धर्म और आध्यात्मिकता के बीच की सीमाओं से परे है। ये एक ब्रिज की तरह है जो अलग-अलग फील्ड, सोच, विश्वास और जीने के तरीकों वाले लोगों को एक-दूसरे से सीखने का मौका देता है। उनका कहना है कि लोगों को सबसे ज्यादा ख़ुशी और सुकून क्रिएटिव होने में मिलता है। कुल मिलाकर, क्रिएटिविटी में लोगों को ठीक करने की ताकत है। यह व्यक्ति को पूर्णता, सार्थकता और खुद के मूल्यवान होने का एहसास कराती है और उसे अच्छे फैसले लेने और समाज की भलाई में हाथ बंटाने में मदद करती है।

अर्जुन अर्दाघ की किताब "रेडिकल ब्रिलियंस" में, वो कहते हैं कि ज़िंदगी का मकसद बस यही होना चाहिए कि हम अपनी खासियत पहचानें और पूरी कोशिश करें कि उसे दुनिया के सामने लाएं, उसे असल रूप दें। अर्दाघ एक आइडिया के दिमाग में आने से लेकर उसे पूरा करने, उसे अंजाम देने और आखिर में उसके खत्म होने तक, पूरी क्रिएटिव प्रोसेस को समझाते हैं। वो चार स्टेप्स बताते हैं—जागृति, प्रवाह, उत्पादकता और विघटन—जिससे उनकी किताब उन सबके लिए एक अच्छी किताब बन जाती है जो अपने किसी क्रिएटिव सपने को हकीकत में बदलना चाहते हैं।

क्रिएटिव थिंकिंग

जैसे लियोनार्डो दा विंची क्रिएटिविटी के दीवाने थे, वैसे ही मैं भी। इसलिए मैंने माइकल जे. गेलब की किताब "हाउ टू थिंक लाइक लियोनार्डो दा विंची" समेत कई किताबें पढ़ डालीं। गेलब बताते हैं कि क्रिएटिविटी को कैसे जगाया जा सकता है, और ये भी कि अगर किसी में पैदाइशी क्रिएटिविटी न भी हो, तो उसे मेहनत और जागरूकता से सीखा जा सकता है।

माइकल ने महान कलाकार और विचारक लियोनार्डो दा विंची की कला और उनकी सोच को गहराई से समझा। उनकी सीख को सात महत्वपूर्ण सिद्धांतों में ढाला। लियोनार्डो दा विंची को इतिहास में सबसे महान प्रतिभाओं में से एक माना जाता है। माइकल गेलब ने इन सिद्धांतों को समझने के लिए इटैलियन भाषा सीखी और लियोनार्डो के हाथ से लिखे नोट्स को घंटों पढ़ा।

उन्होंने सबसे पहले जिस बात पर जोर दिया वह है 'क्यूरियोसिता' यानी जिज्ञासा। बचपन से ही लियोनार्डो में गहरी जिज्ञासा थी, जिसने जीवन भर उनकी प्रतिभा को जगाए रखा। एक 'शुरुआती मन' विकसित करने से हमें अपने आस-पास की सुंदरता और अजूबों के बारे में जागरूक होने में मदद मिल सकती है।

'डिमॉन्स्ट्रिजियोन' या प्रदर्शन, दूसरा सिद्धांत है, जो इस बात पर जोर देता है कि अनुभव ही ज्ञान का स्रोत होता है। लियोनार्डो लगातार सीखते, खोजते और प्रयोग करते रहे, यह जानते हुए कि कोशिश करने से मिलने वाले अनुभव भविष्य के लिए मूल्यवान निवेश होते हैं।

'सेंसाज़ियोने' ये कहता है कि हमारे सेंस - देखना, सुनना, छूना, चखना, सूंघना - ये सब अनुभवों के दरवाजे खोलने की चाबी हैं। दा विंची का मानना था कि 'डिमॉस्ट्राज़ियोने' के राज़ हमारे सेंस के जरिये खुलते हैं, खासकर देखने से।

चौथा सिद्धांत है 'स्फूमातो', यानी अनिश्चितता में भी खुले रहना। जब चीज़ें साफ़ ना हों, तब भी आगे बढ़ते रहना, यही असली क्रिएटिविटी की कुंजी है।

पांचवां सिद्धांत आर्टे/सिंज़िया है, जो दाएं और बाएं दिमाग, दोनों की सोच के संतुलन पर जोर देता है। लियोनार्डो एक रचनात्मक प्रतिभा और एक शानदार वैज्ञानिक थे, उनका मानना था कि कला और विज्ञान एक दूसरे से अविभाज्य हैं।

छठा सिद्धांत, कॉर्पोरलिटा, शरीर को ठीक रखने और दिमाग-बदन को चुस्त-दुरुस्त और एक साथ चलाने पर जोर देता है।

आखिरी सिद्धांत है 'कनेक्शन', यानी अलग-अलग चीजों को जोड़कर कुछ नया बनाने की ताकत। यह कहता है कि दुनिया में हर चीज और हर कोई गहरे स्तर पर एक-दूसरे से जुड़ा हुआ है। यह सिद्धांत आजकल के विज्ञान और क्वांटम मेकैनिक्स की बातों से मेल खाता है, जो यह बताते हैं कि हमारी दुनिया में सब कुछ एक-दूसरे से जुड़ा हुआ है।

क्रिएटिविटी और माइंडफुलनेस

अपनी किताब 'माइंडफुलनेस फॉर क्रिएटिविटी' में, डेनी पेनमैन समझाते हैं कि क्रिएटिविटी बढ़ाने के लिए, हमें तीन ज़रूरी स्किल्स सीखने की ज़रूरत है। सबसे पहले, हमें एक खुले लेकिन अनुशासित दिमाग की ज़रूरत है जो नए विचारों, अवधारणाओं और जानकारी को इकट्ठा और एकीकृत कर सके, जिसे डाइवर्जेंट थिंकिंग कहा जाता है, जो चेतन और अचेतन दोनों स्तरों पर होता है। दूसरा, हमें अपने दिमाग द्वारा बनाए गए नए विचारों को सचेत रूप से स्वीकार करने और उनके महत्व को पहचानने की ज़रूरत है ताकि वे बिना ध्यान में आए न गुजरें। अंत में, हमें अपने विचारों का पीछा करने का साहस चाहिए, चाहे वे हमें कहीं भी ले जाएं।

माइंडफुलनेस का अभ्यास रचनात्मकता के सबसे शुद्ध रूप, डाइवर्जेंट थिंकिंग को बढ़ाता है, जिससे अक्सर कहीं से भी नए विचार आते हैं। यह जागरूकता की वह अवस्था है जिसने आर्किमिडीज़ को 'यूरेका' कहने पर मजबूर किया, आइज़ैक न्यूटन को गुरुत्वाकर्षण के बारे में बताया और आइंस्टीन को उनके सिद्धांत दिए, और भी न जाने कितने लोगों को जीनियस बना दिया। संक्षेप में, यह आपको अनायास समाधान खोजने, नए विचार उत्पन्न करने और कला या डिजाइन के अंतर्दृष्टिपूर्ण और रचनात्मक कार्य बनाने में सक्षम बनाता है।

डेनी के हिसाब से, क्रिएटिव लोग ज़्यादा खुले विचारों वाले और जिज्ञासु होते हैं, उन्हें लीक से हटकर सोचना पसंद होता है। वो हमेशा कुछ नया सीखने और जानने में लगे रहते हैं, नए आइडियाज़ से उन्हें प्यार होता है, और वो मौजूदा चीज़ों को सुधारने या उनसे कुछ नया बनाने में माहिर होते

हैं। क्रिएटिव लोग सिर्फ़ लेखक और शिक्षाविद् ही नहीं होते, वो साइंस, इंजीनियरिंग, फाइनेंस, और मेडिसिन जैसे क्षेत्रों में भी होते हैं। डेनी पेनमैन क्रिएटिविटी से जुड़ी दो तरह की सोच के बारे में और भी बताते हैं।

कन्वर्जेंट थिंकिंग

कन्वर्जेंट थिंकिंग मतलब सीधा और साफ सोचना। इसमें हम तर्क, दिमाग और नियमों का इस्तेमाल करके किसी भी समस्या का एक सबसे बढ़िया जवाब ढूंढते हैं। इसमें कोई शक-शुबहा नहीं होता, और हम फटाफट, सही और तार्किक तरीके से जवाब पर पहुँचते हैं। हम जो पहले से जानते हैं, उसका इस्तेमाल करते हैं, पुराने तरीके अपनाते हैं और जो याद है उससे मदद लेते हैं। जब हमें किसी सवाल का जवाब फौरन चाहिए होता है, या उसे थोड़ी मेहनत से निकालना होता है, तब कनवरजेंट सोच काम आती है। जब हमारा दिमाग 'करने के मूड' में होता है, तब ये सोच अपने आप आ जाती है।

डायवर्जेंट थिंकिंग

इसके विपरीत, डायवर्जेंट थिंकिंग एकदम फ्री स्टाइल वाली होती है, जो रचनात्मकता के सबसे शुद्ध रूप को जन्म देती है। यह एक ही समय पर कई अलग-अलग समाधानों के बारे में सोचकर आइडियाज़ को एक्सप्लोर करती है। आइडियाज़ अचानक ही दिमाग में आ सकते हैं जैसे कोई "यूरेका" मोमेंट! डायवर्जेंट थिंकिंग में हर संभावित उत्तर की खोज करने और उनके बीच कोई अप्रत्याशित कनेक्शन बनाना शामिल है। यह तब हो पाता है जब मन बिल्कुल शांत और खुला होता है।

रचनात्मक विचार अक्सर कनवर्जेंट और डायवर्जेंट थिंकिंग दोनों को मिलाते हैं। इन दोनों के ही अपने खास गुण होते हैं। अध्ययन बताते हैं कि माइंडफुलनेस मुख्य रूप से डायवर्जेंट थिंकिंग को बढ़ाकर रचनात्मकता को बढ़ावा देती है, कनवर्जेंट थिंकिंग से जुड़े कई गुणों में भी माइंडफुलनेस से सुधार होता है।

शोधकर्ता ओस्टाफिन के अनुसार, माइंडफुलनेस अंतर्ज्ञान और इनसाइट

को बढ़ाकर रचनात्मकता को बढ़ाती है। यह पुरानी सोच, विश्वासों और नजरिए के आधार पर निर्णय लेने की आदत यानी दिमागी अकड़न को कम करती है। ऐसी दिमागी अकड़न फैसले लेने में बहुत बड़ी रुकावट बन सकती है और रचनात्मक सोच को सीमित कर सकती है।

'डूईंग' बनाम 'बीईंग' मोड

पेन्मैन अपनी किताब 'माइंडफुलनेस फॉर क्रिएटिविटी' में 'करने' और 'होने' के तरीके के बीच का अंतर बहुत बढ़िया तरीके से समझाते हैं। 'करने' का तरीका एकाग्र सोच पर आधारित होता है, जबकि 'होने' का तरीका अलग-अलग दिशाओं में सोचने की क्षमता पर।

1. ऑटो पायलट या खुद का फैसला: 'करने' के मोड में हम आदतें बनाकर अपनी जिंदगी आसान तो बना लेते हैं, लेकिन इससे हमारी रचनात्मकता और खुलेपन पर असर पड़ता है। दूसरी तरफ, 'होने' का मोड हमें खुद के प्रति जागरूक और सचेत बनाकर रचनात्मकता को बढ़ावा देता है। यह हमें ऑटो पायलट मोड से बाहर निकालकर खुद के फैसलों को अपनाने के लिए प्रेरित करता है।

2. विश्लेषण बनाम अनुभूति: काम करने का तरीका विश्लेषण, सोच, योजना और तुलना में माहिर है, लेकिन यह हमें हमारे विचारों में फंसा सकता है। होने का तरीका हमें हमारी इंद्रियों से अधिक जोड़ता है, अधिक सहज, संवेदी, खुला और बारीकियों और जटिलता को संभालने में बेहतर होता है।

3. अवॉइडेंस बनाम अप्रोचिंग: करने का मोड लक्ष्यों से चिपकता है, लेकिन खतरनाक स्थितियों से भी बचता है और उसकी सोच थोड़ी संकुचित होती है। होने का मोड नई चीज़ों, उत्सुकता और नेगेटिविटी को भी गले लगाता है।

4. जोर लगाना बनाम स्वीकार करना: 'करने' वाला तरीका मेहनत और तनाव पर जोर देता है, जबकि 'होने' वाला तरीका आराम और स्वीकृति पर। इसमें बिना किसी तनाव और चिंता के चीजें बनाई जाती हैं।

5. विचार ठोस और असली बनाम विचार सिर्फ दिमागी घटनाएं: जब हम कुछ "करने" के चक्कर में होते हैं, तब हमारे दिमाग में बस यही चलता रहता

है कि क्या करना है, क्या सोचना है। लेकिन जब हम सिर्फ़ "होने" के मोड में होते हैं, तब हम ये समझ जाते हैं कि विचार तो बस आते-जाते रहते हैं। वो असली तो होते हैं, लेकिन ज़रूरी नहीं कि वो हमेशा सही हों।

होने और करने, दोनों का बैलेंस ज़रूरी है। करने वाला मोड और होने वाला मोड, दोनों ज़िंदगी और क्रिएटिविटी के लिए ज़रूरी हैं। माइंडफुलनेस इन दोनों के बीच बैलेंस बनाती है, और हमें सिखाती है कि कैसे इन दोनों के बीच स्विच करें।

एकहार्ट टोले, जो 'करने' और 'होने' के बीच बैलेंस की बात करते हैं, अपनी गहरी आध्यात्मिक जागृति के बाद दो साल तक ख़ुशी और आनंद में डूबे रहे, लेकिन दुनिया में ठीक से काम नहीं कर पाए। आखिरकार उन्होंने दोनों के बीच संतुलन बनाया ताकि वे कुशल, उत्पादक, रचनात्मक और खुश रह सकें।

उन्हें यह समझने में समय लगा कि "होने" का मतलब क्या होता है, क्योंकि वह ज़िंदगी भर "करने" में लगे रहे। लेकिन, मेडिटेशन और मन को शांत रखने वाली चीज़ों ने उन्हें नए रास्ते दिखाए, जिससे वह "होने" के पहलू को भी समझ पाए। इससे उनकी काम करने की क्षमता बढ़ी, उन्हें मन की शांति मिली, वह ज़्यादा स्थिर और संतुष्ट महसूस करने लगे। उन्हें एहसास हुआ कि "करना" और "होना" दोनों ज़रूरी हैं, तभी ज़िंदगी पूरी तरह से जी जा सकती है।

समस्याएं सुलझाने के लिए तो काम करने का तरीका बढ़िया है, लेकिन जब कुछ नया सोचना हो, तो यह तरीका फेल हो जाता है। कुछ नया करने के लिए, हमें दुनिया को दूसरे नजरिए से देखना होगा, जिसे वैज्ञानिक 'मेटाकॉग्निटिव अवेयरनेस' कहते हैं।

कैनेडियन फिल्म निर्माता और लेखक बार्नेट बैन कहते हैं कि एक कुशल रचनाकार बनने के लिए, हमें "होने" और "करने" के डांस से प्यार हो जाना चाहिए। मतलब, अपनी इच्छा और कर्म को कल्पना, भावनाओं और अस्तित्व के साथ मिला देना चाहिए।

मार्टिन आयलवर्ड, जो मेडिटेशन सिखाते हैं और किताबें लिखते हैं, उनका मानना है कि जब हम एकाग्र होकर आराम करते हैं, जहाँ हमारा ध्यान स्थिर और खुला होता है, तो हम एक ऐसी स्थिति में पहुँच जाते हैं जहाँ

रचनात्मकता अपने चरम पर होती है। यह बात चाहे कला में हो, खेल में हो या फिर मेडिटेशन में ही क्यों न हो।

ओपन अवेयरनेस और क्रिएटीविटी

लेखक के अनुसार व्यापक शोध में यह सामने आया है कि माइंडफुलनेस मेडिटेशन से डायवर्जेंट थिंकिंग की क्षमता बढ़ती है और 'बीईंग मोड' सक्रिय होता है, जिससे क्रिएटिविटी को बढ़ावा मिलता है। कॉग्नीटिव साइकोलॉजिस्ट कोल्ज़ाटो ने अपने एक महत्वपूर्ण शोध में यह पाया है कि फोकस्ड अटेंशन (एकाग्रचित्त/एकाग्र जागरूकता) और ओपन मॉनीटरिंग मेडिटेशन (मुक्त ध्यान/मुक्त जागरूकता) के असर की तुलना की और बताया कि फोकस्ड अटेंशन से सिर्फ़ एक ही दिशा में सोचने में सुधार होता है जबकि ओपन मॉनीटरिंग मेडिटेशन से अलग-अलग तरह से सोचने की क्षमता बढ़ती है, जिससे समस्याओं के हल निकालने में मदद मिलती है।

एकाग्र जागरूकता में, हम सांस या किसी इंद्रिय को अपने ध्यान का आधार बनाते हैं। मुक्त जागरूकता में, हम सांस के साथ शुरुआत करते हैं ताकि मन शांत और एकाग्र हो। फिर धीरे-धीरे हम सभी आवाज़ों, भावनाओं और संवेदनाओं को बिना किसी लेबल या जजमेंट के महसूस करने लगते हैं। हम जो भी सामने आता है उसे बिना किसी रोक-टोक या दबाव के स्वीकार करते हैं, किसी भी विचार या संवेदना से विचलित हुए बिना। इस तरह, हम जागरूकता में ही विश्राम करते हैं, जिससे नए विचारों के आने का रास्ता खुलता है।

अब मैं अपने छोटे से अनुभव के बारे में बताता हूं। मुझे सबसे अच्छी लगने वाली माइंडफुलनेस प्रैक्टिस 'ओपन अवेयरनेस मेथड' है क्योंकि इससे मुझे रिलैक्स मिलता है और एनर्जी भी। जब मैंने यह किताब लिखने की सोची तो मुझे थोड़ा डर भी लगा क्योंकि मैंने पहले कभी कुछ लिखा नहीं था और मुझे यह भी नहीं पता था कि मेरे पास किताब के लिए इतना कुछ है भी या नहीं।

लेकिन एक बार लिखने का ख़याल मन में बैठ गया, तो मैंने शुरुआत कर दी। मुझे यह जानकर बहुत ख़ुशी हुई कि खुले दिमाग से बैठकर लिखने के बारे में सोचते ही मेरे दिमाग में अध्यायों और विषयों के बारे में कई सारे विचार आने लगते थे, जिससे मैं हैरान रह जाता था। नए-नए विचार अपने

आप ही सामने आ जाते थे। अभ्यास के बाद, मैं इन विचारों को एक किताब में लिख लेता था ताकि मैं उन्हें भूल न जाऊं।

लीक से हटकर चलें

अक्सर, हम अपने हुनर और टैलेंट को लेकर ज़रूरत से ज़्यादा सख्त हो जाते हैं। हमें लगता है कि हम इतने क्रिएटिव नहीं हैं, और इसी चक्कर में हम अपनी असली क्रिएटिविटी को रोक लेते हैं। दूसरों की राय हमारे ऊपर हावी हो जाती है, और हमें डर लगता है कि लोग क्या कहेंगे, क्या क्रिटिसाइज़ करेंगे। हमारे अंदर एक आवाज़ होती है जो लगातार नेगेटिव बातें करती रहती है, हमें उसे चुप कराना होगा।

हमारा सबसे क्रिएटिव टाइम तब होता है जब हम खुद किनारे हो जाते हैं और उस सोर्स को हमें गाइड करने देते हैं। हमें खुद पर पूरा भरोसा रखना चाहिए और यूनिवर्स (ब्राह्मांड) को हमारे माध्यम से अपना जादू बिखेरने देना चाहिए। हमें सरेंडर करना है और छोड़ देना है, आखिरी नतीजे की ज़्यादा चिंता करके अपनी कोशिशों को खराब नहीं करना है। किसी खिलाड़ी या आर्टिस्ट की सबसे अच्छी परफॉर्मेंस तब होती है जब वे खुद किनारे हो जाते हैं, और चीज़ों को आसानी से होने देते हैं।

रचनात्मक विचार

अपनी किताब 'रैडिकल ब्रिलियंस' में, अर्जुन अर्दाघ कहते हैं कि हमारे ज्यादातर विचार रद्दी के डिब्बे से निकले होते हैं। ये विचार बस दूसरों की नकल, रटे-रटाए, कहीं से उधार लिए या याद किए हुए होते हैं। मतलब, ये नए पैकेट में पुरानी खिचड़ी हैं! असली क्रिएटिव, ओरिजिनल विचार तो कम ही आते हैं। अर्दाघ इन रद्दी विचारों को 'हॉरिजॉन्टल' यानी सतही कहते हैं, जैसे तालाब पर तैरते छोटे-छोटे बुलबुले, एक विचार दूसरे को जन्म देता है। लेकिन ओरिजिनल विचार सतह से नहीं, गहराई से आते हैं। इन्हें वो 'वर्टिकल' यानी गहरे विचार कहते हैं, जो तल से उठकर सतह पर आते हैं।

इस तरह के विचार और भावनाएं एक हलकी सी फुसफुसाहट से शुरू

होती हैं, और जैसे-जैसे वे हमारे मन के सतह पर आती हैं, वैसे-वैसे वे और स्पष्ट होती जाती हैं। ये विचार हमारे अंदर की गहराइयों से उठते हैं, और जब हम अपने मन को शांत और खुला रखते हैं, तो हम बिना किसी मेहनत के उन गहराइयों तक पहुँच सकते हैं।

अर्दाघ के मुताबिक, जबरदस्ती या मशक्कत से कोई चीज़ निकालने की कोशिश करना तो असली या क्रिएटिव आइडियाज़ ढूंढने के बिल्कुल ही उल्टा काम है। वो कहते हैं कि प्रैक्टिस से, हम अपनी चेतना के अंदर होने वाली छोटी-छोटी घटनाओं को बेहतर तरीके से समझने लगते हैं और इनसे ही असली चमक और क्रिएटिविटी के बीज पैदा होते हैं।

अब हम ये रचनात्मक सफर शुरू कर सकते हैं, बस हमें उन कामों के बारे में सोचना होगा जो हमें ख़ुशी, उत्साह, और संतुष्टि देते हैं। हमें खुद से पूछना होगा, 'कौन से काम मुझे ज़िंदगी का एहसास दिलाते हैं, और मुझे ख़ुशी और संतुष्टि से भर देते हैं?' यही हमारा 'जोन ऑफ जीनियस', हमारा 'इकिगाई' है, फिर चाहे वो काम कितना भी छोटा या बड़ा क्यों न हो। ये हमेशा से हमारे अंदर मौजूद रहा है, बस रोज़मर्रा की ज़िंदगी की भागदौड़, ज़िम्मेदारियों, और उबाऊ कामों में दब गया है।

हमें यह बात समझनी चाहिए कि जब हम अपनी रचनात्मक प्रतिभा का उपयोग और साझा करते हैं, तो उसका अंतिम लक्ष्य बेस्टसेलर बनना या कोई बड़ा मुनाफा कमाना नहीं होता है। असली मज़ा तो उस चीज़ को बनाने में है जिसे हम प्यार करते हैं। ब्रेने ब्राउन ने बहुत खूबसूरती से कहा है कि रचनात्मकता इस बारे में नहीं है कि हम क्या करते हैं, बल्कि यह जानने में है कि हम कौन हैं, और उस 'कौन' को दुनिया के साथ साझा न करके, हम खुद के साथ अन्याय करते हैं। एलिज़ाबेथ गिल्बर्ट की यह बात कि रचनात्मक प्रक्रिया से गुजरकर हम उस व्यक्ति से पूरी तरह अलग बन जाते हैं, जो हम शुरू में थे। यह किसी भी रचनात्मक प्रयास का सबसे बड़ा इनाम है।

अपनी जिंदगी की राह में, मैं समझ गया हूं कि हम सभी अपने आप में ही एक कलाकार हैं, और हमारी जिंदगी वो खाली कैनवास है जिस पर हम अपनी कला उकेरते हैं। हमें क्रिएटिव बनने के लिए कुछ खास करने की ज़रूरत नहीं है—ये बस दूसरों से बात करने का हमारा तरीका हो सकता है, दिल से निकली एक मुस्कान हो सकती है, तारीफ़ के दो बोल हो सकते हैं, या बुरे दिन से गुजर रहे किसी इंसान की पीठ पर हौसला बढ़ाने के लिए एक थपकी भी हो सकती है। हम सब अपने-आप में अनोखे और बेहद खास हैं,

और हमें एक-दूसरे से कोई मुकाबला नहीं करना है। अगर हमें कुछ बनाने का मन करता है, तो हमें किसी के भी बुरे रिएक्शन के डर से खुद को रोकना नहीं चाहिए।

बार्नेट बैन की बातें दिल को छू जाती हैं जब वो कहते हैं, 'हमारी पूरी ज़िंदगी एक फ्रीलांस काम है और ज़िंदगी अपने आप में एक कला है। कोई भी काम, कोई भी सोच या कोई भी रवैया ऐसा नहीं है जो रचनात्मक ना हो। जीना ही रचनात्मक होना है।' शायद इस अध्याय को डोना जे. स्टोन के इन शब्दों से बेहतर तरीके से कोई नहीं समझा सकता: 'सबसे दिखने वाले कलाकार वो होते हैं जिनका माध्यम ही ज़िंदगी है... वो ना रंग भरते हैं ना मूर्ति बनाते हैं। उनका माध्यम सिर्फ़ उनका होना है। उनकी मौजूदगी जिस चीज़ को भी छू ले, उसमें जान आ जाती है। वो देखते हैं, पर उन्हें चित्र बनाने की ज़रूरत नहीं...'

अभ्यास

- ऐसी चीज़ों की एक लिस्ट बनाएं जो आपको जीवंत महसूस कराती हैं - जैसे डांस, संगीत, बाग़बानी?
- आज ही कोई नया शौक या जुनून शुरू करें, कुछ ऐसा जिसके बारे में आप लंबे समय से सोच रहे हैं लेकिन अभी तक शुरू नहीं किया है।
- हर दिन 15 से 20 मिनट खुले दिमाग से बिताएं, कुछ न करें, बस बैठें और विचारों और आइडियाज़ को आने दें।
- नई अंतर्दृष्टि, सवाल और विचारों को रिकॉर्ड करने के लिए एक जर्नल शुरू करें। उन्हें लिख लें, चाहे वे कितने भी छोटे हों।
- सिर्फ आनंद के लिए चीजों के बारे में पढ़ें, ज्ञान प्राप्त करने या अपडेट रहने के लिए नहीं। एक नया शब्द या वाक्यांश सीखने की आदत बनाएं। आप एक नई भाषा भी सीख सकते हैं।
- अगर आपको भाषाओं या लेखन में रुचि है तो अपने काम को साझा करने पर विचार करें। अगर आप माइंडफुलनेस की ओर आकर्षित हैं, तो इसे दूसरों को सिखाएं, भले ही मुफ्त में। दूसरों को बताएं कि आप सिखाने के लिए तैयार हैं और देखें कि यह कैसे फैलता है।

- अगर आपको ड्रॉइंग करने की इच्छा है, तो ड्रॉइंग करना या पेंट करना सीखें - रिजल्ट की चिंता न करें। बस रंग छिड़कें और देखें कि आपको कैसा लगता है। अपने दिमाग को तेज रखने के लिए समय-समय पर पहेलियां या माइंड गेम खेलने का अभ्यास करें। जगलिंग सीखें।
- कुछ ऐसे मौकों को याद करें जब आपने अपने अंतर्ज्ञान पर भरोसा किया हो और अच्छे परिणाम मिले हों। अपने अंतर्ज्ञान पर भरोसा करना भी एक अभ्यास है, और हम छोटी-छोटी चीजों से शुरुआत कर सकते हैं।
- काम पर जाने के लिए एक अलग रास्ता, समय-समय पर परिवहन का एक अलग तरीका आज़माएं, अनजान इलाकों को एक्सप्लोर करें। ये सभी हमारी रचनात्मकता को उत्तेजित करते हैं और आश्चर्य की भावना को जीवित रखते हैं।
- उन जगहों की एक सूची बनाएं जहां से आपको अपने सर्वोत्तम विचार मिलते हैं। जैसे शॉवर, प्रकृति, या ध्यान के दौरान?
- अपने लिए एकांत चुनें, समय निकालें और जो कुछ भी हो रहा है उसके प्रति जागरूक रहते हुए अनिश्चितता को स्वीकार करें। इससे sfumato विकसित करें। ("Sfumato" एक इटैलियन शब्द है जिसका मतलब होता है "धुएं की तरह"। यह एक पेंटिंग तकनीक है जिसमें रंगों के बीच के अंतर को धुंधला करके एक सपने जैसा, रहस्यमयी प्रभाव पैदा किया जाता है। इस तकनीक को जीवन में भी अपनाया जा सकता है, जहां इसका मतलब होता है चीज़ों को एकदम सटीक और स्पष्ट रूप से देखने या समझने की कोशिश न करना, बल्कि उनके बीच की अस्पष्टता और अनिश्चितता को स्वीकार करना।)
- छोटे-छोटे कामों से शुरुआत करें, जैसे किसी वैकेशन या शाम की आउटिंग के लिए योजनाएं बनाना।
- इस पर विचार करें कि आप मुख्य रूप से दाएं दिमाग वाले हैं या बाएं दिमाग वाले। अगर आप बाएं दिमाग की ओर झुकते हैं, तो विचार करें कि आप अपने जीवन में और अधिक दाएं दिमाग की सोच को कैसे शामिल कर सकते हैं। अगर आप अधिक दाएं दिमाग वाले हैं, तो सोचें कि आप और अधिक बाएं दिमाग की सोच कैसे विकसित कर सकते हैं।

- लिखने, ड्राइंग करने या दूसरे कामों के लिए अपने उस हाथ का इस्तेमाल करें जिसे ऐसे कार्यों के लिए इस्तेमाल नहीं करते।
- अपने गैर-प्रमुख हाथ से लिखें या हस्ताक्षर करें।
- अपने दैनिक जीवन में संबंधों और पैटर्न की पहचान करना सीखें। क्या आप पूरी तरह से असंबंधित चीजों के बीच भी संबंध बना सकते हैं, जैसे पेन और हाथी, एथलीट और शतरंज का खेल, वैश्विक अर्थव्यवस्था और मशरूम?
- 40 या 50 प्रश्नों की एक सूची बनाएं, जैसे: मेरे जीवन का उद्देश्य क्या है? मैं अपनी रचनात्मकता को कैसे बढ़ा सकता हूं आदि?

10.

ख़ुशी ही राह है

'खुश रहने का एक आसान सा राज़ है। इस पल के लिए अपनी सारी डिमांड कहीं किनारे कर दो।'

— आद्यशांति

अभिनव बिंद्रा 2008 में बीजिंग ओलंपिक में एयर राइफ़ल शूटिंग में गोल्ड मेडल जीतकर रातों-रात स्टार बन गए। बिंद्रा और पूरे भारत के लिए ये बहुत ही गर्व का और ऐतिहासिक पल था क्योंकि वो पहले भारतीय थे जिन्होंने अकेले ओलंपिक में गोल्ड मेडल जीता था। ये उनकी कामयाबी का सबसे बड़ा मुकाम था। बचपन से ही उनका ये सपना और जुनून था, और आप सोच सकते हैं कि आखिरकार अपने सपने को पूरा करने के बाद वो कितने खुश हुए होंगे। उनकी इस जीत ने उन्हें अपार शोहरत और कामयाबी दिलाई।

कई साल बाद, अभिनव ने खुलकर बताया कि अपनी शानदार जीत के बाद कैसे वह डिप्रेशन में चले गए। उन्होंने माना कि अपने खेल करियर में उन्होंने कई उतार-चढ़ाव देखे, लेकिन विडंबना यह है कि उनका सबसे बड़ा मानसिक संकट तब आया जब उन्होंने अपने सबसे बड़े सपने, ओलंपिक स्वर्ण पदक, को हासिल किया। बिंद्रा ने बचपन से ही ओलंपिक स्वर्ण जीतने का सपना देखा था और अपने जीवन के 16 साल एकाग्रता, समर्पण और दृढ़ता के साथ प्रशिक्षण में लगा दिए थे। जब उन्होंने आखिरकार इस शानदार लक्ष्य को प्राप्त किया, तो उन्होंने पाया कि उनके जीवन में एक बड़ा खालीपन आ गया है। उन्होंने 'द इंडियन एक्सप्रेस' के साथ एक इंटरव्यू में कहा, 'एक दिन, यह सपना, यह लक्ष्य पूरा हो गया लेकिन इसने मेरे जीवन में एक बहुत बड़ा खालीपन पैदा कर दिया। मुझे लगता है कि यह मेरे लिए बहुत चुनौतीपूर्ण था। मैं उदास था और खोया हुआ था। मुझे नहीं पता था कि मुझे अपने

जीवन के साथ क्या करना है और आगे क्या करना है। वह शायद मेरे जीवन का सबसे कठिन क्षण था।'

अभिनव का मानना है कि हमें अपनी सोच बदलने की ज़रूरत है। हमें यह समझना होगा कि सपने और महत्वाकांक्षाएं ज़रूरी हैं, लेकिन असली जीत तो ख़ुशी है, इसे हमें अपना मेडल बनाना है।

क्या यह एक बढ़िया लक्ष्य नहीं है? हम में से ज्यादातर लोग तो ऐसे जीते हैं जैसे जिंदगी हमें अपनी मर्जी से घुमा रही हो। हम खुद को छोटा-सा समझते हैं और जिंदगी को एक बड़ी ताकत, जिससे ख़ुशी छीनना मुश्किल हो। जिंदगी एक लंबी लड़ाई लगती है, जिसमें ख़ुशी और कामयाबी के कुछ पल ही हमें सहारा देते हैं। ज्यादातर तो हम उम्मीद और डर के बीच झूलते रहते हैं।

ज़्यादातर ज़िंदगी, मैंने भी इसी दुनिया को माना, क्योंकि मेरे परिवार का भी यही नज़रिया था। मुझे सिखाया गया था कि खूब पढ़ो, अच्छी नौकरी पाओ, काम में सफल बनो, अच्छी तनख्वाह कमाओ, और समझदार जीवनसाथी हो। यही ख़ुशी के मंत्र थे, और जब मैंने ये सब पा लिया, तो मुझे लगा कि मैं खुश और शांत हो जाऊंगा। आखिर, मैंने तो खुश रहने का परफेक्ट तरीका अपनाया था।

लेकिन, रश्मि वाली घटना ने मेरी ज़िंदगी में तूफ़ान ला दिया और मुझे मेरी नींद से जगा दिया। जब मैंने गहरे दुख और दर्द का सामना किया, तब मुझे ज़िंदगी और ख़ुशी के बारे में सवाल उठने लगे। क्या मेरे बड़ों ने मुझे जो तरीका बताया था, उसमें कोई कमी थी, या मेरे साथ कुछ गड़बड़ थी? शायद मैं कुछ गलत कर रहा था, इसलिए दुखी था?

इस दर्दनाक घटना के बाद, ये सवाल मुझे परेशान करने लगे। ज़िंदगी की सच्चाई को गहराई से जानने की तमन्ना और साथ ही, स्थायी ख़ुशी, अर्थ और आनंद की कुंजी ढूंढने की इच्छा मेरे अंदर जगने लगी। मैं इसे अपना गोल्ड मेडल बनाना चाहता था। मुझे अंदर से पता था कि एक डॉक्टर के रूप में मेरा काम ज़रूरी है, लेकिन ज़िंदगी और ख़ुशी की सच्चाई जानना भी उतना ही ज़रूरी है ताकि मैं अपने बच्चों और दूसरों को भी सही रास्ता दिखा सकूं। मैं कोई एक्सपर्ट नहीं हूं, लेकिन मेरे अनुभव और अवलोकन मेरे शिक्षक रहे हैं।

पिछले दस-बारह सालों में, पॉज़िटिव साइकोलॉजी (सकारात्मक मनोविज्ञान) का चलन बढ़ा है और ख़ुशी के बारे में ढेर सारी रिसर्च हुई है।

इस फील्ड के एक बड़े नाम हैं अमेरिकी लेखक और वक्ता शॉन एकोर। एकोर दुनिया के सबसे जाने-माने एक्सपर्ट्स में से एक हैं जो इंसान की क्षमता पर बात करते हैं। उन्होंने ख़ुशी और कामयाबी पर बहुत कुछ लिखा और रिसर्च की है। उन्होंने हार्वर्ड में मशहूर हैप्पीनेस कोर्स भी डिज़ाइन किया था और 'द हैप्पीनेस एडवांटेज' किताब भी लिखी है।

इस किताब में वे कहते हैं कि दुनिया के ज़्यादातर लोग मानते हैं कि कड़ी मेहनत करो, कामयाब बनो, फिर ख़ुशी अपने आप मिल जाएगी। एकोर के हिसाब से ये फॉर्मूला ही गलत है, चीज़ें उल्टी हैं। पॉज़िटिव साइकोलॉजी और न्यूरोसाइंस में बहुत रिसर्च हुई है जो बताती है कि ख़ुशी और कामयाबी का रिश्ता कुछ और ही है। ख़ुशी पहले आती है, कामयाबी बाद में। ख़ुशी और आशावादी नज़रिया, परफॉर्मेंस और अचीवमेंट को बढ़ावा देते हैं, जिससे हमें एक बढ़त मिलती है जिसे एकोर 'हैप्पीनेस एडवांटेज' कहते हैं।

उन्होंने अपनी किताब में खुशहाल जिंदगी के रास्ते के लिए सात सिद्धांत बताए हैं:

1- **ख़ुशी का फायदा:** हमें हमेशा से यही सिखाया गया है कि ख़ुशी सफलता के बाद मिलती है, लेकिन कई रिसर्च ये साबित करती हैं कि असली बात तो ये है कि ख़ुशी सबसे ज़रूरी है और सफलता उसके बाद आती है। कामयाब लोग अपनी उपलब्धियों के लिए ख़ुशी को कोई इनाम नहीं समझते। वे हर अच्छी चीज़ का फायदा उठाते हैं और हमेशा आगे बढ़ते रहते हैं। उनके हिसाब से ख़ुशी वो एहसास है जो हमें अपनी काबिलियत को पूरा करने की कोशिश में मिलती है। यूसी रिवरसाइड में मनोविज्ञान की प्रोफेसर और 'द हाउ ऑफ हैप्पीनेस' की लेखिका सोनजा ल्यूबोमिर्स्की ने अपनी रिसर्च में पाया कि ख़ुशी हमें ज़िंदगी के हर मामले में कामयाब बनाती है, फिर चाहे वो शादी हो, दोस्ती हो, कुछ नया करना हो या फिर करियर।

2- **जीवन की धुरी और लीवर:** एकोर कहते हैं कि अपने सोचने के तरीके की धुरी बदलकर और संभावनाओं के लीवर को लंबा करके, हम असंभव को संभव बना सकते हैं। जब हम मानते हैं कि हम अपने जीवन में सकारात्मक बदलाव ला सकते हैं, तो इससे हमारी प्रेरणा और काम में प्रदर्शन बढ़ता है।

3- **टेट्रिस प्रभाव:** अभ्यास से, हम अपने दिमाग को सकारात्मक चीजों को देखने और 'ख़ुशी के फायदे' का उपयोग करने के लिए प्रशिक्षित कर सकते हैं।

4- **गिरकर सीखना:** एक बार जब हम असफलता को विकास के अवसर के रूप में देखने में सक्षम हो जाते हैं, तो हमारे विकास की संभावना बढ़ जाती है।

5- **ज़ोरो चक्र:** अपने ध्यान को छोटे, प्रबंधनीय लक्ष्यों तक सीमित रखने से आपकी शक्ति का दायरा बढ़ सकता है और आपको अपने सबसे महत्वाकांक्षी पेशेवर और व्यक्तिगत लक्ष्यों को प्राप्त करने में मदद मिल सकती है।

6- **आदतों का 20-सेकंड नियम:** इस तरह बदलाव में आने वाली बाधाओं को कम करके बुरी आदतों को अच्छी आदतों में बदला जा सकता है।

7- **सामाजिक निवेश:** काम पर चुनौतियों और तनाव के बीच, अपने आसपास के लोगों से जुड़े रहने से ज्यादा हमारी सफलता के लिए महत्वपूर्ण कुछ नहीं है।

ख़ुशी की चौखट

हम में से बहुत से लोग सोचते हैं कि हम जिस तरह पैदा होते हैं, उसी तरह से खुश रहते हैं, जैसे हमारा रंग और कद - इनमें से कुछ भी ज्यादा नहीं बदला जा सकता। हम अक्सर ऐसे लोगों से मिलते हैं जो अपनी उपलब्धियों, धन और समृद्धि के बावजूद हमेशा असंतुष्ट रहते हैं, जबकि कुछ ऐसे भी होते हैं जो बहुत मुश्किल परिस्थितियों का सामना करने के बाद भी अपनी ख़ुशी के स्तर पर वापस लौट आते हैं।

साइंस की स्टडीज़ बताती हैं कि हम पूरी तरह से गलत नहीं हैं। सोनजा हुबोमिर्स्की, जिन्होंने अपना पूरा जीवन ख़ुशी के अध्ययन में समर्पित किया है, उन्होंने बताया कि हमारी ख़ुशी का 50% हिस्सा हमारे जीन्स से तय होता है। यह एक आश्चर्यजनक संख्या है जो एक जैसे और अलग जुड़वा बच्चों पर लंबे समय तक किए गए गहन अध्ययनों पर आधारित है। ये काफ़ी हद तक हमारे शरीर के वजन के सेट पॉइंट जैसा है। कुछ लोग जन्म से ही दुबले होते हैं जबकि दूसरों को, मेरी तरह, जिंदगी भर वजन से जूझना पड़ता है।

जिन लोगों की ख़ुशी का स्तर कम होता है, उन्हें अपनी ख़ुशी बढ़ाने के लिए थोड़ा अधिक प्रयास करने की ज़रूरत होती है। वहीं, जिन लोगों की ख़ुशी का

स्तर उच्च होता है, उन्हें अपनी पिछली ख़ुशी के स्तर को फिर से हासिल करने में आसानी होती है। हालांकि, यह निष्कर्ष निकालना गलत होगा कि हम इस स्थिति के बारे में कुछ नहीं कर सकते।

सोनजा दावा करती हैं कि जीवन के हालात आश्चर्यजनक रूप से हमारी ख़ुशी का केवल 10 प्रतिशत ही निर्धारित करते हैं। हम अमीर हों या गरीब, विवाहित हों या तलाकशुदा, सुंदर हों या साधारण, ये सब हमारी ख़ुशी के स्तर को केवल 10 प्रतिशत तक ही प्रभावित करते हैं। यह जीवन की सबसे बड़ी विडंबनाओं में से एक है। हमारा अधिकांश जीवन इस पागलपन भरी दौड़ में बीत जाता है कि हम और अधिक चीजें हासिल कर लें क्योंकि हमारा यह दृढ़ विश्वास है कि अगर वस्तुएं ज्यादा होंगी तो वे हमें अपने आप ज्यादा ख़ुशी देंगी।

दुर्भाग्य से, इससे हमारी ख़ुशी बस 10 प्रतिशत ही बढ़ती है। और ऐसा इसलिए होता है, क्योंकि हमारी ज़िंदगी में एक ताकतवर चीज़ होती है जिसे हेडोनिक अडैप्टेशन कहते हैं। हम इंसान अपनी इंद्रियों या शरीर से जुड़े बदलावों के साथ तालमेल बिठाने में माहिर हैं। इसलिए नई चीज़ें, घर या दौलत हमें थोड़े समय के लिए ख़ुशी ज़रूर देते हैं, लेकिन थोड़े ही समय में हम उसके आदी हो जाते हैं और ख़ुशी खत्म हो जाती है।

याद कीजिए जब आपने नई कार, बड़ा घर या कोई महंगा फर्नीचर खरीदा था, तब कितना अच्छा लगा था? वो ख़ुशी कितने दिन रही? मैं खुद कुछ सालों से इस पर ध्यान दे रहा हूं और पाया है कि कोई भी नई चीज़ खरीदने पर ख़ुशी बस कुछ हफ्तों तक ही रहती है, कभी-कभी तो उससे भी कम। कुछ महीनों बाद तो हमें याद भी दिलाना पड़ता है कि हमने कुछ नया खरीदा था।

ये सोचना कि 'मैं खुश हूंगा जब...' या 'मैं खुश हूंगा अगर...' ज़िंदगी की सबसे बड़ी गलतफहमियों में से एक है। पैसा एक अच्छी चीज़ है और इससे ज़िंदगी आरामदायक और मज़ेदार बन सकती है। ये हमें मशहूर आर्किटेक्ट फ्रैंक लॉयड राइट की बात याद दिलाता है: 'बहुत से अमीर लोग अपनी चीज़ों के रखवाले से ज़्यादा कुछ नहीं होते।'

सोनजा अपनी किताब में बताती हैं कि चीजों को पा लेने से हम ज्यादा खुश नहीं हो पाते क्योंकि जब लोग अपना पैसों वाला लक्ष्य पूरा कर लेते हैं, तब भी उन्हें ख़ुशी नहीं मिलती। मुझे याद है कि जब मैं अपने एक दोस्त के साथ छुट्टियों पर गया था और हम दोनों ड्रिंक्स के साथ आराम कर रहे थे, तब हमने

इस बारे में बात की थी। हम दोनों ने एक ही इंस्टिट्यूट से गैस्ट्रोएंटरोलॉजी में स्पेशलाइजेशन किया था और ये बात ग्रेजुएशन के करीब पांच साल बाद हो रही थी।

ये डिग्री मिलना तो हमारा दोनों का सपना था, और अब हम कंसल्टेंट बन गए थे। कॉलेज टाइम की पॉकेट मनी के मुकाबले अब मोटी तनख्वाह मिल रही थी। लेकिन वह खुश नहीं था। वह स्ट्रेस लेवल और चीज़ें जैसी सोची थीं वैसी क्यों नहीं चल रही इसे लेकर परेशान था। मैंने उससे कहा कि अब जब हमें अपनी ड्रीम जॉब मिल गई है और हम कम से कम पांच गुना ज्यादा कमा रहे हैं, तो लॉजिकली हमारी ख़ुशी भी - अगर पांच गुना नहीं तो - कम से कम दुगनी या तिगुनी तो होनी ही चाहिए।

अगर ऐसा नहीं था, तो इसका साफ़ मतलब था कि ख़ुशी पाने का हमारा तरीका कहीं न कहीं गलत था। अगर हम इसी रास्ते पर चलते रहते, तो 15 साल बाद भी हम ज्यादा खुश नहीं होते, भले ही हमारी आमदनी कई गुना बढ़ गई होती। मैंने उस दिन फैसला किया कि मैं वही करूंगा जिससे मुझे ख़ुशी और सुकून मिलता है, न कि आंख बंद करके दूसरों की देखा-देखी करूंगा।

खुश रहने की गतिविधियां और रणनीति

अगर हमारी ख़ुशी का स्तर ज़्यादातर हमारे जीन पर निर्भर करता है, और अपनी ज़िंदगी की परिस्थितियाँ बदलने से हमारी ख़ुशी पर ज़्यादा असर नहीं पड़ता, तो क्या फिर भी ज़्यादा ख़ुशी पाना और उसे बनाए रखना मुमकिन है? सोनजा कहती हैं कि रिसर्च से कुछ अच्छी और उत्साह बढ़ाने वाली बातें पता चलती हैं, और इसका राज़ उस पाई चार्ट के बचे हुए 40 प्रतिशत हिस्से में छुपा है। वो कहती हैं कि अगर हम सच्ची ख़ुशी वाले लोगों को देखें, तो हम पाएंगे कि वो सिर्फ़ आराम से बैठे नहीं रहते, बल्कि चीज़ें करते रहते हैं। वो नई समझ और जानकारी हासिल करने की कोशिश करते हैं, नई उपलब्धियां पाने की कोशिश करते हैं, और अपने विचारों और भावनाओं पर ध्यान देते हैं। इसलिए, हमारी सोची-समझी गतिविधियां इस बात पर बहुत असर डालती हैं कि हम कितने ख़ुश हैं, हमारे जीन और ज़िंदगी की परिस्थितियों के अलावा भी।

सोनजा ने बारह ऐसे काम बताए हैं जो हमारी ख़ुशी बढ़ा सकते हैं। हालांकि कुछ तरीके जाने-पहचाने, यहां तक कि घिसे-पिटे भी लग सकते हैं, लेकिन काफ़ी सारे सबूत हैं कि ये लंबे समय तक फायदेमंद हो सकते हैं।

ये हैं:

- आभार व्यक्त करना
- आशावादी होना
- ज़रूरत से ज्यादा सोचने और दूसरों से तुलना करने से बचना
- दूसरों के लिए अच्छे काम करना
- रिश्तों को मजबूत बनाना
- मुश्किलों से निपटने के तरीके सीखना
- माफ़ करना सीखना
- अपने काम में पूरी तरह खो जाना
- जीवन की छोटी-छोटी खुशियों का आनंद लेना
- अपने लक्ष्यों के प्रति समर्पित होना
- अध्यात्म और धर्म का पालन करना
- अपने शरीर का ख़याल रखना

सोनजा का 'हेडोनिक एडाप्टेशन' का सिद्धांत मुझे काफ़ी दिलचस्प लगा, और ये बात भी कि शोहरत और पैसा हमेशा ख़ुशी की कुंजी नहीं होते। मैंने देखा है कि कई मशहूर हस्तियों की जिंदगी में भी ऐसा ही होता है।

बॉलीवुड की बड़ी स्टार दीपिका पादुकोण अपने डिप्रेशन के बारे में खुल के बात करती हैं। ये दिखाता है कि ख़ुशी, शोहरत और कामयाबी में कितना फ़र्क है। 2013 में वो टॉप पर थीं, एक के बाद एक चार हिट फिल्में दीं और ढेर सारे अवॉर्ड जीते। उनकी फिल्म, हैप्पी न्यू ईयर, 2014 की सबसे ज्यादा कमाई करने वाली फिल्मों में से एक थी, फिर भी वो अंदर ही अंदर डिप्रेशन से जूझ रही थीं।

उन्होंने अपने इस बुरे दौर के बारे में बताया कि हर दिन उठना ही उनके

लिए मुश्किल था। वो खाली-खाली और उदास रहती थीं और अक्सर अकेले में रोती थीं। जब उन्होंने अपनी मां को अपने दिल की बात बताई, तब उनकी मां ने उन्हें डॉक्टर से मिलने को कहा। दीपिका के लिए, मदद मांगना सबसे सही फैसला था, क्योंकि इससे उन्हें उस बुरे वक्त से बाहर आने में मदद मिली। उनके हिसाब से, लोग समझ ही नहीं पाते थे कि वो दुखी कैसे हो सकती हैं, और पूछते थे, 'यार, तुम उदास कैसे हो सकती हो? तुम्हारे पास तो सब कुछ है।'

दीपिका की कहानी से पता चलता है कि हम ख़ुशी को पैसों, शोहरत और कामयाबी से गलत जोड़ लेते हैं। हमें लगता है कि बड़े सेलेब्स दुखी कैसे हो सकते हैं, उनके पास तो सब कुछ है। लेकिन जब हम देखते हैं कि कितने सेलेब्स ने जान दे दी या मदद मांगी, तो समझ आता है कि ये ख़ुशी कितनी झूठी है।

फिर भी, हम इसी चक्कर में जीते हैं और बच्चों को भी यही सिखाते हैं कि बस पैसा, शोहरत और कामयाबी के पीछे भागो। मेरा स्कूल का एक दोस्त, जो बहुत तेज था, बचपन से ही एक बड़े इंजीनियरिंग एग्जाम को क्रैक करने के सपने देखता था। जब उसने टॉप 100 में रैंक हासिल की, तो उसकी ख़ुशी का ठिकाना नहीं था।

लेकिन कुछ महीनों बाद उसने मुझे बताया कि कॉलेज जाने के बाद वो डिप्रेशन में चला गया क्योंकि हकीकत उसकी उम्मीदों से बहुत अलग थी। वो इतना दुखी हो गया कि वह जिंदगी, कामयाबी और ख़ुशी का मतलब ढूंढने कुछ समय के लिए हिमालय चला गया। उसने ये समझा कि हमें अपने बच्चों को ख़ुशी और जुनून को सबसे ज़रूरी चीज बनाना सिखाना चाहिए, न कि सिर्फ परीक्षा पास करना या डिग्रियां हासिल करना।

वेल-बीईंग और हैप्पीनेस का 'पर्मा मॉडल'

अब हम जानेंगे कि रिसर्च में कौन से मॉडल्स ख़ुशी के लिए अच्छे माने गए हैं। पॉज़िटिव साइकोलॉजी के जनक मार्टिन सेलिगमैन ने वेल-बीईंग और हैप्पीनेस की अपनी थ्योरी बनाने में पांच चीज़ों को चुना। ये वो चीज़ें हैं जिनको लोग अपने अंदर से मोटिवेट होकर पाना चाहते हैं और ये उनकी वेल-बीईंग के लिए ज़रूरी हैं। इनको पाने के पीछे कोई और मकसद नहीं

होता, और इनको अलग से समझा और मापा जा सकता है।

PERMA मॉडल के ये पांच बिंदु हैं:

1. **सकारात्मक भावनाएं** (Positive emotions): यह सिर्फ 'ख़ुशी' से कहीं ज्यादा है, इसमें आशा, रुचि, आनंद, प्यार, विस्मय, और करुणा शामिल हैं। ये बताते हैं कि हम कितने खुश हैं और इन्हें और बढ़ाकर हम अपनी खुशहाली बढ़ा सकते हैं।

2. **जुड़ाव** (Engagement): यह किसी काम में इतना खो जाना है कि जैसे चिकसेन्टमिहायली (Csikszentmihalyi) ने कहा था, 'संगीत के साथ एक हो जाना'। यह सिर्फ 'खुश रहने' से कहीं बेहतर है; असली ख़ुशी तो किसी काम में पूरी तरह खो जाने से मिलती है।

3. **रिश्ते** (Relationships): अच्छे और मजबूत रिश्ते हमें बहुत ख़ुशी देते हैं। रिसर्च बताती है कि अच्छे रिश्ते, किसी भी और चीज़ से ज्यादा, हमें लंबी उम्र देते हैं।

4. **अर्थ** (Meaning): यह है ज़िंदगी में कुछ मकसद ढूंढना और अपनी क़ीमत समझना। ज़िंदगी में एक मकसद होने से बड़ी मुश्किलों का सामना करने में मदद मिलती है।

5. **उपलब्धि** (Accomplishment): इसे सफलता या महारत भी कह सकते हैं। जब हम अपने लक्ष्य पूरे करते हैं, किसी चीज़ में माहिर होते हैं, या जो ठाना है उसे पूरा करने की लगन रखते हैं, तो हमें उपलब्धि का एहसास होता है।

ख़ुशी में सकारात्मक भावनाओं की भूमिका

आठवें अध्याय में, हमने जीवन में सकारात्मक भावनाओं के महत्व और प्रसिद्ध वैज्ञानिक बारबरा फ्रेड्रिकसन द्वारा विस्मय और आश्चर्य के क्षेत्र में किए गए शोध पर चर्चा की थी। उनकी 'ब्रॉडेन एंड बिल्ड' थ्योरी सकारात्मकता के 10 रूपों - ख़ुशी, कृतज्ञता, शांति, रुचि, आशा, गर्व, मनोरंजन, प्रेरणा, विस्मय और प्यार पर केंद्रित है।

सकारात्मक भावनाएं हमारे दृष्टिकोण को खोलती और उसका विस्तार करती हैं, जिससे संभावनाएँ सामने आती हैं। सकारात्मकता हमारे दिमाग को व्यापक बनाती है और हमारे दृष्टिकोण का विस्तार करती है, जिससे 'ब्रॉडेन प्रभाव' होता है। जब तेजी से रचनात्मक समाधानों की आवश्यकता होती है तो यह विशेष रूप से एक अच्छा निवेश है। सकारात्मकता विपरीत परिस्थितियों से निपटने, समाधान हासिल करने में मदद करती है और एक अपवर्ड स्पाइरल को ट्रिगर करती है जिससे विकास और परस्पर जुड़ाव होता है।

खुशहाल जीवन के चार स्तंभ

एक मशहूर न्यूरोसाइंटिस्ट और साइकोलॉजिस्ट रिचर्ड डेविडसन ने अच्छी ज़िंदगी जीने के लिए चार चीज़ों को ज़रूरी बताया है:

1. **अवेयरनेस यानी जागरूकता**: ध्यान और माइंडफुलनेस जैसी चीज़ों से इसे बढ़ाया जा सकता है, और ये अच्छी ज़िंदगी के लिए बहुत ज़रूरी है।

2. **कनेक्शन यानी जुड़ाव**: दूसरों के लिए करुणा और उदारता अच्छी ज़िंदगी के लिए ज़रूरी औज़ार हैं।

3. **इनसाइट यानी समझ**: अपने मन की कहानियों को समझने से आप उसके बंधनों से मुक्त हो सकते हैं।

4. **परपज़ यानी उद्देश्य**: ज़िंदगी में एक मकसद और अर्थ ढूंढना भी अच्छी ज़िंदगी के लिए ज़रूरी है।

खुशियों की प्रैक्टिस: अच्छी बातों को सेलिब्रेट करना

ख़ुशी बढ़ाने के कई तरीकों में से, मुझे 'सेवरिंग' और 'अच्छी चीजों को अपनाना' बहुत पसंद है। यह तरीका मेरे लिए बहुत काम आया है, और साइंस भी इसकी पुष्टि करता है। सेवरिंग का मतलब है, किसी अच्छे पल को और भी बढ़ा देना, उस एहसास को ज़्यादा देर तक जीना।

रोज़मर्रा की छोटी-छोटी अच्छी चीजों को सेलिब्रेट करने से हमारी ख़ुशी

बढ़ती है। 'अच्छे एक्सपीरियंस को अपनाने' का मतलब है, अच्छे पलों में पूरी तरह खो जाना। इससे हमारे दिमाग में नए न्यूरॉन्स बनते हैं, और हम और भी बेहतर बनते हैं।

न्यूरोसाइकोलॉजिस्ट रिक हैनसन ने इस बारे में बहुत रिसर्च की है। उनका कहना है कि हमारा दिमाग बुरी चीजों को आसानी से याद रख लेता है, लेकिन अच्छी चीजों को भूल जाता है। हम इस आदत को बदल सकते हैं, हर दिन की अच्छी चीजों पर ध्यान देकर, उन्हें यूं ही जाने न देकर।

हमारा असली स्वभाव है ख़ुशी

रुपर्ट स्पाइरा की किताब 'यू आर द हैप्पीनेस यू सीक' पढ़ के, ख़ुशी, आनंद और शांति के बारे में मेरी जो भी शंकाएं थीं, वो दूर हो गईं। रुपर्ट बताते हैं कि सदियों से इंसान ख़ुशी की तलाश में लगा है। वो साफ कहते हैं कि ख़ुशी किसी चीज़ में नहीं मिलती, ख़ुशी और आनंद तो हमारे अंदर ही हैं। जैसे, किसी को नई कार चाहिए, वो मिल जाए तो ख़ुशी से झूम उठता है। किसी को पैसों की चाह है, लॉटरी जीत जाए तो ख़ुशी का ठिकाना नहीं रहता। किसी को प्यार चाहिए, सच्चा साथी मिल जाए तो वो ख़ुशी से भर जाता है।

हर मामले में चीज़ अलग है, पर ख़ुशी एक जैसी है। इससे पता चलता है कि ख़ुशी के अनुभवों में कुछ तो कॉमन है। ख़ुशी की वजह चाहे जो भी हो, ख़ुशी का एहसास सबके लिए एक जैसा ही होता है। रुपर्ट आगे समझाते हैं कि जब मन की बेचैनी शांत हो जाती है, तो ख़ुशी अपने आप उभर आती है। मन शांत होने पर हमारा असली रूप ख़ुशी, आनंद और शांति के रूप में चमकने लगता है। यानी ख़ुशी बाहर की चीज़ों में नहीं, बल्कि हमारे अंदर ही है। हमारे असली रूप को कई नाम दिए गए हैं, जैसे कि अस्तित्व, जागरूकता, आत्मा, या चेतना।

अगर ख़ुशी पैसों, नौकरी, या रिश्तों जैसी चीज़ों में होती, तो ये चीज़ें सबको एक जैसी ख़ुशी देतीं, जो कि होता नहीं है। रुपर्ट कहते हैं कि चीज़ें मिलने पर हमें ख़ुशी इसलिए मिलती है क्योंकि इससे हमारा असली रूप, जो कि ख़ुशी ही है, बाहर आ पाता है। तो फिर क्यों न हम अपने असली रूप को ही अपना लक्ष्य बना लें? ख़ुशी पाने का एक ही रास्ता नहीं है, पर रुपर्ट हमें सीधे ख़ुशी के केंद्र में ले जाते हैं। वो कहते हैं कि ख़ुशी के आसपास घूमने की बजाय,

सीधे उसके स्रोत तक पहुंचो।

ख़ुशी वर्तमान क्षण में है

अक्सर हम भविष्य में इतने खो जाते हैं कि वर्तमान पल को भूल ही जाते हैं। अगली नौकरी, आने वाली छुट्टियाँ, या एक नया रिश्ता, हमेशा हमारा ध्यान दूर के भविष्य पर होता है। हमें लगता है कि लक्ष्य मिलते ही हम सच में खुश हो जाएंगे। एकहार्ट टोले के अनुसार, ख़ुशी का राज़ वर्तमान में खो जाना है, जो हो रहा है उसे 'हाँ' कहना है। जब भी हम दुख या तनाव में होते हैं, तो इसका मतलब है कि हम वर्तमान से जुड़े नहीं हैं और अभी से भागने की कोशिश कर रहे हैं। हम यह कहकर खुद को सही ठहरा सकते हैं कि अक्सर वर्तमान पल तनावपूर्ण या उबाऊ या कभी-कभी असहनीय भी होता है, तो वर्तमान में रहना कैसे संभव है?

एकहार्ट कहते हैं कि हमें वर्तमान क्षण की सामग्री और वर्तमान क्षण के बीच अंतर करना चाहिए, जो रूप से भी गहरा है। सामग्री हमेशा बदलती रहती है और अस्थायी होती है, एक पल असहनीय होता है, और अगला पल सुखद होता है। सामग्री हमारे विचारों, विश्वासों और पूर्वकल्पित धारणाओं से प्रभावित होती है कि हम अपने क्षणों को कैसा देखना चाहते हैं। हालाँकि, इस क्षण की सच्चाई को स्वीकार करके, हम इस क्षण को वैसा ही रहने देते हैं जैसा वह है। कोई संघर्ष या प्रतिरोध नहीं करते। जब हम विरोध करना बंद कर देते हैं, तो हम शांति और विशालता का अनुभव करते हैं, जो काफ़ी आनंददायक और शांतिपूर्ण होता है। हम सतर्क उपस्थिति के एक आयाम से जुड़ते हैं, जो शांतिपूर्ण और विशाल, स्थिर और सतर्क है। एकहार्ट कहते हैं कि यही असली ख़ुशी है। वह ख़ुशी नहीं जो बाहरी परिस्थितियों की दया पर है बल्कि वह ख़ुशी जो हमें कभी नहीं छोड़ सकती, क्योंकि यह हमारा सार, हमारा असली स्वभाव है।

बिना किसी वजह के ख़ुशी

आध्यात्मिक शिक्षक और लेखक तारा ब्रेक 'ख़ुशी' के बारे में बात करते

कहती हैं कि ज्यादातर लोगों के लिए ख़ुशी दो तरह की होती है। एक तो वह जो हमें कुछ चीज़ें पाने से मिलती है, इसे वो "किसी कारण से ख़ुशी" कहती हैं। दूसरी ख़ुशी वह जो बिना किसी कारण के होती है। तारा का मानना है कि हममें से बहुत से लोग सोचते हैं कि हमारी ख़ुशी कुछ शर्तों पर निर्भर करती है जो शायद अभी पूरी नहीं हुई हैं, और इसीलिए हम खुश नहीं हैं।

इस वजह से हम ख़ुशी को टाल देते हैं, यह सोचकर कि 'अगर' यह इंसान बदल जाता या वह चीज़ मिल जाती तो हम सच में खुश हो जाएंगे। या फिर हमें लगता है कि चीजें 'ऐसी होनी चाहिए थीं' या 'ऐसी नहीं होनी चाहिए थीं'। हमारी ज़िंदगी 'अगर' और 'होनी चाहिए थी' के बीच अटकी रहती है। तारा बताती हैं कि जब हम अपने अंदर से जुड़े होते हैं, तो हमें खुश होने के लिए किसी खास वजह की ज़रूरत नहीं होती। इस हालत में, जब तक हम दिल खोल के चीजों को अपनाते हैं, छोटी-छोटी चीजें भी हमें ख़ुशी दे सकती हैं। वो कहती हैं कि जब हम ज़िंदादिल और खुश महसूस करते हैं, तो उन पलों के बारे में जानने की कोशिश करो और देखो कि हमारी ख़ुशी की वजह हमारा मौजूद होना और हमारा अस्तित्व है, न कि कोई चीज़ या हालात।

"द एंड ऑफ सेल्फ-हेल्प" की लेखिका गेल ब्रेनर बताती हैं कि यह बात हमारे दिमाग में बैठी हुई है कि ख़ुशी भविष्य में कहीं दूर है और हमें उसे पाने के लिए संघर्ष करना होगा। लेकिन सच तो यह है कि जिस सुकून और ख़ुशी की हम तलाश करते हैं, वो इसी पल में मौजूद है। जब हमें एहसास होता है कि इसी पल में ख़ुशी की अपार संभावनाएं हैं, तो ये हमारी सोच में एक बड़ा बदलाव ला सकता है।

ऐसी चीज़ें जो मुझे सच्ची ख़ुशी देती हैं

ये कुछ चीज़ें हैं जो मैंने खुद करके देखी हैं और मुझे लगता है कि ये सच्ची ख़ुशी की तरफ ले जाती हैं।

1. **हां कहना/स्वीकारना:** अगर मुझे ज़िंदगी में सबसे ज़रूरी बात चुननी हो, तो वो है 'स्वीकार' करना और 'हां' कहना। ये कोई ज़बरदस्ती की सकारात्मकता नहीं है, बल्कि जो हो रहा है उसे शांति से मान लेना है। भले ही चीज़ें वैसी ना हों जैसी मैं चाहता हूं, पर मुझे उन्हें स्वीकार करना होगा।

मुश्किल वक़्त में जब चीज़ें मेरी मर्ज़ी से नहीं चल रही होतीं, मैं खुद से कहता हूँ 'हां कहो', और इससे मुझे घटित हो रही चीज़ों के आगे सरेंडर करने, उन्हें स्वीकार करने में मदद मिलती है। ये ज़िंदगी के बहाव और उसकी समझ पर भरोसा है, एक यक़ीन कि ज़िंदगी हमेशा मेरे लिए सबसे अच्छा चाहती है और मुझे उसके साथ बहना है।

2. **खुली जगह**: ख़ुशी के लिए मेरे लिए एक खुली जगह का होना बहुत ज़रूरी है। मैंने देखा है कि मेरी सोच और भावनाओं के बीच में भी एक जगह बन गई है, जिसका श्रेय मैं ध्यान, मन लगाकर काम करने और चुपचाप बैठने को देता हूं। अब मैं पहले जैसे हर बात पर रिएक्ट करने की बजाय ज़्यादातर सोच समझकर जवाब देता हूं। मुझे ये भी समझ आया है कि मेरा असली रूप, मेरा वजूद और ये जो जागरूकता है, ये सब एक ही हैं, अलग-अलग नहीं।

3. **उपस्थिति**: कभी-कभी जब मैं अपने आस-पास क्या हो रहा है उससे कट जाता हूं, तो मुझे बड़ा दुख होता है। यह तब हो सकता है जब मैं सपनों में खो जाता हूं, टेंशन में आ जाता हूं, या जो हो रहा है उसे स्वीकार नहीं करता और सोचता हूं कि यह काफ़ी नहीं है। कई सालों से, मेरे लिए एक काम की बात यह रही है कि मैं खुद से पूछूं, 'क्या मैं इस पल को नकार रहा हूं?' और अगर मैं अभी से जुड़ा हुआ नहीं हूं, तो यह सवाल मुझे धीरे से वापस ले आता है।

4. **जुड़ाव (फ़्लो)**: मेरे हिसाब से, ख़ुशी में एक बहुत ज़रूरी बात है - फ्लो। जब हम किसी काम में पूरी तरह डूबे होते हैं, तो हमें बहुत मज़ा और ख़ुशी मिलती है। ये काम कुछ भी हो सकता है - काम करना, पढ़ना, ध्यान सिखाना, या डांस करना। काम बदलता रहता है, लेकिन ख़ुशी हमेशा मिलती है। हम सब जान सकते हैं कि कौन सी चीज़ हमें फ्लो में ले जाती है, और फिर उस चीज़ को अपनी ज़िंदगी में ज़्यादा जगह देने की कोशिश कर सकते हैं।

5. **सकारात्मक भावनाएं**: सकारात्मक भावनाओं को बढ़ावा देना हमारी रोजमर्रा की ख़ुशी के लिए बहुत ज़रूरी है। विस्मय, करुणा और कृतज्ञता जैसे एहसास ज़िंदगी को खुशनुमा और प्रेरणादायक बनाते हैं। हम जितना ज़्यादा विस्मय और कृतज्ञता को महसूस करेंगे, उतने ही ज़्यादा कारण हमें शुक्रगुज़ार होने के मिलेंगे।

6. **आदतें**: इतने सालों में मैंने देखा है कि कुछ खास आदतें अपनाने से जिंदगी में ख़ुशी और संतुष्टि मिलती है। चाहे वो ध्यान लगाने की आदत हो,

मन को शांत रखने की या फिर अच्छे विचारों को अपनाने की, इन सबका मेरे जीवन पर गहरा असर पड़ता है।

तो अंत में यही कहूंगा, ख़ुशी पाने के लिए ज़रूरी है कि हम ज़िंदगी के साज़ों के बजाय, ज़िंदगी के संगीत से खुद को जोड़ें। जो है उससे प्यार करें और इस पल को अपनाएं, तभी ज़िंदगी का संगीत हमारे अंदर ख़ुशी और आनंद भर पाएगा।

अभ्यास

- उन चीज़ों की एक सूची बनाएं जिनसे आपको ख़ुशी मिलती है और सोचें कि आप उन पर कितना समय बिता रहे हैं।
- किसी छुट्टी के बारे में सोचें और उस खूबसूरत नज़ारे को देखने के रोमांच और आनंद को याद करें। क्या यह ख़ुशी और आनंद नज़ारे (वस्तु) में है या यह मन की गतिविधि थोड़ी शांत होने पर भीतर से आती है, इस पर विचार करें।
- आखिरी बार जब आपने कुछ नया खरीदा था, उसके बारे में सोचें और ध्यान दें कि वह ख़ुशी कितने समय तक रही। अगली बार जब आप कोई नई चीज़ खरीदें, जैसे कि कार या फ़र्नीचर, तो इस बात पर ध्यान दें कि यह नयापन कितने समय तक रहता है।
- हर दिन तीन चीज़ों की एक सूची बनाएं जिनके लिए आप आभारी हैं। अपने जीवन में बड़ी ख़ुशी और सफलता के क्षणों के बारे में सोचें, जैसे कि कॉलेज में प्रवेश मिलना या मनचाही नौकरी मिलना। उन्हें पाने की अपनी तीव्र इच्छा को भी याद करें। क्या ख़ुशी आपकी इच्छा के कम होने के कारण है, जो बेचैनी का एक स्रोत थी, या जो आप चाहते थे उसे प्राप्त करने के बारे में है, इस पर विचार करें। जब आप इस बारे में सोचें तो शांत रहें; इस पर विचार करने के लिए कुछ समय निकालें।
- क्या आप सफलता को ख़ुशी के समान मानते हैं? क्या आपको लगता है कि सफलता अपने आप ख़ुशी लेकर आती है? अपने विचारों पर गौर करें।
- आपको क्या लगता है कि पैसा ख़ुशी से कैसे जुड़ा है? क्या हमेशा एक समानुपातिक वृद्धि होती है, या क्या आप पाते हैं कि एक समय

के बाद पैसे की, ख़ुशी पैदा करने की क्षमता कम हो जाती है?

- क्या आप अक्सर अपने जीवनसाथी, दोस्तों के साथ ख़ुशी के बारे में बात करते हैं? क्या आप ख़ुशी पर किताबें पढ़ते हैं या बातें सुनते हैं? आप अपने विचारों को लिखने का अभ्यास शुरू कर सकते हैं।
- क्या आप आश्वस्त हैं कि ख़ुशी एक बाहरी काम है, या क्या आप मानते हैं कि यह भीतर से आती है?
- जो चीज़ आपको आनंद देती है, जैसे कि खाना, कोई दृश्य, या किसी प्रियजन के साथ अच्छी बातचीत, उसका आनंद लेने का अभ्यास शुरू करें।
- जान बूझकर अच्छाई को अपनाने का अभ्यास करें। आप जिन कार्यों से अच्छा अनुभव करते हैं उसे बढ़ाएं, जैसे कि प्रशंसा या कोई हावभाव। इसे आत्मसात करें और इसे अपनी सामान्य आदत में बनाए रखें।
- जब आप खुश हों तो शांति की पृष्ठभूमि पर ध्यान दें। इस बात से अवगत रहें कि शांति की पृष्ठभूमि हमेशा मौजूद रहती है।
- सकारात्मक भावनाओं के प्रभाव पर ध्यान दें। जब आप विस्मय, आनंद या आशा का अनुभव करते हैं तो आपको कैसा लगता है? क्या आप फूले नहीं समाते या संकुचित महसूस करते हैं? क्या आपकी दृष्टि संकीर्ण हो जाती है या उसका दायरा बढ़ जाता है?
- आप अपने जीवन में और अधिक सकारात्मक भावनाओं का विकास कैसे कर सकते हैं?
- माइंडफुलनेस का अभ्यास करें और हर दिन पांच मिनट मौन में बिताएं।
- अपने आप से पूछें कि आपकी ख़ुशी के रास्ते में क्या बाधा आ रही है?
- चुनौतियों का सामना करते समय, धीरे से खुद से कहें, 'हां कहो'। बिना किसी प्रतिरोध के जो हो रहा है उसे स्वीकार करें।
- एक क्षण के लिए अपने भीतर देखें और आकलन करें कि क्या आप खुश और शांत हैं। क्या इस समय कुछ कमी है? यह आपके जीवन में सुविधाओं के होने या न होने के बारे में नहीं, बल्कि जीवन के बारे में ही है। क्या आप अपने जीवन की कहानियों के प्रभाव में आए बिना अभी खुश रह सकते हैं?

11.

दया और आत्म-करुणा की राह

लोग दिखावे के भूखे नहीं हैं, वे अपनेपन की तलाश में हैं। अगर तुम प्यार, चरित्र, रचनात्मकता और आत्मा से भरी एक जगह बनाओ, तो लोग अपने जूते उतारकर कृतज्ञता से वहीं बैठ जाएंगे, फिर चाहे जगह छोटी हो, अधूरी हो या थोड़ी अजीब ही क्यों न हो।

— शॉना नीक्विस्ट

एक ट्रेन सीधे स्टेशन में घुस गई, जिससे सैकड़ों लोग घायल हो गए, यहां तक कि ट्रेन का ड्राइवर भी बुरी तरह जख्मी हो गया। इसी भगदड़ में, एक औरत स्टेशन के मलबे के नीचे दब गई। मलबे में दबी महिला की जान बच पाना मुश्किल लग रहा था। मगर तभी घटनास्थल पर मौजूद कुछ लोगों ने मिलकर एक मानव श्रृंखला बनाई और महिला की जान बचा ली। किसी तरह से जान बची तो वह महिला कृतज्ञता के भाव से भर गई। उसे अपने मददगारों की पहचान नहीं थी, इसलिए उसने उस दिन वहां मौजूद सभी लोगों की एक लिस्ट बना ली। उसने एक-एक करके उन सभी लोगों से पूछा कि क्या उन्होंने उसकी मदद की, लेकिन सबने मना कर दिया। फिर भी वह उनका शुक्रिया अदा करना चाहती थी। उसने उन सब लोगों की छोटी-मोटी मदद करनी शुरू कर दी, जैसे किसी का सामान उठाना या किसी बुज़ुर्ग की सहायता करना। नेकी का ये सिलसिला हफ्तों तक चलता रहा। आखिर में, उसे समझ आया कि अपने असली मददगारों को न जानने की वजह से ही वो अपने आस-पास के सभी लोगों की मदद कर पाई - मानो ये कृतज्ञता और दयालुता का एक खूबसूरत खेल था।

ये लाइनें मार्क नेपो की किताब "थिंग्स दैट जॉइन द सी एंड द स्काई: फील्ड नोट्स ऑन लिविंग" से हैं। आज के मुश्किल दौर में, इनसे एक बड़ा

और दिल को छू लेने वाला पैगाम मिलता है। ज़िंदगी के सफ़र में, हमें बहुत से लोगों ने अलग-अलग तरीकों से मदद का हाथ बढ़ाया है, जिसका कर्ज़ चुका पाना शायद मुश्किल है। लेकिन 'द सिमिट्री ऑफ काइंडनेस' से सीख ये मिलती है कि जब भी कोई ज़रूरत में दिखे, उसकी मदद करना और उसके साथ हमदर्दी दिखाना हमारा फ़र्ज बन जाता है। यही नेकी के उस सिलसिले की शुरुआत है, जो कभी खत्म नहीं होता।

ठीक यही मिशन है ऑर्ली वाहबा का, जो 'लाइफ़ वेस्ट इनसाइड' नाम के एक गैर-लाभकारी संस्थान की संस्थापक और 'काइंडनेस बूमरैंग' की लेखिका हैं। वाहबा के मुताबिक, हमारा लाइफ़ वेस्ट, यानी मुश्किलों से लड़ने और उन्हें पार करने की हमारी ताकत, हमारे अंदर ही होती है। हम दूसरों पर जो दया करते हैं और जो दया हमें मिलती है, उसी से हम ज़िंदगी के तूफानी समंदर में एक दूसरे का सहारा बनते हैं और डूबने से बचते हैं।

वो बताती हैं कि भले ही हम ज़िंदगी की मुश्किलों और चुनौतियों को आने से नहीं रोक सकते, पर हम किसी की मदद ज़रूर कर सकते हैं, नेकी का हाथ बढ़ा सकते हैं। वो कहती हैं कि 'लाइफ़ वेस्ट इनसाइड' की सीईओ बनने के बाद उन्होंने सबसे पहले जो काम किया वो था 'काइंडनेस बूमरैंग' वीडियो बनाना, जो दिखाता है कि कैसे एक नेक काम दूसरे को प्रेरित करता है और आखिर में वो अच्छाई हमारे पास ही लौट आती है।

जब मैंने 'वन डे' गाने के साथ वो खूबसूरत वीडियो देखा, मेरी आंखों में आंसू आ गए। और फिर पूरा दिन, मैं बस दूसरों के लिए कुछ अच्छा करने के मौके ढूंढता रहा। यकीन मानिए, अच्छाई किसी की जान भी बचा सकती है।

कुछ समय पहले मैंने दिल छू लेने वाली एक कहानी पढ़ी। एक बेरोजगार नौजवान अपनी जिंदगी से इस कदर निराश हो चुका था कि उसने आत्महत्या करने का फैसला कर लिया। लेकिन आखिरी वक्त पर एक अनजान व्यक्ति ने उससे इतनी प्यार से और हौसला बढ़ाते हुए बात की कि उसका इरादा बदल गया। उसे लगा कि दुनिया में अभी भी कुछ उम्मीद बाकी है और उसने थोड़ा और जीने का फैसला किया। अगले ही दिन उसे एक नौकरी के लिए नियुक्ति पत्र मिला, जिसके लिए उसने कई महीने पहले आवेदन किया था, लेकिन अब तक कोई जवाब नहीं मिला था तो उसने उम्मीद छोड़ दी थी। यहीं से उसकी एक नई जिंदगी की शुरुआत हुई, एक ऐसी जिंदगी जहां भविष्य के लिए उम्मीदें और संभावनाएं थीं।

जब वह थोड़ा संभला, तो उसने उस अजनबी को हर जगह ढूंढा जिसने

सिर्फ एक हमदर्दी भरे शब्द से उसकी जान बचाई थी, पर वह उसे कहीं नहीं मिला। ज़रूर, उसने भी दूसरों की मदद की होगी जो मुसीबत में थे।

द रैबिट इफ़ेक्ट

डॉ. केली हार्डिंग, एक मेडिकल साइकैट्रिस्ट हैं जो मानती हैं कि ज़्यादा खुशहाल और सेहतमंद ज़िंदगी जीने के लिए दयालुता और एक-दूसरे से जुड़ाव बहुत ज़रूरी है। उनकी किताब, "द रैबिट इफ़ेक्ट", में बताया गया है कि लंबी उम्र, ख़ुशी और अच्छी सेहत का कनेक्शन दयालुता के नए-नए वैज्ञानिक पहलुओं से कैसे जुड़ा है।

डॉ. हार्डिंग को 1978 का एक मज़ेदार अध्ययन मिला, जिसमें डॉ. रॉबर्ट नेरेम और उनकी टीम ने खरगोशों पर अलग-अलग तरह के आहार के प्रभाव की जांच की थी। उनमें से खरगोशों के एक समूह को प्यार और दुलार भी दिया गया। इस अध्ययन में चौंकाने वाले नतीजे आए। जिन खरगोश को प्यार दुलार मिला वे बाकियों से ज़्यादा तंदुरुस्त निकले!

इस अध्ययन के नतीजों ने डॉ. केली को बहुत उत्सुक कर दिया, और उन्होंने दयालुता और सामाजिक संबंधों का सेहत पर क्या असर होता है, इस पर और गहराई से सोचना शुरू कर दिया। उन्हें यह जानकर बड़ी ख़ुशी हुई कि पुख्ता आंकड़ों से यह पता चला कि खान-पान, व्यायाम, नींद, और दवाओं के अलावा, रिश्ते भी हमारी सेहत में बहुत बड़ा योगदान देते हैं। डॉ. केली की पूरी ज़िंदगी और उनका काम इसी सवाल के इर्द-गिर्द घूमता रहा: 'हम दवाइयों के चक्कर में क्या चीज़ मिस कर रहे हैं?' 'क्या एक-दूसरे से हमारा बर्ताव हमारी सेहत को प्रभावित करता है?'

वो कहती हैं कि भले ही नई टेक्नोलॉजी पर पैसा लगाना ज़रूरी है, लेकिन गले लगना, यार-दोस्तों से बातें करना, अनजान लोगों को देखकर मुस्करा देना, ये छोटी-छोटी चीज़ें भी बहुत काम की हैं। नई रिसर्च भी यही बताती है कि प्यार-मोहब्बत, दोस्ती-यारियां, समाज, ज़िंदगी का मक़सद और आस-पास का माहौल, डॉक्टर के पास जाने के मुकाबले आपकी सेहत कहीं ज़्यादा दुरुस्त करते हैं।

मेडिकल के हिसाब से, डॉ. केली की बात मुझे बिल्कुल जंच रही है। अक्सर देखा है, मरीज़ कभी उम्मीद से ज़्यादा जल्दी ठीक हो जाते हैं, तो कभी छोटी

सी बीमारी भी उन पर भारी पड़ जाती है। इम्यूनिटी, सोच, और आस-पास के लोगों का साथ, ये सब सेहत पर गहरा असर डालते हैं।

मैं इसकी गिनती नहीं कर सकता कि कितनी बार मरीज़ों ने कहा है कि मेरी एक हल्की सी मुस्कान या दो मीठे बोल उन पर दवाइयों से भी ज़्यादा काम कर जाते हैं। पहले मैं इन बातों को ऐसे ही हंस के टाल देता था, पर अब नहीं। यह बिल्कुल सच है कि डॉक्टर का मरीज़ से कैसा व्यवहार है, यह मरीज की सेहत पर बहुत गहरा असर डालता है।

द काइंडनेस टेस्ट प्रोजेक्ट

दयालुता को पहले सिर्फ एक नेक गुण माना जाता था, जिसका कोई खास व्यावहारिक महत्व नहीं था। लेकिन अब इस पर बहुत रिसर्च हो रही है, और लोग इसके बारे में जानने के लिए उत्सुक हैं। 2021 में, ससेक्स सेंटर फॉर रिसर्च ऑन काइंडनेस के रिसर्चरों ने 60,000 लोगों पर अध्ययन किया। इसका मकसद था, दयालुता और सेहत के बीच के रिश्ते को समझना। इस प्रोजेक्ट में एक सर्वे किया गया, जिसमें ये जानने की कोशिश की गई कि लोग दयालुता को कैसे देखते हैं। इसमें कुछ ऐसे सवाल पूछे गए थे:

- लोग अक्सर दयालुता के कौन से काम करते हैं?
- लोगों को सबसे ज्यादा दयालुता कहां देखने को मिलती है?
- दयालु व्यवहार करने में क्या रुकावटें आती हैं?
- कार्यस्थल पर दयालुता को कितना महत्व दिया जाता है?
- लोगों को और अधिक दयालु होने से क्या रोकता है?

इस अध्ययन के नतीजे मार्च 2022 में 'द एनाटॉमी ऑफ काइंडनेस' रेडियो प्रोग्राम पर आए। इससे पता चला कि दयालुता और खुशहाली के बीच एक सीधा-सा संबंध है। जो लोग दूसरों पर दया करते हैं, खुद भी दया पाते हैं या दूसरों की दया देखकर खुश होते हैं, वो ज़िंदगी में ज़्यादा संतुष्ट रहते हैं। घर हो, हॉस्पिटल हो, दफ्तर हो या फिर दुकान, इन जगहों पर अक्सर लोग एक-

दूसरे की मदद करते नज़र आ जाते हैं। पर हां, कई बार लोग दया दिखाने से हिचकिचाते भी हैं। शायद उन्हें लगता है कि सामने वाला गलत मतलब निकाल लेगा (65.9%), या फिर उनके पास टाइम ही नहीं है (57.5%), या फिर वो दया को कमज़ोरी समझते हैं (27.5%)। लेकिन एक अच्छी बात ये भी पता चली कि अगर आप किसी से मदद मांगेंगे, तो ज़्यादा चांस है कि अगला आपकी मदद करेगा।

इस बड़ी रिसर्च ने साबित कर दिया है हम जितना सोचते हैं, लोग उससे कहीं ज्यादा अच्छे होते हैं। ये बात तो बहुत से लोग पहले से ही मानते थे, लेकिन अब इसके पीछे साइंस भी है। कोरोना टाइम में भी हमने देखा कि लोग एक-दूसरे की कितनी मदद करते हैं। इससे साबित होता है कि अच्छाई की ताकत बहुत बड़ी है।

पैदाइशी तौर पर हम होते हैं दयालु

छोटे बच्चों, जानवरों और हमारी खुद की जिंदगी पर हुए अध्ययनों को देखकर साफ पता चलता है कि हम सबके अंदर बचपन से ही दया और प्यार कूट-कूट के भरा होता है। ये कोई बनावटी चीज़ नहीं है। बस जिंदगी के थपेड़े और दुनियादारी की चादर हमें अपनी असली नेकदिली से दूर कर देती है। लेकिन नेक काम करके सबसे ज्यादा सुकून हमें खुद मिलता है बजाय उसके जिसकी हम मदद करते हैं। छोटी-छोटी अच्छाइयां भी हमें ख़ुशी से भर देती हैं। यही तो है हमारा असली रूप - दया और प्रेम से भरा हुआ।

मदद मांगना एक बहुत अच्छी बात है, इससे नेकी की एक सकारात्मक श्रृंखला बनती है। शायद ये अटपटा लगे, पर मदद मांगने से ख़ुशी और एक उपलब्धि का एहसास होता है। बेन फ्रैंकलिन, जिन्होंने बताया कि अच्छाई करने में ही अपना इनाम छिपा है, उनसे सीखकर मैं भी कभी-कभी छोटी-मोटी मदद मांग लेता हूं।

फ्रैंकलिन और शेक्सपियर के अनुसार, दयालु होने का दोहरा फल मिलता है, यानी इससे देने वाले और पाने वाले दोनों का भला होता है। दया और करुणा के लिए मन की शांति बहुत ज़रूरी है। जब हम ध्यान से और पूरी तरह से वर्तमान में होते हैं, तब हम दूसरों की भावनाओं, उनके चेहरों के भाव, और उनकी अनकही उदासी को समझ पाते हैं। ठहरकर और ध्यान से सुनने से

हमारी जागरूकता बढ़ती है, और हम ज़्यादा चीज़ों को नोटिस कर पाते हैं।

इसके उलट, तनाव और जल्दबाज़ी करुणा और हमदर्दी में रुकावट डालते हैं। एक बार 'दयालुता' पर विस्तार से चर्चा के बाद, मैंने तय किया पूरे दिन मैं दयालु होने के भाव में रहूंगा। लेकिन काम के बोझ तले दब कर, मैंने अपना धैर्य खो दिया और नर्सिंग स्टाफ पर झल्ला उठा। इस बात को समझते हुए, मैंने खुद को कोसने के बजाय खुद पर करुणा दिखाई। क्योंकि हमारी सेहत के लिए ये भी उतना ही ज़रूरी है।

दयालुता और ख़ुशी का रास्ता (काइंडनेस ऐंड द हैप्पीनेस ट्रैक)

लेखिका एम्मा सेप्पाला अपनी किताब "द हैप्पीनेस ट्रैक" में बताती हैं कि खुश रहने के लिए दूसरों के साथ अच्छा व्यवहार करना कितना ज़रूरी है। उनके पास इस बात के बहुत सारे सबूत भी हैं। वो ये भी बताती हैं कि असल में अर्थशास्त्री ही हैं जिन्होंने हमें सिखाया है कि ख़ुशी के लिए खुदगर्ज़ होना ज़रूरी है। वो ये भी बताती हैं कि "सबसे योग्य की उत्तरजीविता" वाली बात को अक्सर गलती से डार्विन की कही बात बता दिया जाता है, जबकि असल में ये एक राजनीतिक विचारक हर्बर्ट स्पेंसर ने कही थी।

दूसरी तरफ, डार्विन का कहना था कि 'जिन समुदायों में सबसे ज्यादा सहानुभूति रखने वाले लोग होते हैं, वही सबसे ज्यादा फलते-फूलते हैं और सबसे ज्यादा बच्चे पैदा करते हैं।' एम्मा का मानना है कि सदियों से हमारी उत्तरजीविता का असली कारण करुणा और दया ही है। मनोवैज्ञानिक पॉल एकमैन के अनुसार, जिसे डार्विन 'सहानुभूति' कहते थे, उसे आज हम सहानुभूति, परोपकार या करुणा कहेंगे। हमें कोविड-19 महामारी से आगे देखने की ज़रूरत नहीं है, जिसमें मेडिकल स्टाफ से लेकर एक-दूसरे के लिए अपनी जान जोखिम में डालने वाले अजनबियों तक, साहस, करुणा और जुड़ाव की कहानियां देखने को मिलीं।

कोरोना के समय में मेरी पत्नी ने ऐसी बहादुरी दिखाई कि क्या बताऊं। दिल्ली में कोविड अपने चरम पर था, मैं खुद भी इसकी चपेट में आ गया था। तभी मेरी पत्नी को उनकी एक सहेली का फ़ोन आया, उनके पति की तबीयत बहुत खराब हो रही थी, मदद चाहिए थी। मैं तो आइसोलेशन में था, कुछ कर भी नहीं सकता था। लेकिन मेरी पत्नी ने, बिना किसी डर के, उन दोनों के साथ

जाकर सीटी स्कैन करवाया, और फिर अस्पताल में भर्ती करवाने में भी मदद की। सच में, उस वक़्त मेरी पत्नी ने बहुत हिम्मत और नेकदिली दिखाई।

एमा सेप्पाला समझाती हैं कि करुणा और दया दिखाने से हम कितने ताकतवर बन सकते हैं, और इसके पीछे क्या वैज्ञानिक कारण हैं। जब हम खुद के बारे में सोचना और स्ट्रेस लेना छोड़कर दूसरों की केयर करते हैं और उनसे कनेक्ट होते हैं, तो हमारा दिल धीमा पड़ जाता है, वेगस नर्व एक्टिव होती है, और पैरासिम्पैथेटिक सिस्टम काम करने लगता है। इससे हमारा शरीर रिलैक्स होता है और उसे एनर्जी मिलती है। यह सिर्फ दूसरों के लिए हमारी करुणा ही नहीं बढ़ाता, बल्कि खुद के लिए भी एक पॉज़िटिव और केयरिंग वाला एटीट्यूड पैदा करता है।

वो कहती हैं कि डेटा बताता है कि किसी की मदद करना और छोटी-छोटी नेकियां करने से मदद करने वाले और जिसकी मदद की जाती है, दोनों को ही बराबर फायदा होता है। और डेटा ये भी बताता है कि दयालु होना सेहत के लिए भी अच्छा होता है, अच्छे रिश्तों से लंबी उम्र जीने की संभावना 50 प्रतिशत तक बढ़ जाती है, तनाव कम होता है, रोग प्रतिरोधक क्षमता मजबूत होती है और चिंता, अवसाद का स्तर भी कम होता है।

करुणा और सफलता

करुणा और सफलता के रिश्ते को लेकर अक्सर गलतफ़हमी होती है, खासकर कार्यस्थल पर। कार्यस्थल पर तो लोग अक्सर सोचते हैं कि दया-धर्म दिखाने से काम बिगड़ जाएगा, और सख्ती दिखाने से ही कामयाबी मिलेगी। लेकिन यूनिवर्सिटी ऑफ़ मिशिगन के किम कैमरन और उनकी टीम ने अपनी रिसर्च में पाया है कि कंपनियों में करुणा भरे व्यवहार से परफॉर्मेंस में काफ़ी सुधार होता है। इससे कंपनी की कामयाबी बढ़ती है, जिसमें पैसों की कमाई, काम की रफ़्तार और ग्राहकों की ख़ुशी, सब शामिल हैं।

काम की जगह पर, एक कम्पैशनेट वर्क कल्चर सिर्फ कर्मचारियों की सेहत और प्रोडक्टिविटी ही नहीं बढ़ाता, बल्कि एक बड़े हेल्थकेयर स्टडी के अनुसार, इससे क्लाइंट्स की सेहत और उनकी संतुष्टि भी बेहतर होती है। "द कम्पैशनेट अचीवर" के लेखक क्रिस्टोफर कुक्क कहते हैं कि दया से ही कामयाब बिज़नेस, सरकारें, स्कूल और अच्छा समाज बनता है। जनरल

मिल्स, एटना, टारगेट और गूगल जैसी कंपनियां भी अपने यहां सबका ख़याल रखने पर ज़ोर देती हैं, जिससे उनके यहां काम भी अच्छा होता है और कर्मचारी भी खुश रहते हैं।

बारसेड और उनके साथियों द्वारा एडमिनिस्ट्रेटिव साइंस क्वार्टरली में प्रकाशित शोध के अनुसार, दयालु व्यवहार, काम में संतुष्टि और कंपनी की सफलता के बीच एक सकारात्मक संबंध होता है। कुक्क ने दया भाव विकसित करने के लिए चार चरणों वाला एक कार्यक्रम पेश किया है, जिसे संक्षेप में LUCA (Listening, Understanding, Connecting, and Acting) यानी सुनना, समझना, जुड़ना और कार्य करना कहा जाता है।

करुणाः दिल का कनेक्शन

करुणा कोई मामूली-सी भावुकता नहीं है; इसके लिए साहस और अपनी वल्नेरबिलिटी को स्वीकार करने की ज़रूरत होती है। जैसा कि पेमा चोड्रोन ने अपनी किताब "द प्लेसेस दैट स्कॉर यू" में खूबसूरती से बताया है, करुणा का विकास करने के लिए हमें अपने सभी अनुभवों - दुख, सहानुभूति, क्रूरता, और भय - से सीखना होगा। चोड्रोन इस बात पर ज़ोर देती हैं कि करुणा किसी घायल व्यक्ति और उसके मरहम लगाने वाले के बीच का रिश्ता नहीं है; यह तो बराबरी का रिश्ता है। असली करुणा तब पैदा होती है जब हम अपने अंदर के अंधेरे को पूरी तरह से समझ लेते हैं, और तब दूसरों के अंधेरे में भी उनके साथ खड़े हो पाते हैं, यह स्वीकार करते हुए कि हम सब एक ही हैं।

चोड्रोन की बातें मेरे दिल को छू गईं। जब मैंने अपने अंधेरे और दुख को स्वीकार किया, तभी मैं दूसरों के साथ सच्चे दिल से जुड़ सका। इसने मेरे दिल को खोल दिया और मुझे एहसास हुआ कि हम सब एक हैं। अब मैं अनजान लोगों के साथ भी करुणा और जुड़ाव महसूस करता हूँ, और समझता हूं कि हम सब एक दूसरे से जुड़े हुए हैं।

भाग-दौड़ भरी ज़िंदगी में, खासकर मरीज़ों के साथ, कभी-कभी जल्दी हो जाती है, पर उनके साथ वक़्त बिताने और उनकी बात सुनने से एक अलग ही ख़ुशी मिलती है। भले ही हमारी राय अलग हो, फिर भी दिल से जुड़ाव हो सकता है। मुझे लोगों की ज़िंदगी के बारे में जानने में बहुत दिलचस्पी है। जैसे

ड्राइवर, घर में काम करने वाले लोग, या चौकीदार, ये सब इतनी मुश्किलों के बावजूद कैसे मुस्कुराते रहते हैं, ये देखकर मुझे बहुत कुछ सीखने को मिलता है। मैं भले ही उनकी मदद न कर पाऊं, पर उनकी बात सुनना भी उनके लिए बहुत मायने रखता है। मैंने पहले मेडिकल प्रोसीजर ईआरसीपी के बारे में बताया था, जो कि मेरे काम का एक हिस्सा है, पर लोगों के दिलों को अपनी हमदर्दी से छूना, चाहे वो मरीज़ हों या कोई और, इससे मुझे और भी ज़्यादा ख़ुशी मिलती है।

इस प्यार-भरे रिश्ते को पाने में ही असली ख़ुशी और संतुष्टि है। वेंडी मास की बात मुझे बहुत अच्छी लगती है - "दयालु बनो, क्योंकि हर कोई अपनी एक लड़ाई लड़ रहा है जिसके बारे में तुम्हें कुछ नहीं पता।" यह समझना कि हर किसी के जीवन में कोई न कोई मुश्किल है, दया दिखाने की अहमियत को और बढ़ा देता है। ब्रेने ब्राउन कहती हैं कि करुणा की जड़ है स्वीकार्यता, और जितना हम खुद को स्वीकार करते हैं, उतना ही हम दूसरों के प्रति करुणा दिखाने में सक्षम होते हैं।

मार्क नेपो बड़ी खूबसूरती से बताते हैं कि हम सब अलग-अलग होते हुए भी एक अदृश्य धागे से कैसे जुड़े हैं। हम सब पैदा होते ही अपने भीतर एक अस्तित्व का तार लेकर आते हैं, एक ऐसा आध्यात्मिक जुड़ाव जो हम सबको एक-दूसरे से जोड़ता है। भले ही हम सबके अनुभव अलग-अलग हों, लेकिन यही आध्यात्मिक जुड़ाव हर पीढ़ी में देखभाल और करुणा के नए दौर का आधार बनता है।

आत्म-करुणा

दूसरों के प्रति करुणा के महत्व को समझने के बाद, अब हम दया-करुणा के एक और पहलू की ओर बढ़ते हैं जो 'आत्म-करुणा' है। यह भी उतनी ही ज़रूरी है। हमें अक्सर दूसरों के प्रति करुणा दिखाना आसान लगता है, लेकिन खुद के प्रति वैसी ही दया दिखाना मुश्किल हो सकता है। हम अक्सर खुद से बहुत उम्मीदें रखते हैं, छोटी-छोटी बातों पर खुद को कोसते हैं, और कठोर फैसले लेते हैं।

मनोवैज्ञानिक और लेखक डॉ. क्रिस्टिन नेफ का मानना है कि आज की प्रतिस्पर्धात्मक दुनिया में, हम ऊँचे आत्मसम्मान को पाने के चक्कर में

इतने पागल हो गए हैं कि ये एक तरह का जबरदस्ती थोपा गया धर्म बन गया है। हमेशा सबसे बेहतर और खास बनने की कोशिश करने से हमारा आत्मविश्वास डगमगा जाता है। ख़ुशी हमारी कामयाबियों और विफलताओं पर निर्भर हो जाती है। डॉ. नेफ हमें ख़ुशी का एक दूसरा रास्ता दिखाती हैं - आत्म-करुणा। शोध बताते हैं कि जो लोग खुद पर दया करते हैं, वे उन लोगों से ज्यादा स्वस्थ और कामयाब होते हैं जो हमेशा खुद की आलोचना करते रहते हैं।

आसान भाषा में कहें तो, खुद के साथ वैसा ही प्यार और ध्यान रखना जैसा आप अपने किसी दोस्त के साथ रखते हैं, यही सेल्फ-कंपैशन की शुरुआत है। इसके लिए खुद को दिल से अपनाना बहुत ज़रूरी है। डॉक्टर नेफ का मानना है कि करुणा सिर्फ दूसरों के लिए नहीं होनी चाहिए, बल्कि इसकी शुरुआत खुद से होनी चाहिए। लोग अक्सर सोचते हैं कि खुद की आलोचना करने से आगे बढ़ने में मदद मिलती है, लेकिन ऐसा करने से अक्सर चिंता, नाकाबिलियत का एहसास, और निराशा ही बढ़ती है। डॉक्टर नेफ की रिसर्च बताती है कि सेल्फ-कंपैशन से हम खुद को अच्छी तरह समझ पाते हैं और खुद का ख़याल रखने की वजह से सकारात्मक बदलाव ला पाते हैं।

डॉ. नेफ मानते हैं कि जिस तरह हमें प्यार, स्वीकृति और सुरक्षा की ज़रूरत होती है, ठीक वैसे ही खुद पर दया करने से हमें ये सब अपने आप से ही मिल सकता है। इससे हम दूसरों की मदद सच्चे दिल से कर पाते हैं, क्योंकि हम पहले से ही भरे-पूरे होते हैं। डॉ. नेफ के शोध से पता चलता है कि खुद पर दया करने से वही फायदे मिलते हैं जो आत्म-सम्मान से मिलते हैं, लेकिन इसमें कोई घमंड, भेदभाव या खुदगर्ज़ी नहीं होती।

खुद के प्रति करुणा अपनाकर, हमारी ज़िंदगी में खुशियों के दरवाज़े खुलते हैं और हम 'परफेक्ट' होने की भागदौड़ से आज़ाद हो जाते हैं। ये हमें खुद से तुलना करने और अपनी काबिलियत पर शक करने से बचाता है। डॉ. नेफ के अनुसार, खुद के प्रति करुणा के तीन मुख्य तत्व हैं:

1. खुद से प्यार बनाम खुद को कोसना

खुद पर दया करने का मतलब है जब हम दुखी हों, असफल हों, या अपने आप को कमतर समझें, तब खुद के प्रति गर्मजोशी और समझदारी दिखाना, बजाय इसके कि हम अपने दर्द को नज़रअंदाज़ कर दें या खुद की आलोचना

करें। जो लोग खुद पर दया करते हैं, वे समझते हैं कि गलतियां करना, नाकामयाब होना, और ज़िंदगी में मुश्किलों का सामना करना तो लाज़िमी है, इसलिए जब वे दर्दनाक अनुभवों से गुजरते हैं, तो वे खुद के साथ नरमी से पेश आते हैं।

2. इंसानियत बनाम अकेलापन

जब चीज़ें अपनी मर्ज़ी से नहीं होतीं, तो अक्सर झुंझलाहट होती है और साथ में एक अजीब सा अकेलापन महसूस होता है-जैसे कि 'मैं' ही अकेला इंसान हूं जो दुखी है या गलतियां कर रहा है। लेकिन असल में 'इंसान' होने का मतलब ही है कि हम सब नश्वर हैं, कमज़ोर हैं, और गलतियां करते हैं। इसलिए खुद पर दया करने का मतलब है ये समझना कि दुख और अपनी कमियां हर इंसान के जीवन का हिस्सा हैं।

3. सचेतनता बनाम अति-पहचान

डॉक्टर नेफ के अनुसार, आत्म-करुणा के लिए हमारी नकारात्मक भावनाओं के साथ संतुलित व्यवहार रखना भी ज़रूरी है, ताकि भावनाओं को न तो दबाया जाए और न ही बढ़ा-चढ़ाकर देखा जाए। इसके साथ ही, अपने नकारात्मक विचारों और भावनाओं को खुलेपन और स्पष्टता के साथ देखने की इच्छा भी ज़रूरी है ताकि वे सचेतन जागरूकता में बने रहें।

मेरा मानना है कि एक डॉक्टर या किसी मरीज की देखभाल करने वाले के रूप में, हमें सबसे पहले खुद पर दया करनी चाहिए। हम ऊंचे स्तर की सेवा देने की कोशिश करते हैं, लेकिन काम का मुश्किल माहौल, लंबे काम के घंटे, तनाव, और मरीजों और उनके रिश्तेदारों की मांगें हमें बहुत थका देती हैं। ऊपर से, डॉक्टरों पर केस होने का डर भी रहता है, खासकर उन डॉक्टरों पर जो ऑपरेशन वगैरह करते हैं। जब इलाज का नतीजा वैसा नहीं होता जैसा हम चाहते थे, तो हम खुद को दोष देने लगते हैं और सोचते हैं कि शायद कुछ और किया होता तो कुछ और होता।

रश्मि के साथ जो कुछ हुआ उससे मुझे खुद पर दया करना सीखने का एक गहरा सबक मिला। कॉम्प्लिकेशन के बाद और फिर कई हफ्तों तक लाइफ़ सपोर्ट पर रहने के दौरान, मेरे दिमाग में बार-बार उस प्रोसीजर के बारे में ख़याल आते रहे। मुझे पता था कि मेरी टेक्निक में कोई कमी नहीं थी, फिर

भी मैं उस अनचाहे नतीजे के लिए खुद को पूरी तरह ज़िम्मेदार मानता रहा। इस मुश्किल दौर से उबरने में माइंडफुलनेस ट्रेनिंग ने मेरी बहुत मदद की। इसने मुझे खुद के प्रति वो करुणा और दया दिखाने में मदद की, जिसकी मुझे सख्त ज़रूरत थी। हालांकि नतीजा बहुत दुखद था, लेकिन यह समझने भर से कि मेरी कोई गलती नहीं थी, मुझे खुद को माफ़ करने और आगे बढ़ने की हिम्मत मिली।

यह समझना बहुत ज़रूरी है कि एक डॉक्टर के लिए आत्म-करुणा का मतलब यह कतई नहीं है कि वह लापरवाह हो जाए। इसका असली मतलब यह है कि हम अपनी पूरी जानकारी और हुनर के साथ इलाज तो करेंगे ही, लेकिन कुछ चीजें हमारे हाथ में नहीं होतीं, ये भी हमें मानना होगा। जो डॉक्टर और स्वास्थ्यकर्मी खुद के प्रति दयालु और करुणामय होते हैं, वे अपने मरीजों की बेहतर सेवा कर पाते हैं। डॉक्टर नेफ के शोध से पता चलता है कि अगर हम खुद का ध्यान रखे बिना लगातार दूसरों की सेवा में लगे रहेंगे, तो डॉक्टर हों या कोई और देखभाल करने वाला, सबके तनाव और बर्नआउट का खतरा बढ़ जाता है। और कई अध्ययनों से यह भी साफ है कि आत्म-करुणा से स्वास्थ्यकर्मियों की सेहत अच्छी रहती है और उनका बर्नआउट भी कम होता है।

शर्म और आत्म-करुणा

शर्म का एहसास आत्म-आलोचना से गहरा जुड़ा हुआ है। शर्म और वल्नेरबिलिटी पर रिसर्च करने वाली एक्सपर्ट ब्रिने ब्राउन कहती हैं कि शर्म एक ऐसा डर है जो हमें बताता है कि हम "अच्छे नहीं हैं," "हमें कुछ नहीं करना चाहिए था," या "हम किसी चीज़ के लायक नहीं हैं।" शर्म एक बहुत ही दर्दनाक एहसास है, जिसमें हमें लगता है कि हम में कोई कमी है और हम प्यार और अपनेपन के लायक नहीं हैं। यह हमें छोटा, नाराज़ और डरा हुआ रखता है, और हमारे नए विचार और रचनात्मकता को रोकता है। ब्राउन इस बात पर जोर देती हैं कि हमें शर्म के बारे में जागरूक होना चाहिए, इसके बारे में बात करनी चाहिए, और इसकी ताकत को खत्म करना चाहिए।

क्रिस जर्मर के हिसाब से, शर्म अक्सर चिंता या गुस्से की आड़ में छुप जाती है, इसलिए इसे समझने के लिए गहराई से देखना पड़ता है। अपराधबोध

और शर्म में फ़र्क है - अपराधबोध किसी गलत काम से जुड़ा होता है, जबकि शर्म हमें यकीन दिलाती है कि हम बुनियादी तौर पर बुरे हैं। जर्मर के अनुसार, शर्म का तोड़ है आत्म-करुणा। यह प्यार भरा रवैया शर्म के घावों पर मरहम की तरह काम करता है, जिससे लगाव, हमदर्दी और मजबूती मिलती है। ब्राउन खुद पर दया करने की इस प्रक्रिया को 'शर्म के प्रति लचीलापन' कहती हैं और अपने काम में इसके बारे में विस्तार से बताती हैं।

'ह्वेन थिंग्स फाल अपार्ट' में, पेमा चोड्रोन समझाती हैं कि करुणा से काम करने का मतलब है खुद के साथ भी और दूसरों के साथ भी काम करना। इसका मतलब है अपनी भावनाओं को दबाने और उनसे दूर भागने के बजाय उन्हें स्वीकार करना। खुद पर करुणा रखने का मतलब है खुद के हर पहलू को अपनाना, यहां तक कि उन हिस्सों को भी जो हमें पसंद नहीं हैं, इसके लिए हिम्मत और खुलेपन की ज़रूरत होती है। एक खुले, बिना किसी जजमेंट वाले माहौल में, हम अपनी भावनाओं को मान्यता देते हैं, यहां तक कि उन अप्रिय भावनाओं को भी। पेमा इस बात पर ज़ोर देती हैं कि करुणा की शुरुआत और अंत खुद के उन अनचाहे हिस्सों के प्रति करुणा रखने से होता है, जिनमें वे खामियां भी शामिल हैं जिन्हें हम स्वीकार करने से बचते हैं। यह समझ कि जो चीज़ हमें खुद में पसंद नहीं है, वो दूसरों में भी पसंद नहीं आएगी, हमारी करुणा की क्षमता को और गहरा करती है।

होल्डिंग स्पेस

दया, करुणा और लोगों के बीच के जुड़ाव की जब भी बात होती है, तो 'होल्डिंग स्पेस' कॉन्सेप्ट का जिक्र किए बिना बात अधूरी सी लगती है। 'द आर्ट ऑफ होल्डिंग स्पेस' की लेखिका हीदर प्लेट ने इस शब्द का खूब इस्तेमाल किया है। इसका मतलब है, किसी के साथ उनके सफ़र में उनके साथ चलना, बिना उन्हें जज किए, उन्हें छोटा महसूस कराए, उन्हें बदलने की कोशिश किए या उनके फैसलों पर काबू किए बिना। स्पेस होल्ड करने का मतलब है अपने दिल को खोलना, बिना शर्त साथ देना, और जज करने या काबू करने की कोशिश छोड़ देना।

हेदर इस कॉन्सेप्ट को ऐसे समझाती हैं कि जब उनकी मां बहुत बीमार थीं, तो उनकी देखभाल करने वाली एन ने, हेदर और उनके भाई-बहनों के लिए

'स्पेस होल्ड' करने का काम किया, जबकि वे अपनी मां के लिए ऐसा ही कर रहे थे।

हेदर इस बात पर ज़ोर देती हैं कि जब तक सामने वाला भी उसी तरह से साथ न दे, तब तक आप किसी के लिए मज़बूत सहारा नहीं बन सकते। चाहे वो सबसे बेहतरीन लीडर हो, कोच हो, या नर्स, हर किसी को एक ऐसी जगह चाहिए होती है जहां वो बेफ़िक्र होकर अपने दिल की बात कह सकें, बिना ये डर कि कोई उनको जज करेगा।

यहां कुछ महत्वपूर्ण बिंदु हैं जो हेदर ने "स्पेस होल्ड" करने के बारे में बताए हैं:

- लोगों को उनकी अपनी बुद्धि और समझ पर भरोसा करने की आज़ादी दें।
- जानकारी थोड़ी-थोड़ी करके दें, ताकि वे उसे आसानी से समझ सकें।
- दूसरों को सशक्त बनाएं, उनकी ताकत छीनने की कोशिश न करें।
- इसमें अपना अहंकार न लाएं।
- असफलता के लिए एक सुरक्षित जगह बनाएं, जहां वे बिना डरे कुछ नया करने की कोशिश कर सकें।
- नम्रता के साथ मार्गदर्शन प्रदान करें।
- जटिल भावनाओं, डर या किसी सदमे से उबरने के लिए एक सुरक्षित वातावरण बनाएं।
- अलग-अलग फैसलों और अनुभवों को स्वीकार करें।

हेदर समझातीं है कि साथ देना, एक जटिल सी कला है। ये अनुभव के साथ और निखरती जाती है और हर इंसान और स्थिति के हिसाब से अलग होती है। ये सिर्फ कोच या फैसिलिटेटर तक सीमित नहीं; इसे कोई भी अपने साथी, बच्चों, दोस्तों या अनजान लोगों के लिए भी कर सकता है।

ऐसे समय में जब भेदभाव, नस्लवाद, और कोरोना महामारी के बुरे असर अभी भी हमारे साथ हैं, हेदर का कहना है कि हमें करुणा की क्रांति लाने की ज़रूरत है। इन मुश्किल हालात में बिना किसी को जज किए, उनकी बात सुनना बहुत ज़रूरी है। उनका मानना है कि एक नए तरह की सोच दुनिया में

आएगी, जो इंसानियत, आपसी जुड़ाव, और करुणा पर आधारित होगी। इस भविष्य में, हमारी ताकत टेक्नोलॉजी या आर्टिफिशियल इंटेलिजेंस में नहीं, बल्कि हमारी संवेदनशीलता, दयालुता, और एक-दूसरे पर निर्भरता में होगी।

जैसा कि म्यूजिशियन डेम एवलिन ग्लेनी बड़े ही खूबसूरत अंदाज में कहती हैं, 'हम सब इस धरती पर छोटे-छोटे सुरों की तरह हैं, जो इधर-उधर घूमते रहते हैं, ठीक वैसे ही जैसे कोई संगीतकार अपनी किताब में लिखे सुरों को बजाता है। हर सुर एक मोती है अगर उसकी कद्र की जाए, ठीक वैसे ही जैसे हम सब भी अपनी कहानियों में मोती हैं, जिन्हें हम बनाते हैं और दुनिया के सामने रखते हैं। मेरे सुर का तुम्हारे सुर से मिलन सुनने से होता है। मेरी कहानी तुम्हारी कहानी से मिलकर एक नई कहानी बनाती है, और यह सिलसिला यूं ही चलता रहता है।'

अभ्यास

- रोजमर्रा की जिंदगी में अनजान लोगों या राह चलते मिलने वालों को देखकर मुस्कुराने की आदत डाल लें। वे क्या सोचेंगे, इस बारे में ज़्यादा मत सोचें, बस दिल से मुस्कुराएं।
- हर रोज़ मिलने वाले लोगों के बारे में जानने की कोशिश करें - जैसे आपके बिल्डिंग का चौकीदार या आपको चाय देने वाला लड़का।
- उनसे उनकी ज़िन्दगी और परिवार के बारे में पूछ सकते हैं।
- हर रोज़, किसी न किसी के लिए कोई अच्छा काम करने की कोशिश करें। ये कोई छोटी सी बात भी हो सकती है, जैसे किसी को हौसला देना या शाबाशी देना।
- दया का काम करने के बाद अपने शरीर के अंदर कैसा महसूस होता है, इस पर ध्यान दें।
- क्या आपको अच्छाई, गर्मजोशी, और ख़ुशी महसूस होती है? क्या आप इसे दोहराना चाहेंगे?
- इस बारे में आप कैसा महसूस करते हैं, इस पर ध्यान दें।
- जब लोग आपसे मदद मांगते हैं, तो आपको कैसा महसूस होता है, अंदर से क्या लगता है? अपनी प्रतिक्रियाओं पर ध्यान दें, और आप

निश्चिंत हो सकते हैं कि दूसरों को भी ऐसा ही महसूस होता है।

- अगर आप अपने ही बनाए मानकों पर खरे नहीं उतर पाए हैं, तो भी खुद के प्रति दया और करुणा का भाव रखें। खुद से कहें कि आपने पूरी कोशिश की और खुद पर ज़्यादा सख्ती न करें।
- क्या आप एक पूर्णतावादी हैं और चीज़ें ठीक न होने पर खुद को दोष देते हैं? आपको सबसे ज़्यादा आत्म-करुणा की ज़रूरत है। समय-समय पर, जान-बूझकर खुद को परफेक्ट बनाने से बचें और अपूर्णता के लिए जगह छोड़ें।
- किसी दोस्त, अपने साथी, या बच्चों के लिए जगह बनाना सीखें। जब वे परेशान या गुस्से में हों, तो बस उनकी बात सुनें और उन्हें अपने मन की बात कहने दें। सलाह देने की ज़रूरत नहीं है।
- ध्यान दें कि आप खुद से कैसे बात करते हैं। क्या यह बहुत आत्म-आलोचनात्मक है?
- समय-समय पर खुद को आत्म-करुणा की एक स्वस्थ खुराक दें।
- जिन्हें आप अपनी खामियां मानते हैं - क्रोध, ईर्ष्या, या लालच - उन्हें नोट करें। इन चीज़ों को अस्वीकार करने या नकारने के बजाय, उनके प्रति करुणा का भाव रखें।
- इस पर गौर करें कि आपको क्या लगता है कि अधिक दया दिखाने में क्या बाधाएं हैं - लोग क्या सोच सकते हैं, समाज क्या सोचता है, या एक अजीब एहसास — यह इनमें से कुछ भी हो सकता है।
- देखें कि क्या आपके कार्यस्थल पर सहृदयता का और बेहतर माहौल बना पाना संभव है। सहृदयता का कर्मचारियों पर पड़ने वाले प्रभाव का आकलन करें।
- कभी-कभी, किसी फुरसत के दिन, आप कुछ अतिरिक्त पैसे लेकर घर से निकल सकते हैं और सड़क किनारे किसी को दान कर सकते हैं। हो सकता है कि किसी ऐसे व्यक्ति को 100 रुपये दें जिसे आपको लगता है कि उसे इसकी ज़रूरत है। इस बात की चिंता न करें कि वह व्यक्ति इससे क्या कर सकता है; बस दे दें।

12.
जगह और शांति (स्पेस ऐंड साइलेंस)

"आकाश और मौन एक ही चीज़ के, एक ही शून्य के दो पहलू हैं। वे आंतरिक आकाश और आंतरिक मौन की बाहरी अभिव्यक्ति हैं, जो स्थिरता हैं: सभी अस्तित्व का असीम रचनात्मक गर्भ।" - ***एकहार्ट टोले***

आडियंस में बैठकर, मैं स्लाइड्स और लेक्चर्स देख रहा था, थर्ड स्पेस एंडोस्कोपी के बारे में। एक सीनियर गैस्ट्रोएंटरोलॉजिस्ट होने के नाते, मैं पिछले पंद्रह सालों से एंडोस्कोपी कर रहा हूँ, लेकिन ये नई चीज देखकर मैं दंग रह गया। किसी जादू की तरह एक सबम्यूकोसल स्पेस बनाया गया था। एक्सपर्ट्स समझा रहे थे कि कैसे इस स्पेस की मदद से एक टनल बनाई जा सकती है, और ऐसे लाइफ़-सेविंग प्रोसीजर किए जा सकते हैं जिनके लिए पहले सर्जरी की ज़रूरत पड़ती थी। वाकई कमाल है!

डॉ. विकास सिंगला, जो कि देश के टॉप थर्ड स्पेस एंडोस्कोपिस्ट में से एक हैं, उन्होंने मुझे डॉक्टरों की वेल-बीईंग पर बात करने के लिए बुलाया था। अपनी बारी का इंतजार करते हुए और सोचते हुए कि ऑडियंस से क्या शेयर करूं, मुझे एहसास हुआ कि जब हम अपने भागदौड़ भरी जिंदगी में थोड़ा रुककर मन को शांत करते हैं, तो हम अपने अंदर भी एक स्पेस क्रिएट करते हैं। ये स्पेस और शांति, चाहे कितनी भी भागदौड़ हो, हमारे मन की स्थिति, ख़ुशी और वेल-बीईंग में बहुत बड़ा बदलाव ला सकती है। ठीक वैसे ही जैसे एंडोस्कोपी में थर्ड स्पेस होता है, ये हमेशा से हमारे अंदर मौजूद था। इसे बनाया नहीं गया है, बस अब हमने इसमें एक खिड़की खोलना सीख लिया है।

जब से मैंने माइंडफुलनेस और मेडिटेशन करना शुरू किया है, तब से इस

खुलेपन के एहसास ने मुझे हमेशा से आकर्षित किया है। शुरुआत में, एक दोस्त ने मुझसे पूछा कि ये चीज़ें कैसे मेरी मदद कर रही हैं, लेकिन मेरे पास शब्द नहीं थे। मैंने बस इतना कहा कि मुझे अंदर से ज़्यादा खुला-खुला सा लग रहा है, जो पहले नहीं था। ऐसा लगता है कि बाहर भले ही सब कुछ पहले जैसा ही हो, लेकिन अब मेरे पास परिस्थितियों को संभालने और उन पर सोच-समझकर प्रतिक्रिया देने के लिए ज़्यादा जगह है, बस यूं ही रिएक्ट करने के लिए नहीं।

स्पेस कोई वस्तु नहीं

अपनी किताबों, 'अ न्यू अर्थ' और 'द पावर ऑफ नाउ' में, एकहार्ट टोले बड़ी खूबसूरती से इस अंदरूनी शांति (स्पेस) के बारे में बात करते हैं। टोले कहते हैं कि जब हम पूरी तरह से अपनी बाहरी पहचान में नहीं उलझे होते, तब हमारी असली पहचान, उस पहचान की कैद से मुक्त होती है। यही आज़ादी, अंदरूनी शांति का उदय है। यह एक ठहराव की तरह आती है, और एक गहरी शांति के रूप में हमारे अंदर बस जाती है, फिर चाहे बाहर कुछ भी अप्रिय क्यों न घटित हो जाए। अचानक, उस घटना के आसपास एक जगह सी बन जाती है। जज़्बातों के उतार-चढ़ाव के आसपास भी जगह सी बन जाती है, यहां तक कि दर्द के आसपास भी। और सबसे बढ़कर, हमारे ख़यालों के बीच में भी जगह सी बन जाती है।

उस जगह से एक ऐसी ऊर्जा और शांति निकलती है जो सुकून और स्थिरता का एहसास देती है। एकहार्ट टोले, और भी कई गुरु, अपनी बातों या सिर्फ अपनी मौजूदगी भर से हमारे अंदर की इस स्पेस का एहसास जगा सकते हैं। जब भी मैं 'द पावर ऑफ नाउ' पढ़ता हूं, मुझे अपने अंदर एक स्पेस और शांति का एहसास होता है। कई दूसरे पाठकों ने भी ऐसा ही महसूस किया है। महान भारतीय संत रमण महर्षि अक्सर चुपचाप बैठे रहते थे और उनके आस-पास के लोग अपने अंदर एक गहरा बदलाव महसूस करते थे। यही है मौजूदगी (प्रेजेंस) की ताकत।

अगर हम इस बात को गहराई से समझने की कोशिश करें तो ये समझना इतना मुश्किल नहीं है कि ऐसा क्यों होता है। आज के भौतिकशास्त्री इस बात पर यकीन करते हैं कि चीज़ों का ठोस होना बस एक धोखा है। यहां तक

कि जो चीज़ें हमें ठोस दिखती हैं, यहां तक कि हमारा शरीर भी, लगभग 99 प्रतिशत खाली जगह है। ऐसा इसलिए क्योंकि परमाणुओं के बीच की दूरी उनके आकार के मुकाबले बहुत ज़्यादा है। और तो और, हर परमाणु के अंदर भी ज़्यादातर खाली जगह ही है। जो थोड़ा-बहुत बचता है वो ठोस पदार्थ के कणों से ज़्यादा एक तरह की कंपन आवृत्ति है, ठीक किसी संगीत के सुर की तरह, जैसा कि एकहार्ट टोले समझाते हैं। वो कहते हैं कि इस दुनिया में जो चीज़ें अभी प्रकट नहीं हुई हैं, वो शांति और स्पेस के रूप में मौजूद हैं। स्पेस को आसानी से अनदेखा किया जा सकता है, ठीक वैसे ही जैसे शांति को, क्योंकि हर व्यक्ति स्पेस में मौजूद चीज़ों पर ध्यान देता है, लेकिन स्पेस पर ही नहीं। लेकिन जिस पल हम स्पेस को एक वस्तु बना देते हैं, हम असली बात को ही भूल जाते हैं। स्पेस हमारी आंतरिक चेतना के वास्तविक स्वरूप के सबसे करीब है, और ठीक आंतरिक चेतना की तरह ही, हम स्पेस के प्रति भी सचेत हो सकते हैं, लेकिन इसे हाथ से पकड़े जाने वाली वस्तु में बदलने की कोशिश करके ऐसा नहीं किया जा सकता।

जीवन में स्पेस का महत्व समझें

स्पेस के प्रति जागरूकता बढ़ाने और उसे अपनी रोजमर्रा की जिंदगी का हिस्सा बनाने के लिए, एकहार्ट सुझाव देते हैं कि स्पेस में मौजूद वस्तुओं से अपना ध्यान हटाकर हम खुद स्पेस के प्रति जागरूक बन सकते हैं। वो एक कमरे का उदाहरण देते हैं, जिसमें फर्नीचर, तस्वीरें, वस्तुएं और पंखे होते हैं, लेकिन कमरे का असली सार उसका स्पेस होता है। इसी तरह, हमें अपने आस-पास के खाली स्पेस के प्रति जागरूक होने की ज़रूरत है। हमें इसके बारे में सोचने या इसे नाम देने की कोशिश नहीं करनी चाहिए, बस इस पर ध्यान दें और इसे महसूस करें। जैसे-जैसे इस स्पेस के प्रति जागरूकता बढ़ती है, कॉन्शसनेस (चेतना) में एक बदलाव आता है।

एकहार्ट के हिसाब से, जब हम बाहर की चीज़ों पर ध्यान देना कम करते हैं - जैसे फर्नीचर या दीवारें - तो हम अपने मन की चीज़ों - विचारों, भावनाओं, और संवेदनाओं - पर भी ध्यान देना कम कर देते हैं। जैसे बाहर का स्पेस चीज़ों को होने देता है, वैसे ही अंदर का स्पेस, यानी चेतना, मन की चीज़ों को होने देती है। जब हम बाहर की चीज़ों से ध्यान हटाते हैं, तो हम अपने मन की चीज़ों से भी ध्यान हटा लेते हैं। और इस तरह, स्पेस (खाली जगह,

शून्यता, रिक्तता) पर ध्यान लगाना हमें एक नए, अनजान अनुभव की ओर ले जाता है।

इन बातों को समझने में दिमाग पर कोई जोर नहीं पड़ता। जब इनके बारे में पढ़ा, तो ये बातें मुझे तुरंत समझ में आ गईं और मैंने देखा कि हमारी ज़िंदगी के अलग-अलग हिस्सों में स्पेस कितनी अहमियत रखता है। क्रिकेट का शौकीन और एक खिलाड़ी होने के नाते, मैंने सोचा कि बल्लेबाजी करते वक्त जगह बनाकर कैसे ज़्यादा ज़ोरदार शॉट लगाए जा सकते हैं। अपने डॉक्टरी काम के बारे में सोचते हुए, मुझे एहसास हुआ कि व्यस्त दिनों में भी सांस लेने की फुरसत कितनी ज़रूरी होती है। काम पर जल्दी पहुंचने से जो अतिरिक्त समय मिलता है, उससे काम आराम से पूरा हो जाता है और गुस्सा या थकान नहीं होती।

अपनी किताब 'फाइंडिंग द स्पेस टू लीड' में, जाने-माने लेखक और लीडरशिप कोच जेनिस मार्दुरानो बताती हैं कि बड़े-बड़े सीईओ पैसा या पावर से ज्यादा, अपनी जिंदगी में थोड़ा सा स्पेस यानी फुरसत चाहते हैं। उनके एक सर्वे के मुताबिक, ज्यादातर लोगों के पास इतनी फुरसत ही नहीं है कि वो शांति से सोच सकें, किसी चीज पर फोकस कर सकें, या खुद को या दूसरों की बात ध्यान से सुन सकें। हमेशा भागते रहने से, हमारी क्रिएटिविटी खत्म हो जाती है और हम अपनों से दूर होते जाते हैं। हमें थोड़ी फुरसत चाहिए, ताकि हम इस भाग-दौड़ से थोड़ा हट के, ज़रूरी चीजों पर ध्यान दे सकें, छोटी-छोटी खुशियों को सेलिब्रेट कर सकें, और एक अच्छे इंसान बन सकें।

स्पेस क्रिएट करने के लिए पॉज (विराम) लें

जेनिस अपने क्लाइंट्स को, यह तरीका सिखाती हैं कि कैसे दिन भर में वे जानबूझकर 'स्पेस' क्रिएट कर सकते हैं। वह पॉज़ लेने या ठहरने का सुझाव देती हैं। उनके हिसाब से, ये एक ऐसा पल होता है जब आप अपने दिन की पूरी भागदौड़ को देख सकते हैं और जान-समझकर उस पर 'ध्यान' देना चुनते हैं। एक व्यस्त मीटिंग के बीच में, कोई अपने विचारों की धमाचौकड़ी की तेज़ गति को महसूस कर सकता है, और वह ख़यालों में विचरते हुए किसी और जगह पहुंच सकता है। जान-समझकर रुकने, अपनी सांसों के प्रति

जागरूकता बढ़ाने और अपने पैरों के ज़मीन से संपर्क को महसूस करके हम खुद को स्थिर बनाने का एक अच्छा मौका देते हैं।

बस एक पल के लिए होशपूर्वक अपनी सांसों पर ध्यान देना ही काफ़ी है, उस बेसुध सोच से बाहर आने के लिए, जो अक्सर हम पर हावी हो जाती है। सोचिए, जब आपके बच्चे उत्साह से कुछ बता रहे हों और आपका ध्यान अपनी टू-डू लिस्ट पर हो, तब आप एक छोटा सा पॉज़ ले सकते हैं। बस इस तरह के पलों को पहचान कर और थोड़ा रुक कर, आप अपना ध्यान अपने बच्चों पर पूरी तरह लगा सकते हैं।

चैप्टर 3 में, 'माइंडफुलनेस ऑन द गो' वाले सेक्शन में, मैंने ऐसे बहुत से तरीके बताए हैं कि कैसे हम अपनी रोज़ की ज़िंदगी में छोटे-छोटे ब्रेक लेकर खुद को वापस 'मौजूद' महसूस कर सकते हैं। मेरे लिए, समय-समय पर रुक कर खुद को शांत करना जीवन बदल देने वाला रहा है, जिसके बारे में मैं अगले चैप्टर में और बताऊंगा। हो सकता है कि आप अपने तरीके से ब्रेक लेने के आइडियाज़ खोज लें और अपने शेड्यूल में थोड़ी जगह और शांति के पल बना सकें। ये ब्रेक हम जब चाहें, ले सकते हैं।

द ओपन फोकस मेथड

प्रिंसटन बायोफीडबैक सेंटर के डायरेक्टर और 'द ओपन फोकस ब्रेन' के लेखक, लेस फेहमी ने कुछ मज़ेदार सवालों के ज़रिए पता लगाया कि जब लोगों से पूछा गया, "क्या तुम अपनी आंखों के बीच की जगह को महसूस कर सकते हो?" या "क्या तुम अपने कानों के बीच की जगह को महसूस कर सकते हो?" तो उनके दिमाग में अल्फा ब्रेन तरंगों में बढ़ोतरी देखी गई। इससे साफ़ है कि हमारी रोज़मर्रा की ज़िंदगी में 'स्पेस' कितना ज़रूरी है।

फेहमी का मानना है कि जब हम कोई खास चीज नहीं सोचते, बस अपने आसपास के खालीपन या अनुपस्थिति को महसूस करते हैं, तो हमारे दिमाग में एक खास तरह की लहरें पैदा होती हैं - जिन्हें 'फेज-सिंक्रोनस अल्फा' कहते हैं। ये लहरें तब पैदा होती हैं जब हम अपने आसपास की जगह, शून्यता, या किसी चीज के न होने को अपनी सभी इंद्रियों से महसूस करते हैं। दिमाग की ये लहरें ध्यान करने वाले अनुभवी लोगों में भी पाई जाती हैं। फेहमी ने 'ओपन फोकस अटेंशन' नाम का एक प्रोग्राम बनाया जिसमें ध्यान का केंद्र बिंदु

खालीपन को रखा गया है। अपने अभ्यासों में, वो लोगों को अलग-अलग तरह की कल्पनाएँ करने के लिए कहते हैं, जैसे कि अपनी आंखों, गर्दन, सिर और हाथों के आसपास और अंदर के खालीपन को महसूस करना।

फ़ेहमी का कहना था कि जब हमारा दिमाग किसी चीज़ को देखता-सुनता-महसूस करता है, तो वो तेज़, अलग-अलग बीटा तरंगें पैदा करता है। लेकिन, जब दिमाग से किसी जगह के बारे में सोचने या ध्यान लगाने को कहा जाए, तो दिमाग की पकड़ में कोई चीज़ नहीं आती। इसीलिए, दिमाग की लय पहले धीमी अल्फ़ा और फिर थीटा तरंगों में बदल जाती है। वो समझाते हैं कि स्पेस यानी जगह के बारे में सचेतन होना लोगों को एक रिलैक्स लेकिन अलर्ट मोड में लाने का एक ज़बरदस्त तरीका है। इससे हम सिर्फ़ अपने आस-पास की चीज़ों के बारे में ही नहीं जानते, बल्कि स्पेस, साइलेंस, और समय से परे होने का भी एहसास होता है।

उन्होंने इस ओपन फोकस स्पेस अवेयरनेस का इस्तेमाल दर्द के इलाज में भी किया। दर्द को कम करने के लिए, मरीजों को पहले दर्द वाली जगह पर ध्यान केंद्रित करने की ट्रेनिंग दी जाती है, और फिर अपना ध्यान उस दर्द वाली जगह के आसपास की जगहों पर ले जाने को कहा जाता है, ताकि दर्द के साथ घुल-मिल सकें। फेहमी बताते हैं कि इस प्रक्रिया में, दर्द अब सिर्फ किसी सीमित जगह पर केंद्रित वस्तु नहीं रह जाता, बल्कि हमारी जागरूकता उसके आसपास के स्पेस को भी शामिल कर लेती है।

इस तरह, दर्द के चारों ओर एक स्पेस बन जाता है। यह वैसा ही है जैसा हमने पहले इमोशंस वाले चैप्टर में बात की थी कि जब हम अपने डर या दुख जैसे इमोशंस को पहचान लेते हैं, तो हम उन्हें एक स्पेस में घेर लेते हैं।

एक जगह ध्यान बनाम हर जगह ध्यान

लेस फेहमी की रिसर्च का असली मतलब यह है कि यह हमें दिखाती है कि 'एक चीज़ पर ध्यान' और 'सारी चीज़ों पर ध्यान' में कितना फ़र्क है। हमें बचपन से ही एक चीज़ पर ध्यान देने की आदत डाली जाती है क्योंकि इससे काम जल्दी होता है, लेकिन इसका नुकसान यह है कि हमारी 'सारी चीज़ों पर ध्यान' वाली ताकत कमज़ोर हो जाती है। यह ताकत हमें पूरी तस्वीर देखने और चीज़ों को गहराई से समझने में मदद करती है।

यह फ़र्क वैसा ही है जैसे हम 'करने' (Doing) के तरीके (छोटा फोकस) और 'होने' (Being) के तरीके (बड़ा फोकस) के बारे में बात करते हैं। अपनी किताब 'ओपन फोकस ब्रेन' में, फेहमी बताते हैं कि हम 'ओपन फोकस' की तकनीक सीख सकते हैं और उसे अपनी रोजमर्रा की जिंदगी में इस्तेमाल कर सकते हैं। फेहमी कहते हैं, 'जब भी आपको याद आए, अपने रोज के काम करते हुए अनंत स्पेस, शांति और समयहीनता को महसूस करें। चीजों के बीच, आसपास और उनके आर-पार मौजूद थ्री-डायमेंशनल स्पेस को महसूस करें।' उनके मुताबिक, हमें अपनी सभी इंद्रियों - देखने, सुनने, महसूस करने, चखने और सूंघने - पर ध्यान देना चाहिए और हर चीज में व्याप्त बैकग्राउंड स्पेस को महसूस करना चाहिए। इससे हमारा दायां दिमाग एक्टिव होता है, हमारा ध्यान खुलता है और दुनिया के हमारे अनुभव पर बाएं दिमाग की पकड़ ढीली होती है, जिससे हमें ज्यादा खुला और रिलैक्स महसूस होता है।

ओपन स्पेस ऑफ अवेयरनेस

मन और रचनात्मकता के बारे में जो हमने पढ़ा, उसमें हमने 'ओपन अवेयरनेस मेडिटेशन' के बारे में बात की थी। अब इसे 'ओपन फोकस अटेंशन' से और भी बेहतर समझ सकते हैं। इसमें हम किसी एक चीज़ पर ध्यान नहीं लगाते, बल्कि हर चीज़ को अपने-आप होने देते हैं।

आध्यात्मिक गुरु आद्याशांति भी इस तरीके को 'असली ध्यान' मानते हैं। उनके हिसाब से 'असली ध्यान' में अपने मन को बिना किसी ज़ोर-ज़बरदस्ती के, जैसे है वैसे ही रहने देना होता है। हर चीज़ - विचार, भावनाएं, जज़्बात, एहसास - सबको अपनी मर्ज़ी से चलने देना होता है। सांस या किसी चीज़ पर ध्यान देने के बजाय, खुले मन से सिर्फ एहसास करने में ही मज़ा है। बिना किसी उम्मीद या मकसद के खुलेपन में रहने से अंदर एक शांति और विस्तार पैदा होता है, जो असल में हमारा असली रूप है।

नॉन-जजमेंटल स्पेस (वह जगह जहां कोई किसी को जज नहीं करता)

यहां की खुली जगह ना तो जज करती है, ना ही लेबल लगाती है; यह

सबको शामिल करती है और स्वीकार करती है। हमारे नकारात्मक विचारों और भावनाओं, तथाकथित बुरी आदतों या बुराइयों के लिए भी यहां जगह है, और निश्चित रूप से, हमारे भीतर की सभी अच्छी और सकारात्मक चीजों के लिए भी। मुझे याद है कि 2016 में, आद्याशांति द्वारा लंदन के पास पांच दिनों का एक 'साइलेंट रिट्रीट' आर्गेनाइज़ किया, जिसमें मैंने भाग लिया था। यह मेरे लिए एक महत्वपूर्ण क्षण था क्योंकि यूनाइटेड किंगडम में 'साइलेंट रिट्रीट' में भाग लेने जाने के लिए मुझे अपने काम से लगभग दो हफ्ते की छुट्टी लेनी पड़ी थी। इसके लिए फ़ैमिली को मनाना पड़ा, दोस्तों और कलीग्स के चेहरे देखने लायक थे जब मैंने उन्हें इस ट्रिप के बारे में बताया था। लेकिन मैं आश्वस्त था कि अपनी लाइफ़ को पूरे दिल से जीने के लिए मुझे यह यात्रा करनी ही होगी। यह एक अद्भुत अनुभव था, और मुझे इसका हर पल बहुत पसंद आया।

जब रिट्रीट खत्म हुआ, तो हमने एक दोस्त के घर पर पार्टी की - नाच-गाना, मस्ती और खाने-पीने का पूरा इंतज़ाम था, नॉनवेज भी था। मैं तो बस आनंद में डूबा हुआ था, सब कुछ एन्जॉय कर रहा था। मुझे याद है कि मेरे एक दोस्त की बीवी ने मुझसे पूछा, 'सरोज, कुछ समझ नहीं आ रहा! तुम इतनी दूर से लंदन स्प्रिचुअल रिट्रीट के लिए आए हो, और अब ये सब... मतलब, ये सब स्प्रिचुअल तो नहीं है ना? ये थोड़ा अजीब नहीं लगता?'

मुझे ठीक से याद नहीं कि मैंने उस वक़्त क्या कहा था, लेकिन मुझे इसमें कुछ भी गलत नहीं लगा। मेरा मानना है कि ज़िंदगी में हर चीज़ के लिए जगह होनी चाहिए। अगर हम ज़िंदगी की अच्छी चीज़ों का मज़ा लेते हैं, वो भी सही तरीके से और हद में रहकर, तो इसमें कोई बुराई नहीं है। ज़रूरी नहीं कि हम स्प्रिचुअलिटी के नाम पर अपने ऊपर कोई सख्त नियम थोपें और बाकी सब चीज़ों को गलत समझें। ये सब कुछ बिना किसी जजमेंट के हो सकता है, इसमें कोई बड़ी बात नहीं है।

प्रकृति में खुलापन

जब मैंने खुलेपन के बारे में पढ़ा, तो मुझे समझ आया कि मुझे समंदर और पानी के पास रहना इतना अच्छा क्यों लगता है। हम लोग छुट्टियों में समंदर के किनारे जाना खूब एन्जॉय करते हैं। समंदर में नहाने के बाद, मुझे

एक आराम कुर्सी पर लेटकर, समंदर के दूर-दूर तक फैले पानी और नीले आसमान को निहारने से ज्यादा अच्छा कुछ नहीं लगता। सुनहरी रेत से भरा किनारा और ऊपर विशाल नीला आसमान, ये सब देखने में बहुत सुंदर लगता है। ये किसी स्वर्ग से कम नहीं होता, और मैं घंटों तक ऐसे ही बैठा रह सकता हूं। पहाड़ों पर छुट्टियां मनाते वक्त भी, मुझे पहाड़ों, आसमान, और नीचे की धरती को देखकर वैसा ही सुख और आनंद मिलता है। मुझे यकीन है कि आप में से कई लोगों ने भी ऐसा ही सुख और आनंद महसूस किया होगा। हमें ऐसा नज़ारा देखकर अच्छा इसलिए लगता है, क्योंकि ये हमारे अंदर के विशाल स्वरूप को छू जाता है, जो ऐसे आराम के पलों में चमकता है।

एक बार इस खुलेपन का अनुभव हो जाए, तो फिर पहाड़ों या समुद्र में बार-बार शरण लेने की ज़रूरत नहीं है। बस हमें अपने रोज़मर्रा के जीवन में ही जगह की जागरूकता पैदा करनी चाहिए - चाहे वो हमारे आस-पास का कमरा हो, लोगों के बीच की दूरी हो या हमारे विचारों के बीच का अंतराल हो। जितना हम अपने बाहर की जगह से तालमेल बिठाएंगे, उतना ही हम भीतर से विशाल होते जाएंगे।

निक्सेन - कुछ न करने की कला (द आर्ट ऑफ़ डूईंग नथिंग)

आजकल की भागदौड़ भरी जिंदगी में, सबसे ज्यादा ज़रूरी है थोड़ा सुकून, थोड़ा वक्त, जिसमें हम कुछ न करें, बस चैन से रहें। डच भाषा में एक बहुत ही प्यारा शब्द है 'निक्सेन', जिसका मतलब है 'कुछ न करने की कला'। ओल्गा मेकिंग ने अपनी किताब "निक्सेन: एम्ब्रेसिंग द डच आर्ट ऑफ डूईंग नथिंग" में इस बारे में बहुत अच्छी तरह से बताया है। निक्सेन का मतलब है, सोच-समझकर, थोड़ा वक्त निकालना, और कुछ नहीं करना - जैसे खिड़की से बाहर देखना, या ऐसे ही बैठे रहना, और खुद को थोड़ी राहत देना। हमारी दुनिया में, हमेशा कुछ न कुछ करते रहना, बिज़ी रहना ही कामयाबी माना जाता है, इसलिए कुछ नहीं करना, थोड़ा रुकना, मुश्किल लग सकता है।

मनोवैज्ञानिक डोरीन डॉडजेन-मैगी, निक्सेन की तुलना एक ऐसी कार से करती हैं, जिसका इंजन तो चल रहा है, लेकिन वो कहीं जा नहीं रही। ओल्गा मेकिंग, हमें जीवन में निक्सेन को अपनाने की सलाह देती हैं। उनका सुझाव

है कि अगर आप कुछ नहीं कर रहे हैं, तो उसे स्वीकार करें, और अगर कोई आपसे पूछे कि आप अपने खाली समय में क्या कर रहे हैं, तो बस जवाब दें, 'कुछ नहीं'। ब्रेक या छुट्टियां लेने के बारे में बेफ़िक्र रहिये, और अगर कोई आपको आलसी समझे तो परवाह मत कीजिये। 'निक्सेन' को आलस्य नहीं, बल्कि एक ज़रूरी जीवन कौशल समझिये।

भाग-दौड़ से दूर, निक्सेन (खाली बैठना) की शुरुआती झिझक को चुनना बेहतर है। ध्यान रहे, निक्सेन सिर्फ बैठे रहना नहीं है, जो शायद सबको पसंद न आए। आप टहलने जा सकते हैं या बिना किसी मकसद के बैठे रह सकते हैं। ओल्गा हमें दिन भर में निक्सेन के पल निकालने की सलाह देती हैं, चाहे काम पर हों, घर पर हों या आते-जाते हों। हम जितना इन पलों का अभ्यास करेंगे, इसके एक आदत में बदलने की संभावना उतनी ही अधिक होगी।

वो घर में भी एक 'निक्सेन स्पेस' बनाने की सलाह देती हैं - जैसे आरामकुर्सी, सोफा या सिर्फ काउच पर एक कोना, ताकि इस क्रिया में आसानी से शामिल हो सकें। कनाडा की पत्रकार रशेल जोनट ने अपनी किताब 'द जॉय ऑफ डूईंग नथिंग' में एक अनोखा सुझाव दिया है - 'नॉट-टू-डू लिस्ट' बनाने का, जो हमारी आम 'टू-डू लिस्ट' से बिल्कुल उलट है। मतलब, ऐसी चीज़ें ढूंढो जिन्हें करना तुम बंद करना चाहते हो, और उससे समय बचाओ। जब मैंने निक्सेन के बारे में पढ़ा, तो वो तुरंत दिल को छू गया, खासकर 'निक्सेन स्पेस' वाला आइडिया। मेरे घर में एक कोना है जहां मैंने गद्दा-तकिया रखा है, और वो मेरा पवित्र निक्सेनिंग स्पॉट है। घर में सब उस कोने को जानते हैं, और कोई मिलने आए तो उन्हें पता होता है कि फ्री टाइम में मुझे कहां ढूंढना है। मौका मिले तो मैं घंटों वहां कुछ नहीं करते हुए या निक्सेनिंग करते हुए बिता सकता हूं, और ये मेरे सबसे आनंददायक पल होते हैं।

चाहे कितना भी बिजी शेड्यूल हो, हमें जान-बूझकर निक्सेन के लिए समय निकालना चाहिए। 'हाउ टू डू नथिंग' की लेखिका जेनी ओडेल ने NOMO यानी 'नेसेसिटी फॉर मिसिंग आउट' शब्द बनाया, जो मेरे एक और पसंदीदा शब्द JOMO यानी 'जॉय ऑफ मिसिंग आउट' से मिलता-जुलता है। जब हम अपना दिन ढेरों कामों से भरने के बजाय निक्सेन के लिए समय निकालते हैं, तो हमें एक ख़ुशी और हल्कापन महसूस होता है। ओल्गा इस बात पर भी ज़ोर देती हैं कि निक्सेन माइंडफुलनेस जैसा लग सकता है, पर वो वैसा नहीं है। माइंडफुलनेस में एक तरीका होता है, जैसे अपनी सांसों पर ध्यान देना और वर्तमान में रहना, जबकि निक्सेन बस कुछ नहीं करना है। इन शब्दों में

उलझने की ज़रूरत नहीं, बस बिना कुछ किए, रहने के इन पलों को संजोना है और इन्हें अपनी रोज़मर्रा की ज़िंदगी में और बढ़ाना है।

स्काई-गेज़िंग मेडिटेशन और स्पेस

तिब्बती बुद्ध धर्म में, आकाश को देखते हुए ध्यान करने की एक प्रथा है जिसे स्काई-गेज़िंग कहा जाता है। यह ज़ोग्चेन परंपरा से ली गई है, और इसका मुख्य उद्देश्य बिना किसी सोच-विचार के प्राकृतिक अवस्था में रहना है। इस अवस्था को सहज जागरूकता भी कहा जाता है, क्योंकि यह हमेशा से मौजूद रही है। यह विशाल, स्पष्ट और निर्मल है - न तो किसी चीज़ को अस्वीकार करती है और न ही किसी चीज़ से चिपकती है।

ध्यान और माइंडफुलनेस शिक्षक चैड फोरमैन बताते हैं कि साफ नीला आकाश इस प्राकृतिक अवस्था से काफ़ी मिलता-जुलता है। जैसे आकाश गुजरते हुए मौसम से अप्रभावित रहता है, वैसे ही हमारी प्राकृतिक अवस्था विचारों या भावनाओं से अप्रभावित रहती है, चाहे उनकी तीव्रता कुछ भी हो।

यह ध्यान अभ्यास हमें अपनी विशाल, विस्तृत, स्पष्ट और खुली जागरूकता से जोड़ने का लक्ष्य रखता है, जो हमारा असली स्वरूप है। आकाश को निहारने से हमें विश्राम, शांति, आनंद और वास्तविकता से जुड़ाव का एक नया अनुभव मिलता है।

चैड यह भी बताते हैं कि वैसे तो यह ध्यान ऊंचे स्थानों के लिए सुझाया जाता है, लेकिन इसे कहीं भी किया जा सकता है, यहां तक कि आपके कंप्यूटर पर भी। आपके सामने, कंप्यूटर और आपके बीच की जगह, वस्तुओं से ध्यान हटाकर खुली जगह पर ले जाने का काम कर सकती है।

आदतें, तलाश और उपस्थिति का स्पेस

स्कॉट किलोबी की किताब 'नेचुरल रेस्ट फॉर एडिक्शन' में, वो बताते हैं कि कैसे 'नेचुरल रेस्ट' यानी खुलेपन और 'प्रेजेंस' में आराम करना, किसी भी लत से छुटकारा पाने का एक ज़बरदस्त तरीका है। स्कॉट, जिन्होंने अपनी पूरी ज़िंदगी कई लतों से लड़ाई लड़ी, उन्हें इसी 'प्रेजेंस' में बार-बार आराम

करने में एक स्थायी समाधान मिला। इसमें विचारों, भावनाओं, तलब और ऊर्जाओं को वैसे ही रहने देना शामिल है जैसे वे हैं, जिससे अंततः लत के चक्र से मुक्ति मिलती है।

लत या आदतें सिर्फ नशीले पदार्थों तक सीमित नहीं हैं, बल्कि ये काम, रिश्तों, खाने, खरीदारी, छुट्टियों या यहां तक कि निरंतर सोचने तक भी फैल सकती हैं। बहुत से लोग निरंतर मानसिक गतिविधि की लत से अनजान होते हैं। स्कॉट इस बात पर जोर देते हैं कि अप्रिय भावनाओं और विचारों से बचने के लिए लगातार भविष्य की ओर देखना, बेचैनी और कमी या ऊब की भावनाओं से राहत पाने के चक्र को बनाए रखता है।

स्कॉट का तर्क है कि लत हमारे जीवन में एक ऐसा छेद है जिसे भरा नहीं जा सकता। तलब मिटाने से मिलने वाली राहत या संतुष्टि के क्षण अस्थायी होते हैं और तलाश का चक्र जारी रहता है। स्कॉट के अनुसार, समाधान वर्तमान क्षण के उस स्थान में निहित है जिसे प्राकृतिक विश्राम कहा जाता है, जिसमें हमें आराम करने की आवश्यकता है।

इस स्थान में बार-बार विश्राम करने से स्वाभाविक रूप से भविष्य की तलाश बंद हो जाती है। यह विश्रामपूर्ण उपस्थिति हमारे जीवन के हर पहलू में व्याप्त हो जाती है, हमें आराम, स्वतंत्रता और कल्याण प्रदान करती है जहां व्यसनी तलाश के चक्र ने हमें फंसा रखा है।

स्कॉट के अनुसार, विभिन्न रूपों में व्यसनी के रूप में, हम जिस चीज़ की सबसे अधिक तलाश करते हैं, वह स्वयं तलाश का अंत है। वर्तमान क्षण के स्थान में आराम करने से हम अपनी तलाश का समाधान यहीं, अभी पा सकते हैं - वह एक स्थान जिसे अक्सर अनदेखा कर दिया जाता है।

जब हम शांत और स्थिर होते हैं, तो हमारे अंदर एक खुलापन सा आ जाता है। जैसे, एक सिंपल सा एक्सपेरिमेंट करके देखिए। जब आप किसी कमरे में शांति से जाते हैं, तो आपको वहां का पूरा माहौल दिखता है, हर चीज़, हर कोना। लेकिन अगर आप भागते-दौड़ते या परेशान होकर गए कमरे में जाते हैं, तो बस सामने वाला काम या बंदा ही दिखेगा, बाकी सब धुंधला सा हो जाएगा।

मौन की आवाज़ (द साउंड ऑफ़ साइलेंस)

एकहार्ट अपनी किताब 'द पॉवर ऑफ़ नाउ' में कहते हैं कि आकाश और मौन एक ही चीज़ के, एक ही शून्य के दो पहलू हैं। वे आंतरिक आकाश और आंतरिक मौन की बाहरी अभिव्यक्ति हैं, जो स्थिरता है: सभी अस्तित्व का असीम रचनात्मक गर्भ। एकहार्ट कहते हैं कि, अंतरिक्ष की तरह, शांति भी उस चीज़ का रास्ता खोल सकती है जो अभी तक प्रकट नहीं हुई है। वो सलाह देते हैं कि समय-समय पर हमें आवाज़ों से ज़्यादा ध्यान शांति पर देना चाहिए। बाहर की शांति पर ध्यान देने से अंदर की शांति पैदा होती है; मन शांत हो जाता है, और एक नया रास्ता खुल जाता है।

उसी किताब में, वो बताते हैं कि हर आवाज़ शांति से पैदा होती है, शांति में ही खो जाती है, और अपने पूरे जीवनकाल में शांति से ही घिरी रहती है। यह हर आवाज़, हर सुर, हर गाने का एक ज़रूरी लेकिन छिपा हुआ हिस्सा है। एक छोटा सा लेकिन बहुत खूबसूरत वाक्य इसे बखूबी समझाता है: 'इस दुनिया में कुछ भी ईश्वर के इतना करीब नहीं है जितनी कि शांति।' बातचीत के दौरान भी, हमें शब्दों के बीच के अंतराल, मौन के छोटे से पलों के प्रति जागरूक होना चाहिए। ऐसा करने से हमारे अंदर स्थिरता का आयाम बढ़ता है। युगों से, संत और गुरुजन मौन के बारे में बहुत कुछ कहते आए हैं। आद्याशांति कहते हैं: 'मौन ही एकमात्र शिक्षा है और एकमात्र शिक्षक है जो हर समय मौजूद है।'

समय के साथ-साथ, खामोशी के साथ मेरा रिश्ता काफ़ी बदल गया है। मैं हमेशा से ही मस्ती करने वाला, मिलनसार और लोगों से घुलने-मिलने वाला रहा हूं। थोड़ा सा खुद की तारीफ करूं तो, मैं अक्सर पार्टी की जान होता था, और बातचीत में किसी भी अजीब से पॉज़ या खामोशी को दूर करने के लिए हंसी-मज़ाक या कुछ मस्ती करता था। लेकिन जब मैंने एकहार्ट के काम के बारे में जाना, तो मुझे खामोशी की अहमियत समझ में आई। और जब मैंने मेडिटेशन शुरू किया, तो मुझे सच में पता चला कि ये कितनी ताकतवर है। तब से मैंने मूजी और आद्याशांति के कई रिट्रीट में हिस्सा लिया है, जिनमें से ज्यादातर में हम बस चुपचाप बैठे रहते हैं। इन रिट्रीट में, मुझे अपने अंदर एक ऐसी विशाल शांति का एहसास हुआ जो हमेशा से हमारे अंदर मौजूद होती है। अब जब भी कोई मुझसे माइंडफुलनेस या मेडिटेशन के बारे में पूछता है, तो मैं अक्सर उन्हें दिन में कुछ मिनट चुपचाप बैठने की सलाह देता

हूं। यह सिर्फ दो मिनट का भी हो सकता है, बस शांति का आनंद लें और जो भी होना है उसे होने दें। एक बार जब आप अकेले में चुपचाप बैठ सकते हैं, तो आप उस आंतरिक शांति को भरे बाजार में भी महसूस कर सकते हैं। यह कोई शोर और अराजकता से भरी जगह हो सकती है, फिर भी आप अपने भीतर एक शांति और स्थिरता का अनुभव कर सकते हैं। और यही तो असली मज़ा है। यह मेरे लिए सबसे अद्भुत और मुक्तिदायक अनुभवों में से एक है कि एयरपोर्ट या अस्पताल जैसी जगह पर, जहां चारों तरफ हंगामा हो रहा हो, और फिर भी मैं अपने अंदर एकदम शांत रह लेता हूं।

खामोशी के प्रकार

मुझे नॉर्टन जस्टर का लिखा 'द फैंटम टोलबूथ' में अलग-अलग तरह की खामोशी के बारे में पढ़ के बड़ा मज़ा आया। वो लिखते हैं - 'कभी भोर होने से ठीक पहले वाली खूबसूरत खामोशी सुनी है? या फिर तूफान थमने के बाद की शांति? शायद तुम उस खामोशी को जानते हो जब तुम्हारे पास किसी सवाल का जवाब नहीं होता, रात में किसी सुनसान सड़क की खामोशी, या फिर जब कोई बोलना शुरू करने वाला होता है तो लोगों से खचाखच भरे हॉल में पसर जाने वाली वो खामोशी, या सबसे खूबसूरत, जब दरवाजा बंद होता है और तुम पूरे घर में अकेले होते हो? हर खामोशी अलग होती है, और अगर तुम ध्यान से सुनो तो सब बहुत सुंदर हैं।'

हम अक्सर सोचते हैं कि खामोशी बस आवाज़ की गैरमौजूदगी है, लेकिन जब हम शांत और स्थिर हो जाते हैं, तो हमें एहसास होता है कि जैसे कई तरह की आवाज़ें होती हैं, वैसे ही खामोशी के भी कई रंग होते हैं, जो बहुत गहरे हो सकते हैं। उपन्यासकार, कवि और मनोचिकित्सक पॉल गुडमैन ने भी अपनी किताब 'स्पीकिंग एंड लैंग्वेज: डिफेंस ऑफ पोएट्री' में नौ तरह की खामोशी के बारे में बताया है, जैसे कि नाराज़गी की शोर भरी खामोशी, उलझन की घबराहट भरी खामोशी से लेकर किसी काम में डूबे रहने पर होने वाली संगीतमय खामोशी और जागरूकता की गहरी, उपजाऊ खामोशी तक।

शांत उपस्थितिः एक उपहार

कभी-कभी जब शब्द बेकार या नुकसानदेह लगते हैं, तब चुप्पी बहुत ही आरामदायक और सुकून देने वाली हो सकती है। मशहूर लेखक पार्कर पाल्म्स अपने लेख 'द गिफ्ट ऑफ प्रेज़ेंस, द पेरिल्स ऑफ एडवाइस' में इस बारे में बात करते हैं। जब वे गहरे डिप्रेशन से गुजर रहे थे, उनके दोस्त उन्हें कई सुझाव और उपाय देते थे, जिससे वे और अकेला महसूस करते थे। वे समझाते हैं कि इंसान की आत्मा को सलाह या ठीक करने या बचाने की ज़रूरत नहीं होती। बस उसे देखा, सुना और जैसा है वैसा ही साथ देने की ज़रूरत होती है। लेकिन साथ देने के लिए समय और धैर्य चाहिए, जो अक्सर हमारे पास नहीं होता, खासकर जब कोई दर्द में होता है और हम उसे देख नहीं पाते।

वे बताते हैं कि उस मुश्किल समय में उनके एक दोस्त बिल ने चुपचाप उनके साथ रहकर उनकी जान बचाई। बिल हर रोज शाम 4 बजे उनके घर आते और उनके पैरों की मालिश करते। वे शायद ही कभी कुछ बोलते, लेकिन पार्कर को उनकी खामोशी में एक गहरा संबंध महसूस होता था।

हम सभी ने खामोश साथ का यह खजाना महसूस किया है। मुझे याद है जब मेरे पिताजी की मृत्यु के बाद मैं कुछ दिनों तक सदमे और दुख में था। उठना भी मुश्किल लगता था। मैं बस बिस्तर पर लेटा रहता, और मुझे याद है कि मेरे एक दूर के रिश्तेदार आए और लगभग पूरे दिन चुपचाप बैठे रहे। उन्होंने शरीर को ले जाने की व्यवस्था जैसे काम भी किए, जबकि मुझे चुपचाप दुख मनाने दिया गया। उनकी खामोशी मुझे सुकून देती थी और मुझे आज भी यह बात याद है।

संगीत और खामोशी

ज़्यादातर कलाकार और संगीतकार खामोशी के जादू और उसकी शक्ति को समझते हैं और उसे अपने संगीत को निखारने के लिए इस्तेमाल करते हैं। महान संगीतकार मोजार्ट ने बड़ी खूबसूरती से कहा था, 'संगीत सुरों में नहीं होता, बल्कि सुरों के बीच के खामोशी में होता है।' 20वीं सदी के मशहूर पियानो वादक आर्थर रुबिनस्टीन से एक बार उनके बेहतरीन संगीत

का राज़ पूछा गया। उन्होंने बस इतना कहा, 'मैं सुरों को दूसरे पियानो वादकों से बेहतर नहीं बजाता। लेकिन सुरों के बीच का विराम, बस यहीं कला का असली जादू है।'

महान संगीतकार खामोशी के इस क्षेत्र को जानते हैं, क्योंकि उन्हें पता है कि यहीं से अगला सुर जन्म लेता है। भारतीय शास्त्रीय संगीत अपने खूबसूरत विरामों के लिए मशहूर है, जो श्रोता को एक गहरे ध्यान की अवस्था में ले जाते हैं। प्रसिद्ध भारतीय आध्यात्मिक गुरु ओशो ने खामोशी और संगीत पर एक बातचीत में बड़ी खूबसूरती से इसे समझाया: 'संगीत की ध्वनियों के बीच, खामोशी के अंतराल होते हैं। असली संगीत ध्वनियों में नहीं, बल्कि उन अंतरालों में होता है। ध्वनियां आती हैं और जाती हैं; वे अंतराल बने रहते हैं। और संगीत आपको उन अंतरालों से किसी भी चीज़ से ज्यादा खूबसूरती से परिचित करा सकता है; इसलिए मुझे कहना पड़ता है कि संगीत, खामोशी के बाद आता है।'

एक समाज के रूप में, हमने वस्तुओं, ध्वनियों, काम करने और खुद को व्यस्त रखने में इतना खो दिया है कि हम अपने जीवन में शून्य, अस्तित्व और खामोशी को शायद ही कोई महत्व देते हैं। शायद यही कारण है कि हर तरह की विलासिता और भौतिक सुख-सुविधाओं का आदी होने के बावजूद हम चिंता और बेचैनी महसूस करते हैं। इससे हमें समझना चाहिए कि हमें संतुलन बनाए रखने और अपने जीवन में और अधिक स्थिरता लाने की ज़रूरत है। शून्य और खामोशी उस असीम, निराकार आयाम के महत्वपूर्ण द्वार हैं जो हमारा असली स्वरूप है। यह हमारे अनुभव के सभी पहलुओं में व्याप्त है, और हमें बस इतना करना है कि हम शून्य और खामोशी के उस पटल पर ध्यान दें, जो सभी अनुभवों को घटित होने देता है। आद्याशांति ने इसे बड़ी खूबसूरती से वर्णित किया है: 'एक विशाल शून्य है जिसमें यह क्षण घटित होता है। एक महान खामोशी है जो विचारों को सुन रही है।'

अभ्यास

- क्या आप अपनी आंखों के बीच के स्पेस के बारे में सोच सकते हैं! एक मिनट के लिए बस इसी को सोचें और मन में देखें।
- क्या अपने कानों के बीच की जगह की कल्पना कर सकते हैं? इस

सवाल पर सोचें और उस जगह की कल्पना करें।

- देखें कि क्या आप अपनी उंगलियों और पैर की उंगलियों के बीच की जगह की कल्पना कर सकते हैं।जिस पेज को आप पढ़ रहे हैं, उसे देखें, सिर्फ छपे हुए शब्दों पर ही नहीं बल्कि बैकग्राउंड में जो खाली जगह है उस पर भी ध्यान दें। अपने और कंप्यूटर स्क्रीन के बीच की जगह को भी महसूस करें।
- आसमान और अपने चारों ओर की जगह को देखें, बादलों या तारों को और उनके बीच की जगह को देखें।
- टेबल पर रखी किसी चीज़ पर ध्यान केंद्रित करें, फिर उस कमरे की जगह पर ध्यान दें जहां टेबल रखी है।
- आसमान देखने के लिए, आप अपनी बालकनी में, अपने कमरे में या अगर हो सके तो खुले आसमान के नीचे बैठ सकते हैं और बस आसमान को महसूस करते रहें और अपनी जागरूकता को आसमान की विशालता में विलीन होने दें।
- जब आपको मद्यपान या धूम्रपान करने की इच्छा हो, तो बस उस एहसास के साथ बने रहें। ध्यान दें कि क्या वह तलब धीरे-धीरे कम हो रही है?
- कमी या अधूरेपन की भावना को महसूस करें। ध्यान दें कि कैसे, अगर उसे अपने हाल पर छोड़ दिया जाए, तो यह एहसास जागरूक उपस्थिति के आकाश में विलीन हो जाता है। बस उस कमी या खालीपन की भावना के साथ 30 सेकंड रहने के साथ शुरू करें और देखें कि यह कैसा लगता है। फिर इस समय को थोड़ा और बढ़ाएं।
- मौन के पलों की आदत डालें। बिना किसी एजेंडे के बस चुपचाप बैठें। दो मिनट से शुरू करें। पहले आप बेचैन महसूस कर सकते हैं, लेकिन फिर आपको इसकी आदत हो जाएगी, और एक आंतरिक शांति विकसित होगी। दिन भर में समय-समय पर ऐसा करते रहें।
- विचारों के बीच के अंतराल से अवगत रहें, शब्दों के बीच की खामोशी से भी। इससे स्पेस कॉन्शसनेस पैदा होती है।
- देखें कि क्या आप अपने दोस्त या जीवनसाथी के साथ कुछ मिनट शांत बैठ सकते हैं, समय बिताने के लिए कोई बातचीत किए बिना।

- चीजों की बैकग्राउंड में जो खामोशी है, उससे अवगत रहें, जैसे संगीत या किसी भी आवाज़ की बैकग्राउंड में जो खामोशी है, उसे सुनें।
- किसी भी आवाज़ को नोटिस करें जैसे कुत्ते के भौंकने की आवाज़ और कैसे वह खामोशी से निकलती है और वापस खामोशी में विलीन हो जाती है।
- एक पेड़ या फूल की शांति को नोटिस करें। जब हम किसी वस्तु में स्थिरता के प्रति जागरूक हो जाते हैं, तो हम भीतर से स्थिर हो जाते हैं।
- अगली बार जब बिजली चली जाए और एसी या पंखा बंद हो जाए, तो जैसे ही एसी या पंखे की आवाज़ कम हो, बस उस शांति को नोटिस करें। फिर, जब एसी फिर से शुरू हो तो आवाज़ों को नोटिस करें।
- बेचैनी के साथ भी शांति से बैठने की कोशिश करें। आपने कितनी बार बेचैनी के साथ चुपचाप रहने की कोशिश की है? ध्यान दें कि जब आप खुद को इसे बदलने की कोशिश किए बिना इसके साथ रहने देते हैं तो यह कैसे फीकी पड़ जाती है।
- अपने जीवन में निक्सेन के लिए कुछ समय निकालें, हो सकता है कि दिन में एक घंटा।
- एक 'नॉट-टू-डू' सूची बनाएं। उन चीजों को शामिल करें जिन पर आप समय बर्बाद नहीं करना चाहेंगे ताकि आप जो पसंद करते हैं उसे और अधिक कर सकें।

13.

आदतों का जादू

'लगातार प्रयास एक अनदेखा जादू है, जो रोज़मर्रा के कामों में छिपा होता है।'

- विक्टोरिया एरिक्सन

मुझे ऐसा लग रहा था जैसे सब लोग चिल्ला रहे हैं, हंस रहे हैं, और शोर मचा रहे हैं। मेरे दोस्त एक-के-बाद-एक कमरे में आ रहे थे। हम लोग, सीएमसी वेल्लोर के लगभग 15 दोस्त, गोवा में एक मिनी-रीयूनियन के लिए आए थे। सिर्फ लड़कों की पार्टी थी। हमने एक बढ़िया विला बुक किया था और सोचा था कि हम वहां खूब मस्ती करेंगे और अपने हॉस्टल के दिनों की यादें ताज़ा करेंगे।

संजय हाथ में बीयर की बोतल लेकर मेरे कमरे में घुसा और जोर से चिल्लाया, 'अरे सरोज, क्या तुम अभी तक तैयार नहीं हो? चलो नाश्ता करने चलते हैं। क्या करते हो यार! . . .' मुझे देखते वह हैरान होकर वहीं ठहर गया। उसने मुझे बिस्तर पर बैठा, आंखें बंद करके ध्यान लगाते हुए पाया। मैं ऊपर उठा, थोड़ा संकोच के साथ मुस्कुराते हुए उससे कहा, 'मुझे बस दो मिनट दो; मैं जल्दी ही आ रहा हूं। असल में, यह काम मेरी रूटीन का पार्ट है. . .' उसे शांत करने की कोशिश में मैंने धीरे से कहा।

संजय ने 'नहीं' में ऐसे सिर हिलाया जैसे उसे मेरी बात पर बिल्कुल भरोसा न हो और बाहर चला गया। मैंने सुना वह किसी से चिल्लाते हुए कह रहा था, 'यार, सरोज बिल्कुल पागल हो गया है!' यह सुनकर मैं मन ही मन मुस्कुराया और जल्द ही तैयार होकर सबके साथ मस्ती करने चला गया। दिन के अंत तक, मैंने सारी कसर की भरपाई कर दी थी - जबरदस्त मस्ती करके।

मेरे लिए तो मेडिटेशन एक लाइफ़टाइम आदत बन गया है, चाहे काम करो या छुट्टियां मनाओ, एक अच्छी आदत कभी आपका साथ नहीं छोड़ती। मुझे आदतों पर ये चैप्टर लिखने का मन इसलिए भी था क्योंकि अलग-अलग आदतें डालने से मुझे बहुत फायदा हुआ है, और ये किसी भी कामयाब इंसान की ग्रोथ और सक्सेस का एक ज़रूरी हिस्सा होती हैं।

'द एटॉमिक हैबिट्स' किताब के लेखक जेम्स क्लियर कहते हैं, अगर आप हर दिन बस ज़रा सा, एक परसेंट भी, खुद को बेहतर बनाते रहें, तो साल भर में आप तकरीबन 37 गुना बेहतर हो जाएंगे। ये है छोटी-छोटी आदतों का कमाल'। इस बात को वह दूसरे शब्दों में शानदार तरीके से समझाते हैं: 'आदतें खुद को सुधारने का चक्रवृद्धि ब्याज हैं।'

अपनी किताब में, यह बात समझाने के लिए उन्होंने कई उदाहरण दिए हैं। शुरुआत उन्होंने ब्रिटिश साइकलिंग कोच ब्रेल्सफोर्ड के उदाहरण से की, जिन्हें 2003 में ब्रिटिश साइकलिंग टीम को एक नई दिशा देने के लिए रखा गया था। उनकी स्ट्रैटेजी नई और सिंपल थी, लेकिन उसके जबरदस्त रिजल्ट मिले। उन्होंने अपने फॉर्मूले को 'एग्रीगेशन ऑफ़ मार्जिनल गेन्स' कहा, यानी हर काम में थोड़ा-सा सुधार ढूंढने की फिलॉसफी। उनका आइडिया यह था कि अगर आप साइकिल चलाने से जुड़ी हर चीज़ को तोड़कर देखें और फिर हर चीज़ में एक प्रतिशत का सुधार करें, तो जब आप इन सबको मिलाएंगे तो बहुत बड़ा फ़र्क दिखेगा। यही कारण था कि ब्रिटिश साइकलिंग टीम को बाद में सभी फॉर्मेट में इतनी बड़ी सफलता मिली।

बैंकिंग का कोई भी जानकार आपको बता सकता है कि कंपाउंड इंट्रेस्ट कितना जादुई होता है, लेकिन ज़्यादातर लोग ये नहीं समझते कि रोज़ की छोटी-छोटी आदतें हमारी ज़िंदगी को कितना बदल सकती हैं। ये बुरी आदतों के मामले में भी सच है - गलत खान-पान, एक्सरसाइज़ की कमी, और काम टालने की आदतें धीरे-धीरे इकट्ठा होकर आगे चलकर बहुत नुकसान पहुंचा सकती हैं। जैसा कि बड़े बिज़नेसमैन और मशहूर इन्वेस्टर वॉरेन बफे कहते हैं, 'आदतों की ज़ंजीरें इतनी हल्की होती हैं कि उनका एहसास ही नहीं होता, जब तक कि वो इतनी भारी न हो जाएं कि उन्हें तोड़ा ही न जा सके।'

हर आदत की शुरुआत एक छोटे से फैसले से होती है। आदत एक ऐसा काम है जिसे हम इतनी बार करते हैं कि वो अपने आप होने लगता है। जेम्स क्लियर ने 'एटॉमिक हैबिट्स' शब्द के पीछे का कारण समझाया है। उनके अनुसार, आदतें हमारे जीवन के परमाणुओं की तरह हैं, हर एक हमारे विकास

में योगदान देने वाली एक बुनियादी इकाई है। एटॉमिक हैबिट्स का मतलब है एक नियमित अभ्यास या दिनचर्या जो न केवल छोटी और संभालने योग्य है, बल्कि समय के साथ अविश्वसनीय शक्ति का स्रोत भी है।

छोटी-छोटी आदतों के लगातार करने से बड़े रिजल्ट्स मिलते हैं, यह बात मेरे दिल को छू गई। मैं कोई जीनियस तो नहीं हूं, फिर भी बचपन से ही कई कॉम्पिटिटिव एग्ज़ाम्स में टॉप करता रहा हूँ। मेरी सफलता का राज़, जिसे मैं बताना चाहता हूं, वह है डिसिप्लिन और लगातार मेहनत करने की आदत। जब मैं मेडिकल एंट्रेंस की तैयारी कर रहा था, तो रोज़ पढ़ाई करना एक आदत बना ली थी और हर एग्ज़ाम के लिए प्लानिंग भी बहुत ध्यान से करता था।

बचपन से ही मेरा वज़न कभी ऊपर कभी नीचे होता रहा है। मैंने कई बार डाइट कंट्रोल और एक्सरसाइज़ करके 15-20 किलो तक वज़न घटाया है। जब रिजल्ट दिखने लगते हैं ना, तो बाकी चीज़ों में भी मोटिवेशन मिल जाता है।

मुझे याद है, कोई 15 साल पहले जब मैंने ध्यान करना शुरू किया था, तो मैं अपनी भागदौड़ भरी ज़िंदगी में इस आदत को फिट करना चाहता था क्योंकि मैं देख सकता था कि यह हर तरह से मुझ पर कितना अच्छा असर डाल रहा था। मुझे अपने पिछले संकल्पों में सफलताओं की याद आई, जैसे कि कॉम्पिटिटिव एग्ज़ाम्स में और वज़न कम करने में। तो मैंने सोचा कि क्यों न कुछ ऐसे ही तरीके यहां भी अपनाए जाएं। मैंने सोचा कि रोज़ बस पांच-दस मिनट ध्यान करके शुरुआत करूंगा - एक छोटा सा समय, जिसे मैं आसानी से निकाल सकूं।

छह महीने में, मैंने अपनी नींद थोड़ी कम करके उस समय को आधे घंटे तक बढ़ा लिया, और अब मैं अपने व्यस्त काम के बावजूद दिन में दो से तीन घंटे ध्यान करता हूँ। मुझे हमेशा से यही लगता है कि किसी भी काम को लंबे समय तक लगातार करते रहने की काबिलियत सबसे बड़ी खूबी है। सचिन तेंदुलकर या विराट कोहली जैसे किसी भी विश्वस्तरीय खिलाड़ी को ही देख लें, उनकी शानदार सफलता के पीछे उनका लगातार अभ्यास और अपने कौशल को निखारने की लगन ही है।

हैबिट लूप

जेम्स क्लियर ने अपनी किताब 'एटॉमिक हैबिट्स' में बताया है कि कैसे हम अपनी आदतों को एक सिस्टम में बदल सकते हैं। इसमें चार स्टेप्स हैं:

1. **संकेत** (Cue): यह आपके दिमाग को किसी काम को करने के लिए एक इशारा देता है। यह एक ऐसी जानकारी है जो आपको इनाम का अंदाज़ा देती है। यह हमें बताता है कि इनाम पास है, जिससे हमें उसकी चाहत होने लगती है। जैसे, अगर आप सुबह की चाय के बाद जॉगिंग या जिम जाते हैं, तो चाय का कप एक संकेत बन सकता है।

2. **चाहत** (Craving): यह किसी भी आदत के पीछे की असली ताकत है। एक स्मोकर इसलिए सिगरेट पीना चाहता है क्योंकि उसे उससे मिलने वाली राहत की चाहत होती है। आपके विचार, भावनाएं, और एहसास ही एक संकेत को चाहत में बदलते हैं।

3. **प्रतिक्रिया** (Response): यह वह असली आदत है जिसे आप करते हैं। यह एक विचार या कोई काम हो सकता है।

4. **इनाम** (Reward): आखिर में, प्रतिक्रिया आपको इनाम देती है। हर आदत का आखिरी मकसद इनाम पाना होता है। संकेत इनाम को पहचानने के बारे में है, चाहत इनाम को पाने की इच्छा है, और प्रतिक्रिया इनाम को हासिल करने के बारे में है।

इन्हें मिला के, इन चारों स्टेप्स से आदतें अपने आप बन जाती हैं और इस पूरे चक्कर को 'हैबिट लूप' कहते हैं। अपनी किताब में, क्लियर ने इन चार स्टेप्स को 'बिहेवियर चेंज के चार नियम' नाम दिया है। इन नियमों के आधार पर, आप नई आदतें बना सकते हैं और बुरी आदतों को छोड़ सकते हैं।

यह किताब उन सबके लिए मस्ट-रीड है जो नई आदतें डालना चाहते हैं या अपनी ज़िंदगी से बुरी आदतों को निकालना चाहते हैं। उम्र, ओहदा, या टाइम-टेबल कुछ भी हो, कोई भी इन स्टेप्स को फॉलो कर सकता है और फायदा उठा सकता है। ये स्टेप्स लाइफ़ के हर फील्ड में काम आते हैं। जब भी आप कोई नई आदत बनाना चाहें, तो बस खुद से ये सवाल पूछें:

- मैं इसे कैसे ज्यादा स्पष्ट ढंग से कर सकता हूं?
- मैं इसे कैसे अट्रैक्टिव बना सकता हूं?
- मैं इसे कैसे आसान बना सकता हूं?
- मैं इसे कैसे सेटिस्फाइंग बना सकता हूं?

आदत में छोटे-छोटे सुधार की स्ट्रेटजी

यह बस एक छोटे से कदम की बात है। इतने सालों में एक अच्छी आदत जो मैंने डाली है वो है TED Talks और मोटिवेशनल वीडियो देखना। एक ऐसा ही TED Talk था स्टीफन ड्यूनियर का, जो मुझे आज तक याद है। ड्यूनियर ने बताया कि कैसे जब वह एक सातवीं कक्षा के स्टूडेंट थे तो उनके मार्क्स C- ग्रेड के आस-पास थे और उनके लिए एक साथ पांच-दस मिनट से ज़्यादा ध्यान लगाना मुश्किल था। फिर उन्होंने खुद को कैसे बदला और बैंक ऑफ अमेरिका में करेंसी ऑप्शन ट्रेडिंग के हेड बने और फिर गिनीज़ वर्ल्ड रिकॉर्ड भी बनाया। उन्होंने अपनी इस कामयाबी का श्रेय अपने लक्ष्यों को पाने के लिए बनाई गई अपनी ख़ास आदतों और तरीकों को दिया।

ड्यूनियर का तरीका है बड़े लक्ष्यों को छोटे-छोटे कदमों में तोड़ देना। उनकी कामयाबी का राज़ है: 'मैं बस बड़े-बड़े, महत्वाकांक्षी प्रोजेक्ट लेता हूं, जिन्हें देखकर लोग दंग रह जाते हैं, फिर उन्हें आसान से रूप में तोड़ देता हूं, और रास्ते में छोटे-छोटे सुधार करके उन्हें हासिल करने की संभावना बढ़ा देता हूं।'

उनकी असली कामयाबी हाई स्कूल में तब हुई जब वो कुछ मिनट भी ध्यान नहीं लगा पे रहे थे और उनके नंबर भी खराब आ रहे थे। तब उन्होंने एक नया तरीका अपनाने का फैसला किया। अगर उन्हें पांच चैप्टर खत्म करने होते, तो वह उन्हें छोटे-छोटे टुकड़ों में बांट लेते। एक चैप्टर भी नहीं, बस तीन-चार पैराग्राफ, जितना वो एक बार में पढ़ पाएं।

उस समय से लेकर ग्रेजुएशन तक, ड्यूनियर एक अव्वल छात्र थे, हर सेमेस्टर में प्रेसिडेंट ऑनर रोल में रहते थे, और फिर आगे चलकर उन्होंने फाइनेंस और इकोनॉमिक्स में एक टॉप प्रोग्राम से ग्रेजुएशन किया। बाद में, उन्होंने अपने करियर में भी इसी फॉर्मूले को दोहराया। उनका मुख्य सिद्धांत

था - बड़े सिद्धांतों, जटिल विचारों, विशाल असाइनमेंट्स को लें, और उन्हें छोटे-छोटे, आसान कार्यों में तोड़ दें।

अपने करियर में जबरदस्त सफलता पाने के बाद, ड्यूनियर ने इसी फॉर्मूले को अपनी जिंदगी के दूसरे पहलुओं पर भी लागू करना शुरू कर दिया। उन्होंने देखा कि हर दिन वो आने-जाने में 45 मिनट पैदल चलते थे। इस दौरान वह सिर्फ म्यूजिक सुनने में बिताते थे। उस वक्त उनकी उम्र काफ़ी थी, फिर भी उन्होंने सोचा कि क्यों न इस समय का इस्तेमाल करके जर्मन सीख ली जाए। उन्होंने जर्मन सीख ली। यही नहीं इसके बाद उन्होंने ऑटो रेसिंग लाइसेंस लिया, हेलीकॉप्टर उड़ाना सीखा, रॉक-क्लाइम्बिंग की, स्काईडाइविंग की, और प्लेन को एरोबेटिकली उड़ाया। ये सब उन्होंने अपनी दिनचर्या में बस एक छोटा सा बदलाव करके हासिल किया।

अपने भाषण में, उन्होंने बताया कि अगर आप 30 मील की मैराथन दौड़ने का सोच रहे हैं, तो असली बात 30 मील या एक मील नहीं, बल्कि एक कदम है। उससे भी पहले, असली बात ये है कि जब आप टीवी या कंप्यूटर के सामने बैठे हों, तो उठकर अपने जूतों के फीते बांधने का फैसला करें। उन्होंने इसे बड़े मजेदार तरीके से समझाया: 'आप एक किताब उठाते हैं और आप एक शब्द पढ़ते हैं। यदि आप एक शब्द पढ़ते हैं, तो आप दो शब्द, तीन शब्द पढ़ेंगे; आप एक वाक्य, एक अनुच्छेद, एक पृष्ठ, एक अध्याय, एक पुस्तक पढ़ेंगे; आप 10 किताबें, 30 किताबें, 50 किताबें पढ़ेंगे।'

अपनी जिंदगी को बेहतर बनाने के ये आसान लेकिन कमाल के तरीके हैं । जेम्स क्लियर की बात, कि हर रोज़ थोड़ा-थोड़ा सुधार करो, और स्टीफ़न ड्यूनियर की ज़बरदस्त कहानी ने मुझे भी अपनी ज़िंदगी में छोटे-मोटे बदलाव करने को प्रेरित किया। मैं हाल ही में एक ऊँची इमारत में शिफ़्ट हुआ था, हमारा अपार्टमेंट आठवीं मंज़िल पर था। मैंने सोचा कि जब भी मैं घर से बाहर जाऊंगा या अंदर आऊंगा, तो तीन-चार मंज़िलें सीढ़ियों से चढ़ूंगा, बाकी के लिए लिफ़्ट इस्तेमाल करूंगा। अगर मैं ये हर रोज़ कर पाया, तो कुछ समय बाद इसका सेहत पर अच्छा असर ज़रूर पड़ेगा।

मुझे फ्री टाइम में मोटिवेशनल बातें और वीडियो सुनना हमेशा से बहुत पसंद रहा है। लेकिन अब मैंने सोचा है कि मैं इसे अपनी रोज की आदत बनाऊंगा। चाहे मैं जॉगिंग कर रहा हूं, टहल रहा हूं, या कार में बैठा हूं, मैं कुछ न कुछ इंस्पायरिंग सुनूंगा। भले ही दिन में बस 10 मिनट ही सुन पाऊं, लेकिन यह 45 मिनट के इंस्पायरिंग स्टफ के बराबर होगा। कुल मिलाकर

एक साल में कितना कुछ सीख जाऊंगा। इससे मेरी जिंदगी और भी मजेदार बन जाएगी। मैंने यही तरीका पढ़ने के लिए भी अपनाया है, भले ही मैं एक-दो पेज ही क्यों न पढ़ पाऊं। मेरे किंडल में 900 से भी ज्यादा किताबें हैं, और इस किताब में जिन लेखकों का ज़िक्र किया है वो ज्यादातर उन्हीं किताबों से हैं।

पहले मैं गलतफहमी में था कि एक उम्र के बाद लगातार पढ़ना मुश्किल है, क्योंकि काम और परिवार सारा समय ले लेते हैं। लेकिन अब मैंने सीखा है कि थोड़े से बदलाव करके हम कुछ भी करने का समय निकाल सकते हैं। बस इरादा करना है, छोटी और आसान चीज़ से शुरुआत करनी है, लेकिन उसे लगातार करना है।

चेन मत तोड़ना

नाम कमाने की चाहत रखने वाले एक नौसिखिए कॉमेडियन से जेरी सीनफेल्ड ने कहा, "भाई, नाम पाना है तो रोजाना नए जोक्स लिख, चाहे मूड हो या न हो। अगर कामयाब होना है, तो एक भी दिन मिस मत कर-चेन टूटने मत दे।"

यह मोटिवेशनल तकनीक, जो भी आदत आपको डालनी है, उसमें रोज़ मदद करती है। कोई भी नई आदत शुरू करते समय, शुरुआत में ज़बरदस्त जोश होता है, लेकिन रिसर्च कहती है कि एक हफ्ते बाद ये कम होने लगता है। यहीं सीनफेल्ड की सलाह काम आती है। जब वो कॉमेडी की दुनिया में अपनी जगह बनाने की कोशिश कर रहे थे, तब उन्होंने अपने अपार्टमेंट में एक बड़ा कैलेंडर लगाया और हर रोज़ कम से कम एक जोक लिखने का वादा किया। टास्क पूरा होने पर, वो उस दिन पर एक लाल X लगा देते थे, जिससे निरंतरता की एक विज़ुअल चेन बन जाती थी। काम की ऐसी टिप्स से हम इंस्पिरेशन ले सकते हैं और उन्हें अपनी ज़िंदगी में अपना सकते हैं।

छोटी आदतों की जादुई ताकत

पहले जिन तरीकों की चर्चा हुई थी, उसी तरह का एक और तरीका है 'छोटी

आदतें' (टिनी हैबिट्स) वाला, जिसे बी. जे. फॉग ने बनाया है। फॉग स्टैनफोर्ड यूनिवर्सिटी में बिहेवियर डिज़ाइन लैब के संस्थापक हैं और उन्होंने अपने रिसर्च और कोचिंग के आधार पर इस 'छोटी आदतें' (टिनी हैबिट्स) वाले तरीके को विकसित किया है। उनकी रिसर्च से पता चला कि लोग मुख्य रूप से तीन तरीकों से स्थायी बदलाव ला सकते हैं - अचानक ज्ञान प्राप्ति, माहौल बदलना, या अपनी आदतों में छोटे-छोटे बदलाव करना।

'छोटी-छोटी आदतें' वाला फॉग का यह तरीका बताता है कि छोटे-छोटे ऐसे कामों पर ध्यान देना चाहिए जो 30 सेकंड में भी हो जाएं। इससे नई आदतें झट से बन जाती हैं और खुद-ब-खुद बढ़ती हैं। वह कहते हैं कि हमें एक या दो छोटे कामों से शुरुआत करनी चाहिए। फॉग के हिसाब से, 'छोटे' काम आपके लिए तुरंत से शुरू करने में सहूलियत भरे होते हैं और आप जहां हैं, वहीं से आगे बढ़ने में मदद करते हैं। जैसे, हर सुबह उठते ही अच्छी-अच्छी बातें बोलना या टॉयलेट फ्लश करने के बाद दो पुश-अप्स लगाना। फॉग के हिसाब से, बड़ा बनने का एक ही सीधा और टिकाऊ तरीका है - छोटी शुरुआत। एक छोटी सी हरकत भले ही पहली बार में मामूली लगे, लेकिन इससे आपको बड़े चैलेंजों से निपटने और तेज़ प्रगति करने के लिए ज़रूरी रफ़्तार मिलती है। वो इस बात पर भी ज़ोर देते हैं कि छोटी से छोटी कामयाबी का भी जश्न मनाना चाहिए, क्योंकि सफलता का एहसास नई आदतों को बनाने में मदद करता है और आगे के प्रयासों के लिए प्रेरित करता है। टिनी हैबिट्स की एनाटॉमी का तीन-चरणीय तरीका है:

1. **मौका देखें और काम करें:** अपनी नई आदत को किसी पुराने काम जैसे दांत ब्रश करने या जूते के फीते बांधने से जोड़ लें।
2. **छोटी शुरुआत करें:** जिस आदत को डालना है, उसका एक आसान सा तरीका है बस उसे शुरू करना, जैसे दो पुश-अप्स करना।
3. **खुद को शाबाशी दें:** मन में "शाबाश" या "बहुत बढ़िया" कहो, या फिर खुद को एक छोटा सा इनाम दो।

आप इन तरीकों से अपनी ज़रूरत के हिसाब से नई छोटी-छोटी आदतें बना सकते हैं। अपनी रोजमर्रा की जिंदगी में और भी जागरूक और मौजूद रहने का अभ्यास करने के लिए, मैंने अपने शेड्यूल में शामिल करने के लिए

निम्नलिखित छोटी आदतें तैयार की हैं। अपनी माइंडफुलनेस कक्षाओं में, मैं दूसरों को स्थायी बदलाव लाने के लिए छोटी आदतों को आजमाने के लिए मार्गदर्शन करता हूं। इनके कुछ उदाहरण हैं:

- जब भी मैं हाथ धुलता हूं, तो अपने हाथों पर गिर रहे पानी के स्पर्श को महसूस करता हूं।
- जब मैं किसी कमरे या अपनी गाड़ी का दरवाज़ा खोलता हूं, तो मन में कहता हूं — 'दरवाज़ा खोल रहा हूं'। इससे मैं वर्तमान में वापस आ जाता हूं।
- फ़ोन उठाते या मैसेज पढ़ते समय, मैं 'मौजूद हूं' या 'पढ़ रहा हूं' कहता हूं।
- जब भी मैं अपनी कुर्सी पर बैठता हूं, तो 'बैठ रहा हूं' कहता हूं और मुझे पता होता है कि मैं बैठा हूं और अपनी पीठ को कुर्सी या सोफे के सहारे महसूस करता हूं।
- हर घंटे, मैं तीन धीमी सांसें लेने के लिए एक रिमाइंडर सेट करता हूं, और मुझे पता होता है कि मैं सांस ले रहा हूं।

लोग अक्सर कहते हैं कि उनके पास समय की कमी है, तो मैं उन्हें सलाह देता हूं कि छोटी शुरुआत करें। शुरू में दो-तीन मिनट के लिए ध्यान से सांस लेने का अभ्यास करें, शायद दिन में दो बार दो मिनट के लिए। एक बार जब आप एक हफ्ते तक इस छोटी आदत को पूरा कर लेते हैं, तो इसे हर हफ्ते एक या दो मिनट बढ़ाएं, और कुछ महीनों के बाद आप बिना किसी संघर्ष के दिन में दस मिनट ध्यान कर सकेंगे।

मेरे ड्राइवर, मुखर्जी भाई की ध्यान की आदत डालने की कहानी तो एकदम मिसाल है। वो गाड़ी तो लाजवाब चलाते हैं, और इंसान भी बड़े नेक हैं, लेकिन पहले उन्हें घबराहट बहुत होती थी, पैनिक अटैक भी आ जाते थे। एक दिन उन्होंने मुझे किसी दोस्त से ध्यान के बारे में बातें करते सुन लिया, और मुझसे बोले - 'सर, मुझे भी कुछ आसान तरीके बता दीजिए।' सच कहूं, मुझे कोई खास उम्मीद नहीं थी, लेकिन फिर भी मैंने उन्हें कुछ आसान स्टेप्स बता दिए।

कुछ दिन बाद, उन्होंने बताया कि वह रोजाना दस मिनट ध्यान लगाना शुरू कर चुके हैं, और उन्हें ये काफ़ी फायदेमंद और आरामदायक लग रहा है। करीब दो महीने बाद, मैं हैरान रह गया जब उन्होंने गर्व से बताया कि अब वह हर दिन 45 मिनट तक ध्यान लगाते हैं। उन्होंने बताया कि ध्यान की वजह से उन्हें अपनी चिंता, नेगेटिव थॉट्स और पैनिक अटैक से लड़ने में काफ़ी मदद मिली है। अब कई साल से, यह देखना वाकई अद्भुत है कि मुखर्जी भाई कार में मेरा इंतजार करते हुए भी ध्यान लगाते हैं। ज्यादातर ड्राइवर अपना समय बेकार की बातों या गपशप में बिताते हैं। मैं अक्सर दूसरों को प्रेरित करने के लिए मुखर्जी भाई की मिसाल देता हूं, और इस बात पर जोर देता हूं कि यह एक आसान अभ्यास है, बस इसके लिए दृढ़ इरादे की ज़रूरत है।

ज़ोरो सर्कल

अपनी किताब 'द हैप्पीनेस एडवांटेज' में शॉन एकोर 'ज़ोरो सर्कल' नाम की एक चीज़ के बारे में बताते हैं, और कैसे हम इसका इस्तेमाल करके अपने सबसे बड़े-बड़े सपनों को पूरा कर सकते हैं। उनके हिसाब से, हमारी परफॉर्मेंस और कामयाबी के पीछे सबसे बड़ी चीज़ ये यकीन है कि हम जो करते हैं उससे फ़र्क पड़ता है, कि हमारे हाथ में अपने भविष्य को कुछ हद तक बदलने की ताकत है। अगर हम छोटे लेकिन आसान लक्ष्यों पर ध्यान लगाएं, तो हमें फिर से अपने ऊपर कंट्रोल का एहसास होगा, जो हमारी परफॉर्मेंस के लिए बहुत ज़रूरी है।

शॉन का कहना है कि पहले खुद को - अपनी ताकत और वल्नेरबिलिटी को जानो। फिर देखो कि सिचुएशन में क्या चीज़ तुम्हारे बस में है और क्या नहीं। काम को छोटे-छोटे टुकड़ों में बांट लो, तो वो आसान लगेंगे। इससे कॉन्फिडेंस आएगा, काम पर ध्यान रहेगा और तुम हिम्मत नहीं हारोगे।

इस सोच से नई आदतें बनाना और उन्हें अपनी दिनचर्या का हिस्सा बनाना आसान हो जाता है। चाहे मैराथन दौड़ना हो, किताब लिखना हो या डांस क्लास जॉइन करना हो, हमें इसे अपने कंट्रोल में लाना होगा - ज़ोरो सर्कल में - और अपने बड़े लक्ष्य की तरफ छोटे-छोटे कदम बढ़ाने होंगे।

20-सेकंड रूल: कम से कम प्रतिरोध वाला रास्ता

एक और ज़बरदस्त तरीका जो शॉन बताते हैं वह है — बुरी आदतों को अच्छे में बदलने का। यह बदलाव के रास्ते की मुश्किलें कम कर देता है। वह समझाते हैं कि कोई नई शुरुआत आदत बन जाती है, क्योंकि हमारा दिमाग बार-बार के अभ्यास से बदल जाता है। आदतों के बारे में एक ज़रूरी बात ध्यान रखने की ये है कि इंसान होने के नाते हम अक्सर आसान रास्ते की तरफ खिंच जाते हैं, उन चीज़ों की तरफ जो आसान, सुविधाजनक और आदतन हों। इस आलस्य को दूर करना मुश्किल होता है।

सकारात्मक आदत की शुरुआत करने के लिए, हमें अक्सर एक जड़ता या "एक्टिवेशन एनर्जी" को पार करना पड़ता है। अगर हम ऐसा नहीं करते हैं, तो हमारी आदतें हमें बार-बार आसान रास्ते पर ले जाती हैं, जैसे कि बिना सोचे-समझे स्नैक्स खाना, टीवी रिमोट उठाना, या आलस करना। "ट्वेंटी-सेकंड रूल" कहता है कि अगर हम बदलाव के लिए बाधाओं को घटाकर सिर्फ 20 सेकंड कर दें, तो एक नई आदत बनाने के लिए यह काफ़ी हो सकता है। इसलिए, हमें अपनी मनचाही आदत को सबसे आसान रास्ते पर रखना चाहिए, ताकि उसे शुरू करने के लिए कम ऊर्जा और मेहनत की ज़रूरत हो।

अगर आप रनिंग शुरू करने की सोच रहे हैं, तो अपने रनिंग जूतों को ऐसी जगह रखें जहां उन्हें ढूंढने में ज़्यादा टाइम न लगे और आपका जोश ठंडा न पड़ जाए। जब मैंने सुबह जल्दी उठकर मेडिटेशन करने का फैसला किया, तो मैं रात में ही चाय बनाने का सामान तैयार करके रख देता था ताकि सुबह उसे ढूंढने में वक़्त बर्बाद न हो और मेरा मन मेडिटेशन करने से न हटे।

शॉन का मानना है कि हमें अच्छी आदतों को अपनाने के लिए उनके लिए उत्साह बढ़ाना चाहिए और बुरी आदतों से बचने के लिए उनके लिए उत्साह कम करना चाहिए। अपनी किताब "द पैराडॉक्स ऑफ चॉइस" में बैरी श्वार्ट्ज बताते हैं कि कैसे पहले से नियम बना लेने से हम अपनी इच्छाशक्ति को कमज़ोर करने वाले विकल्पों के निरंतर हमले से बच सकते हैं, जो हमारे जीवन में एक बड़ा बदलाव ला सकते हैं। हम पहले से नियम बना सकते हैं कि हम दिन में केवल दो कप कॉफी पिएंगे या दिन में केवल एक बार स्नैक खाएंगे।

काइज़ेन

'काइज़ेन' एक जापानी फिलॉसफी है, जो कहती है कि छोटे-छोटे बदलाव लगातार करते रहो, इससे बड़े काम हो जाते हैं। ये ज़िंदगी में धीरे-धीरे, लेकिन लगातार सुधार लाने का एक तरीका है। कोई भी काम हो, उसे छोटे-छोटे, आसान हिस्सों में बांट लो, यही काइज़ेन का असली मतलब है। छोटी-छोटी बातों से लेकर तनाव से निपटने तक, अपने सपनों को पूरा करने तक, काइज़ेन हमें अपनी ज़िंदगी को बेहतर बनाने के नए और असरदार तरीके सिखाता है।

काइज़ेन की शुरुआत हुई थी लीन मैन्युफैक्चरिंग और टोयोटा वे के सिद्धांतों से। काइज़ेन का मुख्य उद्देश्य है कंपनी के अंदर धीरे-धीरे बदलाव लाना, एक बार में एक समस्या का समाधान करना। इसका मकसद है ऐसे सुधार करना जिससे कर्मचारी और सिस्टम लगातार अपडेट होते रहें, नए ज़माने के हिसाब से।

आजकल, दुनिया भर की कई कामयाब कंपनियों के लिए 'काइज़ेन' एक ज़रूरी और फ़ायदेमंद तरीका बन गया है, जिससे वो आगे बढ़ रही हैं।

सकारात्मक सोच और आदतें

सकारात्मक दृष्टिकोण और भावनाएं किसी के साथ जन्म से नहीं आतीं। लेकिन किसी भी आदत की तरह, हम इनको समय के साथ सीख सकते हैं। बार्बरा फ्रेडरिक्सन, एक रिसर्च साइंटिस्ट और 'पॉज़िटिविटी' की लेखिका हैं, जिन्होंने अपनी ज़िंदगी का एक बड़ा हिस्सा सकारात्मक भावनाओं को समझने में लगाया है। हमने उनकी इसी रिसर्च के बारे में पहले वाले अध्याय में 'ऑ ऐंड वंडर' पर बात की थी। फ्रेडरिक्सन कहती हैं कि सकारात्मकता हमें वर्तमान में जीना सिखाती है, हमारे नज़रिए को बड़ा और खुला बनाती है।

अपनी किताब में, वो 'ओपन हार्ट' स्टडी के बारे में बात करती हैं और बताती हैं कि कैसे सकारात्मकता दिमाग को खुला रखने की आदत डालने में मदद करती है। उन्होंने पाया कि जिन लोगों में ज्यादा सकारात्मकता थी, उनके दिमाग तीन महीने बाद भी खुले विचारों वाले बने रहे। वो लोग अपने

आस-पास के बारे में ज्यादा जागरूक, ज्यादा ध्यान देने वाले, और नई चीजों के लिए ज्यादा खुले हो गए। उन्होंने ये निष्कर्ष निकाला कि समय के साथ, सकारात्मकता दिमाग में अच्छी आदतें डाल सकती है।

तो बस, अपनी सोच में थोड़ा सा बदलाव लाकर, हम कृतज्ञता, करुणा, सचेतनता जैसी अच्छी आदतें अपना सकते हैं। समय के साथ, ये आदतें बढ़ती जाती हैं और हमारी ज़िंदगी का हिस्सा बन जाती हैं।

मेरी अपनी आदतों की कहानी

आदत संबंधी इन अद्भुत किताबों को पढ़ने से पहले ही, मैं खुद को आदतों का गुलाम मानता था और उनकी ताकत से मंत्रमुग्ध रहता था। स्कूल के दिनों में, मुझे बेंजामिन फ्रैंकलिन के हैबिट ट्रैकर पर एक लेख पढ़ने को मिला। उन्होंने 13 सद्गुणों की एक सूची बनाई थी, जैसे संयम, मौन, संकल्प, और सच्चाई। और हर दिन वह चिह्नित करते थे कि वह किन सद्गुणों का पालन कर पाए। इस तरह वह अपनी प्रगति पर नज़र रखते थे।

महात्मा गांधी का जबरदस्त फैन होने के नाते, मैं बचपन से ही उनकी किताबों में डूबा हुआ हूं। खास तौर से, सच्चाई, अहिंसा और मौन जैसे उनके गुणों ने मुझे हमेशा से ही आकर्षित किया है। पिछले कुछ सालों में, मैंने कुछ दमदार आदतें अपनाई हैं, जिन्हें मैं नीचे बता रहा हूं, उम्मीद है कि ये आपको भी कुछ नई आदतें अपनाने के लिए प्रेरित करेंगी। इनमें से कुछ आदतों का जिक्र मैंने पहले भी किया है, यहां मैं बस उनका संक्षिप्त विवरण दूंगा।

1. **रोज़ाना प्रेरणा की एक डोज़**: जैसे मैंने पहले बताया, मैं रोज़ कुछ न कुछ प्रेरणादायक चीज़ें सुनने या पढ़ने की कोशिश करता हूं - चाहे वो TED Talks हों, वीडियो हों, या किताबें हों। जितना मैं पढ़ता और सुनता हूं, उतने ही नए और रोचक विचार मेरे मन में आते हैं। एक समय ऐसा आया जब मुझे लगा कि जो कुछ भी मैंने सीखा है उसे लिखकर लोगों तक पहुंचाना चाहिए, और इसी सोच के साथ इस किताब की शुरुआत हुई। इस काम को शुरू करने में थोड़ा डर भी लगा, लेकिन मैंने 'छोटे-छोटे सुधार' के तरीके को अपनाया। मैंने रोज़ 100-200 शब्द लिखने से शुरुआत की, और छुट्टियों के दिन 1000-

1500 शब्द तक लिख लेता था। जैसे-जैसे अध्याय पूरे होते गए, मुझे और लिखने की प्रेरणा मिलती गई।

2. **सुबह जल्दी ध्यान करना**: मेरी जिंदगी में ये सबसे बड़ी खुशकिस्मती है। पहले तो मुझे लगता था सुबह जल्दी उठकर ध्यान करने का टाइम निकालना नामुमकिन है। मैंने पहले भी बताया है कि कैसे मैंने रोज 10 मिनट ध्यान करना शुरू किया था, लेकिन इसके फायदे देखकर, मैंने सोने का टाइम कम करके ध्यान के लिए ज्यादा वक्त निकालना शुरू कर दिया। अब मैं सुबह 5 बजे उठ जाता हूं और करीब एक घंटा ध्यान करता हूं, जिससे मेरा दिन बहुत अच्छी तरह शुरू होता है। मजे की बात ये है कि अब मुझे पहले से कम नींद लेने और हॉस्पिटल के फोन कॉल्स की वजह से ज्यादा बार नींद टूटने के बावजूद, मैं पहले से ज्यादा तरोताज़ा महसूस करता हूं।

3. **ठहरना और पल में जीना**: मेरे लिए ज़िंदगी बदल देने वाला एक अभ्यास है कि मैं और ज़्यादा इस पल में रहूँ और जागरूक बनूं। इसे आदत बनने में थोड़ा वक़्त लगा और अभी भी यह बन ही रही है। मैंने अपने शेड्यूल में माइंडफुलनेस के अभ्यास के अलावा, अपनी रोज़मर्रा की चीज़ों में भी माइंडफुलनेस डालने के कई तरीके ढूंढे, जैसे कि हाथ धोते हुए, दरवाज़ा खोलते हुए, या चलते हुए भी जागरूक रहना। मैंने देखा कि मैं जितना ज़्यादा छोटी-छोटी चीज़ों पर ध्यान देता हूं, यह उतनी ही अच्छी आदत बनती जाती है। एक और चीज़ है कि दिन भर में थोड़ा-थोड़ा रुककर सांस लेना। जब मैं कहीं पहुँचता हूँ, जैसे हॉस्पिटल या क्लिनिक, तो मैं बस कुछ मिनट के लिए वहीं बैठ जाता हूँ, और उस पल को महसूस करता हूँ। ये छोटे-छोटे ब्रेक मुझे 'करते' रहने की भागदौड़ से थोड़ी देर के लिए निकालकर बस 'होने' की स्थिति में ले आते हैं।

4. **स्वाद लेना**: ख़ुशी वाले अध्याय में हमने इस बारे में बात की थी, और ये छोटी सी आदत मुझे बहुत अच्छी लगती है। जब भी मैं कुछ खूबसूरत देखता हूं या कुछ अच्छा महसूस करता हूं, तो मैं उस पल को कुछ देर और जीने की कोशिश करता हूं। जैसे कि एक सुंदर सूर्योदय, कोई शानदार इमारत, या फिर कोई स्वादिष्ट नाश्ता। जब हम अच्छी चीज़ों को महसूस करने और उनका स्वाद लेने की आदत डाल लेते हैं, तो ज़िंदगी जादुई लगने लगती है। हमें बस ज़िंदा होने की ख़ुशी

मिलती है।

5. **इंतज़ार और सांसः** ज़िंदगी का एक बड़ा हिस्सा हम इंतज़ार में ही बिता देते हैं - ट्रैफिक सिग्नल पर, लिफ्ट के आगे या फिर किसी कतार में। मुझे इस इंतज़ार के वक्त में अपनी सांसों से जुड़ना और मौजूदा पल में जीना बहुत सुकून देता है, बजाय इसके कि मैं खयालों में खो जाऊं या फ़ोन में व्यस्त रहूं। ये आदत डालने में थोड़ी मेहनत लगी क्योंकि हम अधीर और बेचैन रहने के आदी हो चले हैं, और मैं अभी भी इसमें माहिर नहीं हुआ हूं। सांसें हमें दिमाग की बकबक और शोर से दूर ले जाती हैं और वर्तमान में वापस लाती हैं। अपनी सांसों के प्रति जागरूक होने का एक पल भी दिमाग की लगातार चलती गतिविधियों के बीच एक विराम पैदा कर देता है।

ये बस कुछ आदतें हैं जिन्हें मैंने अपनी जिंदगी में अपनाया है। और इन सबका राज़ है - छोटी और आसान शुरुआत, लेकिन करते रहना। इन्होंने मेरी ज़िंदगी बदल दी है, और मुझे यकीन है कि आप भी ऐसी छोटी लेकिन कमाल की आदतें ढूंढ सकते हैं।

लगातार बने रहना ही हमारी असली पहचान है। आज हम जो आदतें चुनते हैं, वही आदतें सालों बाद हमारी ज़िंदगी का हिस्सा बन जाती हैं। इसलिए, हमें सोच-समझकर अपनी आदतें चुननी चाहिए। आदतें भी पैसों की तरह होती हैं, आज हम उनमें निवेश करते हैं, तो भविष्य में हमें उनका फल मिलता है। अगर हम सोचें कि क्या कोई एक आदत हमारी ज़िंदगी बदल सकती है, तो शायद नहीं। लेकिन अगर हम एक के बाद एक, कई अच्छी आदतें डाल लें, तो ज़रूर बदल सकती है!

जेम्स क्लियर "एटॉमिक हैबिट्स" में कहते हैं कि हमारी जिंदगी छोटे-छोटे बदलावों से बदल सकती है। नई आदतें डालना जैसे कोई जादू नहीं, लेकिन यही असली बदलाव लाता है। वो कहते हैं कि आदतें बदलने का कोई शॉर्टकट नहीं, बस छोटे-छोटे सुधार ही आगे चलकर बड़े बदलाव लाते हैं।

शुरुआत में, एक छोटी सी आदत, जैसे एक किताब की एक लाइन पढ़ना या दो मिनट के लिए ध्यान करना, कुछ खास नहीं लगती। फिर भी, लगातार कोशिश करने से, जिंदगी का रुख बदलने लगता है। हम अपने अंदर सूक्ष्म बदलाव महसूस करने लगते हैं, जो हमें उस मुकाम तक पहुंचने के लिए प्रेरित

करते हैं जहां सब कुछ बदल जाता है।

अपनी जिंदगी पर एक नज़र डालें तो छोटे-मोटे बदलाव करने की जगह दिख ही जाएगी। सोचें कि आपको कौन सी नई आदतें डालनी हैं और उन्हें अपनी रोज़मर्रा की लाइफ़ में कैसे शामिल करना है। खूबसूरती इस बात में है कि शुरुआत अभी करें, जहां हैं वहीं से। एक सीढ़ी ज्यादा चढ़ लीजिए या रोज एक नया शब्द सीख लीजिए, इसमें कोई अलग से वक्त नहीं लगेगा। वक्त के साथ पीछे मुड़कर देखेंगे तो पता चलेगा कि छोटी-छोटी आदतों के ज़रिए कितना बड़ा बदलाव आ गया है, ये है चक्रवृद्धि का कमाल।

अभ्यास

- आज ही एक नई आदत डालने की शुरुआत करें, छोटी-छोटी आदतों के साथ; बस दो मिनट से रोज़ाना स्टार्ट करें। एक डायरी में अपनी प्रोग्रेस लिखते रहें।
- हर सुबह जब आपका पैर ज़मीन पर पड़े, खुद से कहें, "आज का दिन शानदार होगा" या "आज मैं कुछ नया सीखूंगा।"
- हर हफ्ते एक छोटी-सी आदत बनाने की कोशिश करें। साल के अंत तक, आपके पास ढेर सारी नई आदतें होंगी।ऐसे नए शौक जो आप करना चाहते हैं, लेकिन समय की कमी महसूस करते हैं, उनकी एक सूची बनाएं। अपने शेड्यूल में छोटे-मोटे बदलाव करके देखें। ऐसे मौके ढूंढें जहां आप पांच मिनट निकाल सकें और वहीं से शुरुआत करें।
- ऐसे पहलुओं की पहचान करें जिन्हें थोड़ा सा (1 से 2 प्रतिशत) बदला जा सकता है और इन बदलावों को लगातार कुछ महीनों तक लागू करें। अपनी शब्दावली बढ़ाने के लिए हर दिन एक नया शब्द सीखने पर विचार करें।
- अगर किताबें पढ़ने में मज़ा आता है, तो रोज़ एक पन्ना या आधा पन्ना ही पढ़ने की आदत डाल लें। धीरे-धीरे ये आदत आपको और ज़्यादा पढ़ने के लिए प्रेरित करेगी।
- ऐसे कामों में हाथ आजमाएं जिनके बारे में आपने सोचा भी नहीं होगा, जैसे मैराथन दौड़ना या पहाड़ चढ़ना। हर चुनौती को छोटे-छोटे,

आसान हिस्सों में बांट लें।

- जॉगिंग या जिम जाने का मन है, पर शुरुआत करने में दिक्कत हो रही है? अपने जूते और जिम के कपड़े हमेशा पास रखें। यकीन मानिए, ये आपका पहला कदम है!
- अक्सर, बस शुरुआत कर देना ही सबसे बड़ा काम होता है।
- 'लॉ ऑफ़ लीस्ट रेजिस्टेंस' को अपनाएं और आसानी से अच्छी आदतें डालने के लिए अपने आसपास की चीज़ें पहले से तैयार कर लें। जैसे, अगर सुबह जल्दी उठना है, तो रात को ही चाय बनाने का सामान तैयार रखें ताकि सुबह समय बर्बाद ना हो। शुरू करने में लगने वाला समय बहुत मायने रखता है।
- अगर आप कोई लेख लिखने की सोच रहे हैं, तो सबसे पहले एक शीर्षक और एक लाइन लिख लें। अगली बार जब आप बैठेंगे, तो आपको खाली पन्ना नहीं दिखेगा; आपने शुरुआत कर दी है। यह एक महत्वपूर्ण पहला कदम है।
- 20-सेकंड रूल अप्लाई करें: म्यूजिक सीखना है तो इंस्ट्रूमेंट को सामने रखो! जब मन करे, बस उठाओ और बजाना शुरू करो। ढूंढ़ने में टाइम वेस्ट नहीं होगा, और जोश भी बना रहेगा।
- समय-समय पर रुकने की आदत डालें। एक आसान STOP प्रक्रिया को अपनाएं:

  S: जो भी कर रहे हैं, उसे रोक दें (Stop)

  T: एक सांस लें और रुकें (Take)

  O: अपने अंदर क्या हो रहा है उसे देखें या अपने आसपास को महसूस करें (Observe)

  P: जो भी कर रहे थे, उसे जारी रखें (Proceed)

- सकारात्मक भावनाओं को अपनी आदत बना लें। कृतज्ञता, दया, विस्मय जैसी सकारात्मक भावनाओं को एक आदत बना लेना किसी भी दूसरी आदत की तरह ही संभव है। शुरू में थोड़ा ध्यान देकर करना होगा, फिर ये अपने-आप आपकी ज़िंदगी का हिस्सा बन जाएंगे। ऐसी आदत के लिए एक डायरी रखना, अपनी प्रगति पर नज़र रखने का एक अच्छा तरीका है।

और अंत में...

मैं कार्डियक केयर यूनिट के बाहर खड़ा हूं। बाकी लोगों के साथ इंतज़ार कर रहा हूं कि कब गार्ड साहब अंदर जाने देंगे और हम अपने परिवार वालों से मिल पाएंगे। पंद्रह दिन में ये तीसरी बार है जब मुझे मां को देखने के लिए भाग के आना पड़ा। वो ठीक हो रही थीं, लेकिन अचानक उनकी हालत बिगड़ गई और उन्हें वेंटिलेटर पर रखना पड़ा। कॉलेज ग्रुप के वॉट्सऐप पर देख रहा हूं, मेरे दोस्त ऊटी में रीयूनियन के लिए पहुंच रहे हैं। साल भर पहले प्लान किया था ये सब। कह रहे हैं मेरी कमी खल रही है, और मैं सोच रहा हूं कि कितना मज़ा मैं मिस कर रहा हूं।

इसी बीच, मुझे अस्पताल और मरीजों के फोन भी आ रहे हैं, अपॉइंटमेंट्स और काम याद दिला रहे हैं। मैं उनसे अपनी मजबूरी बता देता हूँ और कहता हूं कि मुझे कुछ नहीं पता कि क्या होने वाला है और मैं कब वापस आ पाऊंगा।

मेरे अंदर अभी कई तरह के जज़्बात एक साथ उमड़ रहे हैं - डर है, निराशा है, कुछ खो जाने का एहसास है, बेबसी है, अनिश्चितता है, घबराहट है, उदासी है, और कहीं न कहीं जलन भी है। इन सबके बीच एक कहानी भी मेरे मन में बन रही है कि मैं एक बहुत बुरे दौर से गुज़र रहा हूं, मम्मी बहुत बीमार हैं और उन्हें खो देने का डर भी है, और ये सब उस वक़्त हो रहा है जब हम सबको एक साथ मिलने का बेसब्री से इंतज़ार था। साथ ही, आगे क्या होगा, कब मैं वापस काम पर जा पाऊंगा, ज़िंदगी में दोबारा स्थिरता कब आएगी, इस बारे में कुछ भी पता नहीं है।

तभी मुझे अहसास होता है, चेहरे पर एक हल्की सी मुस्कान के साथ, कि ये सब मन के बनाए हुए किस्से हैं - विरोध के किस्से, बेचारेपन के किस्से, इस दुखी मुझे के किस्से, अस्वीकृति और लेबलिंग के किस्से, और वास्तविकता को अपनी नज़र से देखकर उस पर एकतरफा फैसले करने के किस्से। मैं खुद से पूछता हूं, मैं इन चीज़ों को थोड़ा कैसे बदल सकता हूं?

मैं आसानी से इस पल के साथ हो लेता हूं और बस इस पल को जीना चाहता हूं, अभी जो हो रहा है उसे महसूस करना चाहता हूं। मैं ज़िंदा हूं, सांस

ले रहा हूं। मम्मी भी अभी ज़िंदा हैं, सांस ले रही हैं। आज सर्दी के दिन में अच्छी धूप है। मैं बाग-बगीचे, इमारतें और लोगों को देख सकता हूं, कुछ लोग इकट्ठे खड़े हैं तो कुछ किसी इंतज़ार में हैं। धूप की गर्माहट त्वचा पर सुकून दे रही है। मैं शुक्रगुज़ार हूं कि ऐसे मुश्किल वक्त में मैं अपनी मां के साथ हूं, वो अभी ज़िंदा हैं। मैं जो भी महसूस कर रहा हूं उसे महसूस करने की आज़ादी दे रहा हूं - चाहे वो बेचैनी हो, अनिश्चितता हो, डर हो, उदासी हो, किसी चीज़ का खोने का गम हो, जलन हो, उम्मीद हो या फिर शुक्रगुज़ारी हो।

सोच लिया, जैसा भी ये पल आए, उसे वैसा ही ले लेते हैं। हर पल, हर घंटा अलग है, कुछ भी अंदाजा नहीं है आगे क्या होगा। जो इस पल के लिए ठीक है, वही करते हैं। अभी जो भी हो रहा है, जो भी फील कर रहा हूं, उसके साथ रहूं। आत्मसमर्पण करूं, जैसा है वैसा ही होने दूं। चीजों को वैसे ही होने दूं जैसी वो हैं। जो भी अभी हो रहा है, जो भी अभी फील कर रहा हूं, उसे 'हां' कहूं। इस पल को वैसे ही होने दूं जैसे वो हैं।

तब मुझे अचानक अहसास हुआ कि उस समय चाहे जितनी भी अनिश्चितता, डर और निराशा मुझे घेरे हुई हो, उसके बावजूद उस पल में किसी चीज़ की कमी नहीं थी। अगर मैं बस शांत रहता, तो मैं देख पाता कि यह पल अपने आप में पूरा और संपूर्ण था। दिमाग जैसी पूर्णता की कल्पना करता है वैसा नहीं, बल्कि अपने आप में संपूर्ण और पर्याप्त। इसमें कुछ और जोड़ने की ज़रूरत नहीं थी।

हमें अपने हर इमोशन को फील करने की छूट खुद को देनी चाहिए, उनसे लड़ने की नहीं, बल्कि उन्हें दिल से एक्सेप्ट करना चाहिए। हमें उन इमोशन्स को बिना किसी लेबल या जजमेंट के, पूरे होशो-हवास के साथ, फील करना चाहिए। जैसे आमोदा मां कहती हैं, सबसे गहरी एक्सेप्टेंस में, हम रियलिटी को एक खुले 'हां' के रूप में एक्सेप्ट करते हैं।

जब मैं लोगों से बात करता हूं, तो एक बात बार-बार सामने आती है, वह 'काफी नहीं है' का भाव। यह किसी भी केस में हो सकता है - ज्यादा पैसा, ज्यादा अचीवमेंट्स, ज्यादा शोहरत, ज्यादा रिलेशनशिप्स, ज्यादा खुशी, ज्यादा स्पिरिचुअल ग्रोथ। मैंने अपनी लाइफ के सफर से ये सीखा है कि हम कभी भी खुशी और शांति से दूर नहीं होते; ये हमारा असली घर और सुकून होते हैं, और ये हमेशा वहीं होता है जहां हम होते हैं। ऐसा नहीं है कि जब चीज़ें बेहतर होती हैं तभी ऐसा होता है। चीज़ें कभी भी पूरी तरह से

ठीक नहीं होतीं; कुछ न कुछ होता ही रहेगा और परेशानी पैदा करता रहेगा। लेकिन जब हम बिना किसी जजमेंट के जो कुछ भी हो रहा है उसे पूरी तरह से एक्सेप्ट कर लेते हैं, तो हम अपने घर वापस आ जाते हैं। एक ऐसी जगह जहां सब कुछ शांत है और किसी चीज़ की कोई कमी नहीं है। ये कभी भी हमसे दूर नहीं होता। जैसे वोल्टेयर ने कहा था, 'मैं जहां भी जाऊं, स्वर्ग वहीं है जहां मैं हूं।'

कभी-कभी हमारा दिमाग हमें उलझा देता है, अपनी कहानियां बना-बना के। ऐसे में ज़रूरी है कि हम एक पल रुकें, गहरी सांस लें, और वापस आ जाएं इस पल में। जैसा है ये पल, वैसा ही अपना लें, बिना किसी बनावट के, जो भी हम महसूस कर रहे हैं उसकी पूरी गहराई के साथ। ये नहीं सोचना कि हम चाहते हैं कि ये कैसा हो, या ये कैसा होगा, बस इसे जैसे के तैसे स्वीकार कर लेना है। जब मैंने अपनी किताब पूरी करके उसे छपने के लिए भेज दिया, तो अचानक से – सच में, ये तो एक इत्तेफ़ाक ही था – मेरे सामने कई मुश्किलें एक एक करके आनी शुरू हो गईं। परेशानियां आती रहीं, और ऐसा लग रहा था जैसे मेरी ज़िंदगी एक रोलर-कोस्टर राइड बन गई हो। मैं अपने एक दोस्त से बात कर रहा था कि लगता है ज़िंदगी मुझे आज़मा रही है, देख रही है कि मैं अपनी बातों पर कितना अमल करता हूं। क्या मैं इस पल को अपना सकता हूं या मैं इन सब परेशानियों में घिर के हार मान लूंगा? शुक्र है कि मैं उन चुनौतियों का सामना कर पाया, उन्हें स्वीकार करके और बिना किसी विरोध के। जब भी मुझे लगता है कि मैं इन मुश्किलों में डूबने वाला हूं, मैं एक कदम पीछे हट जाता हूं, ठहरता हूं, और याद रखता हूं कि जो हो रहा है वो होना ही है, और फिर मैं उस पल के आगे सरेंडर कर देता हूं।

भले ही मैं जानता हूं कि माइंडफुलनेस और ध्यान सभी को पसंद नहीं आता, मेरा मकसद किसी पर इसे थोपना भी नहीं है। अगर लोग मेरी किताब से इस आसान बात को समझ सकें - हर पल को जैसे है वैसे स्वीकारना और उसके साथ खुलकर जुड़ना - तो मुझे बहुत खुशी होगी। हम हमेशा अच्छे हालात चाहते हैं और बुरे को नकार देते हैं, यही आदत हमें आज़ादी और उन्मुक्तता से दूर रखती है, जो हमारा जन्मसिद्ध अधिकार है।

ये सब अनुभव मेरे काम कैसे आए, ये कहना तो मुश्किल है। पर इतना जरूर है कि मैं पहले से ज्यादा सचेत हूं, चीजों को स्वीकार करना सीख गया हूं। एक सुकून है जो हमेशा मेरे साथ रहता है। मुश्किलें आती-जाती रहती हैं, लेकिन अंदर ही अंदर एक शांति हमेशा बनी रहती है। जब भी मैं परेशान

होता हूं, इस शांति का सहारा ले लेता हूं। मुझे हर पल पता रहता है कि मेरे अंदर क्या चल रहा है। इसी सजगता की वजह से छोटी-छोटी चीजों में भी मुझे एक आश्चर्य का एहसास होता है। शुक्रगुज़ार हूं कि मैं जीवित हूं, और इसके लिए इस ब्राह्मांड/यूनिवर्स का भी बहुत शुक्रिया।

सफर चलता रहता है, मुश्किलें भी साथ चलती हैं, लेकिन अब हर लम्हे को खुले दिल से जीने की चाहत और स्वीकृति है।

आभार

लेखक के बारे में/लेखक परिचय

दिल्ली-एनसीआर में वरिष्ठ गैस्ट्रोएंटेरोलॉजिस्ट डॉ. सरोज दुबे एक लेखक, मोटिवेशनल और TEDx स्पीकर हैं। अपनी मेडिकल प्रैक्टिस के अलावा, उनमें ज़िंदगी को एक्सप्लोर करने और दूसरों को एक बेहतर और सार्थक जीवन जीने में मदद करने का एक अद्भुत जज़्बा भी है। अपनी मोटिवेशनल क्लासेज़ में वह लोगों को विचारों की दुनिया से बाहर निकलकर वर्तमान में जीना सिखाते हैं।

वह मानते हैं कि हमें हर पल का खुले दिल से स्वागत चाहिए और वह जैसा भी है, उसे पॉज़िटिव-वे में लेना चाहिए। वह लोगों को सचेतन (mindful) रहते हुए वर्तमान में जीने का तरीका सिखाते हैं, जिससे खुशी और रचनात्मकता बढ़ती है। इसकी मदद से एक समृद्ध जीवन जीने में मदद मिलती है, जो हर तरह से संपूर्ण भी होता है। वह लोगों को मुश्किल हालात का डटकर सामना करने की सलाह देते हैं, ताकि वे जीवन को बदलने और बेहतर बनाने का मौका बन सकें।

एक मोटिवेशनल स्पीकर के रूप में, वह लोगों को 'डूइंग' और 'बीइंग' के बीच संतुलन बनाने के रास्ते सुझाते हैं और इसके लिए मोटिवेट करते हैं। पुणे में 'द आर्ट आफ डूइंग एंड बीइंग (The Art of Doing and Being) पर उनका TEDx टॉक काफ़ी लोकप्रिय रहा और आप इसे YouTube पर देख सकते हैं। डॉ. दुबे लोगों को अपने व्यस्त जीवन में छोटे-छोटे पॉज़ लेने और खुशी (joy), विस्मय (awe) और आश्चर्य (wonder) के लिए जगह बनाने के लिए प्रेरित करते हैं, ताकि जीवन एक सुखद यात्रा बन सके।

डॉ. सरोज दुबे कहते हैं कि हमें अपनी वल्नेरबिलिटी (vulnerability) स्वीकार करते हुए, पूरे दिल से जीना चाहिए, ताकि जीवन में खुशी और उत्साह के लिए जगह बन सके। उनका मानना है कि इससे हम अपनी खोई हुई खुशियों को वापस पा सकते हैं।

www.drsarojdubey.com

संदर्भ ग्रंथ सूची (हिंदी में)

एकर, शॉन. (2010). द हैप्पीनेस एडवांटेज: द सेवन प्रिंसिपल्स दैट फ्यूल सक्सेस एंड परफॉर्मेंस एट वर्क . न्यू यॉर्क: पेंगुइन रैंडम हाउस, 2010

अर्दाघ, अर्जुन. रेडिकल ब्रिलियंस: द एनाटॉमी ऑफ हाउ एंड व्हाई पीपल हैव ओरिजिनल लाइफ-चेंजिंग आइडियाज . सेल्फएक्सप्रेस, किंडल.

बाबौटा, लियो. 'रिडिकुलस्ली ऑसम प्रैक्टिस ऑफ़ सरेंडरिंग'. ज़ेन हैबिट्स . अभिगमन तिथि 11 नवंबर 2023, www.zenhabits.net.

बाख, तारा. 'ट्रांसफॉर्मिंग टू फियर्स: एफ़ओएफ़ एंड एफ़ओएमओ' . 24 मार्च, 2021। [वीडियो] https://youtu.be/pXNEM4wjSmE

बैन, बार्नेट. द बुक ऑफ़ डूइंग एंड बीइंग: रिडिस्कवरिंग क्रिएटिविटी इन लाइफ, लव, एंड वर्क . न्यू यॉर्क: एट्रिया, 2015.

बिंद्रा, अभिनव. 'बहुत से लोग असफलता को संभालने की कोशिश में मानसिक संकट से पीड़ित होते हैं, मेरे मामले में, यह सफलता थी।' द इंडियन एक्सप्रेस, 13 मार्च, 2021.

ब्राच, तारा. 'साहसी उपस्थिति के साथ जीना' . 9 फरवरी, 2019. https://www.tarabrach.com/courageous-presence/

ब्रेनर, गेल. द एंड ऑफ सेल्फ-हेल्प . यूएसए: आनंद प्रेस, 2015. किंडल.

ब्राउन, ब्रेन. डेयरिंग ग्रेटली: हाउ द करेज टू बी वल्नरेबल ट्रांसफॉर्म्स द वे वी लिव, लव, पेरेंट, एंड लीड . न्यू यॉर्क: गोथम बुक्स, 2012.

ब्रायंट, फ्रेड बी., वेरॉफ, जोसेफ. सेवरिंग: ए न्यू मॉडल ऑफ पॉजिटिव एक्सपीरियंस . न्यू यॉर्क: साइकोलॉजी प्रेस, 2007.

बर्च, विद्यामाला. लिविंग वेल विथ पेन एंड इलनेस. कोलोराडो: साउंड्स ट्रू, 2010.

बायर्न, रोंडा. द ग्रेटेस्ट सीक्रेट . लंदन: थोरसन्स, 2020. किंडल.

कैमरून, किम, एट अल. 'संगठनात्मक प्रभावशीलता पर सकारात्मक प्रथाओं का प्रभाव'. जर्नल ऑफ एप्लाइड बिहेवियरल साइंसेज 47, नं. 3 (2011): 266–308.235

चोड्रोन, पेमा. द प्लेसेस दैट स्केयर यू . मैसाचुसेट्सः एलिमेंट, 2013. किंडल.

चोड्रोन, पेमा. वेलकमिंग द अनवेलकमः होलहार्टेड लिविंग इन अ ब्रोकनहार्टेड वर्ल्ड . कोलोराडोः शम्भाला पब्लिकेशन्स, 2016.

चोड्रोन, पेमा. व्हेन थिंग्स फॉल अपार्टः हार्ट एडवाइस फॉर डिफिकल्ट टाइम्स . मैसाचुसेट्सः एलिमेंट, 2013. किंडल.

क्लियर, जेम्स. एटॉमिक हैबिट्सः एन इजी एंड प्रोवेन वे टू बिल्ड गुड हैबिट्स एंड ब्रेक बैड वन्स . न्यू यॉर्कः एवरी, 2018.

कोल्ज़ाटो, एल.एस., ओज़ट्रक, ए., और होमेल, बी. 'मेडिटेट टू क्रिएटः द इम्पैक्ट ऑफ फोकस्ड-अटेंशन एंड ओपन मॉनिटरिंग ट्रेनिंग ऑन कन्वर्जेंट एंड डायवर्जेंट थिंकिंग' . फ्रंटियर्स इन साइकोलॉजी , 2 अप्रैल 18:3:116, 2012.

डेविस, जेफरी. ट्रैकिंग वंडरः रिक्लेमिंग अ लाइफ ऑफ मीनिंग एंड पॉसिबिलिटी इन अ वर्ल्ड ऑब्सेस्ड विथ प्रोडक्टिविटी. कोलोराडोः साउंड्स ट्रू, 2021.

ड्रोस्किन, हेल. 'थॉट्स डोंट थिंक' . पॉडकास्ट 'लेटिंग गो एंड द ग्रेटेस्ट सीक्रेट' , 30 अगस्त 2021.

ईगल, जैक और एम्स्टर, माइकल. द पावर ऑफ ऑ. लंदनः येलो काइट, 2023.

फ़ेहमी, लेस और रॉबिंस, जिम. द ओपन फ़ोकस ब्रेनः हार्वेस्टिंग द पावर ऑफ अटेंशन टू हील माइंड एंड बॉडी.कोलोराडोः शम्भाला पब्लिकेशन्स, 2007.

फ़ॉग, बी.जे. टाइनी हैबिट्सः व्हाई स्टार्टिंग स्मॉल मेक्स लास्टिंग चेंज ईज़ी. लंदनः पेंगुइन रैंडम हाउस.

फ़ोरमैन, चाड. 'दि इनक्रेडिबल माइंड-ऑल्टरिंग मेडिटेशन ऑफ स्काई गेज़िंग एंड हाउ टू डू इट'. द वे ऑफ मेडिटेशन, 9 दिसंबर 2015.

फ़ोस्टर, जेफ़. 'व्हेन यू स्टॉप रनिंग अवे'. lifewithoutcentre. com, 1 अक्टूबर 2018.

फ्रेडरिकसन, बारबरा. पॉज़िटिविटीः ग्राउंडब्रेकिंग रिसर्च टु रिलीज़ योर इनर ऑप्टिमिस्ट एंड थ्राइव. ऑक्सफ़ोर्डः वन वर्ल्ड पब्लिकेशन्स, 2010.

किंडल.

गेलब, जे. माइकल. हाउ टु थिंक लाइक लियोनार्डो दा विंची. न्यू यॉर्क: पेंगुइन रैंडम हाउस, 1998.

गिल्बर्ट, एलिज़ाबेथ. बिग मैजिक: क्रिएटिविटी लिविंग बियॉन्ड फ़ियर. न्यू यॉर्क: पेंगुइन रैंडम हाउस, 2015.

ग्लेनी, एवलिन. 'हाउ टु ट्रूली लिसन'. मार्च 14, 2007, यूट्यूब.

गोलेमन, तारा बेनेट. इमोशनल अल्केमी. न्यू यॉर्क: हार्मनी बुक्स, 2001. किंडल.

गोलेमन-बेनेट, तारा. माइंड व्हिस्परिंग: अ न्यू मैप टु फ्रीडम फ्रॉम सेल्फ़-डिफ़ीटिंग इमोशनल हैबिट्स. न्यू यॉर्क: हार्पर कॉलिन्स.

गुडे, ग्रेग. स्टैंडिंग ऐज़ अवेयरनेस: द डायरेक्ट पाथ. बाथ, यूके: नॉन-डुएलिटी प्रेस, 2009.

ग्रीनस्पैन, मिरियम. हीलिंग थ्रू द डार्क इमोशन्स: द विजडम ऑफ ग्रीफ, फियर, एंड डिस्पेयर. कोलोराडो: शम्भाला पब्लिकेशन्स, 2004. किंडल.

हैनसन, रिक. हार्डवायरिंग हैप्पीनेस: हाउ टू रीशेप योर ब्रेन एंड योर लाइफ. लंदन: एबरी डिजिटल, 2013. किंडल.

हार्डिंग, डगलस. फेस टू नो-फेस: रिडिस्कवरिंग आवर ओरिजिनल नेचर. नॉर्थ कैरोलिना: लुलु प्रेस, 2020. किंडल.

हार्डिंग, केली. द रैबिट इफेक्ट: लिव लॉन्गर, हैप्पियर एंड हेल्दीयर बाय द ग्राउंडब्रेकिंग साइंस ऑफ काइंडनेस. न्यू यॉर्क: एट्रिया बुक्स, 2016.

हेंड्रिक्स, गे. द बिग लीप: कॉन्कर योर हिडन फियर एंड टेक लाइफ टू द नेक्स्ट लेवल. सैन फ्रांसिस्को: हार्परवन, 2009.

हिल, ऑस्टिन शॉ. 'क्रिएटिविटी मैटर्स: मिशन.' एक्सेस्ड 11 नवंबर 2023, https://austinhillshaw.com/.

हौगार्ड, रासमुस, एट अल. 'माइंडफुल लीडरशिप: अचीविंग रिजल्ट्स बाय मैनेजिंग द माइंड.' लीडर टू लीडर, 2016(79): 49–56.

जॉयस, जेम्स. डबलिनर्स—अ पेनफुल केस. लंदन: ग्रांट रिचर्ड्स, 1914.

जस्टर, नॉर्टन. द फैंटम टोलबूथ. लंदन: हार्पर कॉलिन्स, 1961. किंडल.

कॉफमैन, ए. कीथ. माइंडफुल स्पोर्ट परफॉर्मेंस एनहांसमेंट: मेंटल ट्रेनिंग फॉर एथलीट्स एंड कोचेस. वाशिंगटन डी. सी.: अमेरिकन साइकोलॉजिकल एसोसिएशन, 2017. किंडल.

केली, लोच. शिफ्ट इनटू फ्रीडम: द साइंस एंड प्रैक्टिस ऑफ ओपन-हार्टेड अवेयरनेस. कोलोराडो: साउंड्स ट्रू, 2015.

केल्टनर, डैचर. दि ट्रांसफॉर्मेटिव पावर ऑफ एव्रीडे वंडर. लंदन: एलन लेन, 2023.

किलिंग्सवर्थ, ए. मैथ्यू, गिल्बर्ट, टी. डैनियल. 'अ वांडरिंग माइंड इज़ एन अनहैप्पी माइंड.' साइंस, 330, 932 (2010).

किलोबी, स्कॉट. नेचुरल रेस्ट फॉर एडिक्शन: अ रेवोल्यूशनरी वे टू रिकवर थ्रू प्रेजेंस. बाथ, यूके: नॉन-डुअलिटी प्रेस, 2017.

किर्स्टन, नेफ डॉ. 'सेल्फ-कंपैशन एंड 3 कंपोनेंट्स ऑफ सेल्फ-कंपैशन.' www.self-compassion.org.

कोटलर, स्टीव. दि आर्ट ऑफ इम्पॉसिबल: अ पीक परफॉर्मेंस प्राइमर. सैन फ्रांसिस्को: हार्परवन, 2021.

कुक, क्रिस्टोफर एल. द कम्पैशनेट अचीवर: हाउ हेल्पिंग अदर्स फ्यूल्स सक्सेस. सैन फ्रांसिस्को: हार्परवन, 2017.

लेसर, एलिजाबेथ. ब्रोकन ओपन: हाउ डिफिकल्ट टाइम्स कैन हेल्प अस ग्रो. न्यू यॉर्क: रैंडम हाउस, 2004.

लॉर्ड, ऑड्रे. 'द ट्रांसफॉर्मेशन ऑफ साइलेंस इनटू एक्शन एंड लैंग्वेज'.

लुबोमिर्स्की, सोनिया. द हाउ ऑफ हैप्पीनेस. न्यू यॉर्क: पेंगुइन बुक्स, 2007.

मां, अमोदा. 'द ज्वेल विदिन द डार्कनेस'. मार्च 23, 2022. ब्लॉग.

मां, अमोदा. एम्बॉडीड एनलाइटनमेंट: लिविंग योर अवेकनिंग इन एव्री मोमेंट. सीए: न्यू हार्बिंगर, 2017.

मॅकआर्थर, रॉबिन मैरी. 'द करेज टू राइट: ऑन द रेडिकल जेनरोसिटी ऑफ लेटिंग योरसेल्फ बी सीन'. जनवरी 28, 2022 (लिटरेरी हब).

मार्दुरानो, जेनिस. फाइंडिंग द स्पेस टू लीड: अ प्रैक्टिकल गाइड टू माइंडफुल लीडरशिप. न्यू यॉर्क: ब्लूम्सबरी प्रेस, 2014.

मास्टर्स, रॉबर्ट. इमोशनल इंटिमेसी: अ कॉम्प्रिहेंसिव गाइड फॉर कनेक्टिंग विद द पावर ऑफ योर इमोशन्स. कोलोराडो: साउंड्स टू, 2013. किंडल.

मेकिंग, ओल्गा. निक्सन: एम्ब्रेसिंग द डच आर्ट ऑफ डूइंग नथिंग. लंदन: पियाटकस, 2010.

मीना श्रीनिवासन. टीच, ब्रीद, लर्न: माइंडफुलनेस इन एंड आउट ऑफ द क्लासरूम. सीए: पैरेलेक्स प्रेस, 2014.

नेपो, मार्क. फाइंडिंग इनर करेज. ओरेगन: हेरॉन बुक्स, 2012.

ओस्टाफिन, बी. डी. एंड कासमैन, के. टी. 'स्टेपिंग आउट ऑफ हिस्ट्री: माइंडफुलनेस इम्प्रूव्स इनसाइट प्रॉब्लम सॉल्विंग.' कॉन्शियसनेस एंड कॉग्निशन, 21, 2012, पीपी. 1031-6.

ओस्तासेस्की, फ्रैंक. द फाइव इन्विटेशन्स: डिस्कवरिंग व्हाट डेथ कैन टीच अस अबाउट लिविंग फुल्ली. न्यू यॉर्क: फ्लैटिरॉन बुक्स, 2017.

पामर, पार्कर. 'द गिफ्ट ऑफ प्रेजेंस: द पेरिल्स ऑफ एडवाइस.' ऑन बीइंग विद क्रिस्टा टिपेट.

पैकेट, जोनाह. ऑस्ट्रक: हाउ एम्ब्रेसिंग वंडर कैन मेक यू हैप्पीयर, हेल्दीयर, एंड मोर कनेक्टेड. कोलोराडो: शम्भाला पब्लिकेशन्स, 2020.

पेमा चोड्रोन. व्हेन थिंग्स फॉल अपार्ट: हार्ट एडवाइस फॉर डिफिकल्ट टाइम्स. कोलोराडो: शम्भाला पब्लिकेशन्स, 1996.

पेनमैन, डैनी डॉ. माइंडफुलनेस फॉर क्रिएटिविटी: अडैप्ट, क्रिएट एंड थ्राइव इन अ फ्रैंटिक वर्ल्ड. लंदन: पियाटकस, 2015.

फिल जैक्सन एंड ह्यूग डेलेहैंटी. इलेवन रिंग्स. न्यू यॉर्क: पेंगुइन प्रेस, 2013.

प्लेट, हीथर. द आर्ट ऑफ होल्डिंग स्पेस: अ प्रैक्टिस ऑफ लव, लिबरेशन, एंड लीडरशिप. वैंकूवर: पेज टू, 2020.

प्रेंडरगैस्ट, जे. जॉन. द डीप हार्ट: आवर पोर्टल टू प्रेजेंस. कोलोराडो: साउंड्स टू, 2019.

रिनपोचे, पोंलोप. इमोशनल रेस्क्यू: हाउ टू वर्क विद योर इमोशन्स टू ट्रांसफॉर्म हर्ट एंड कन्फ्यूजन इनटू एनर्जी दैट एम्पावर्स यू. न्यू यॉर्क: पेंगुइन रैंडम हाउस, 2016.

रोम, आई. डेविड. योर बॉडी नोज़ द आंसर. बोस्टन: शम्भाला पब्लिकेशन्स,

2014.

रोज़ेनबर्ग, जोन. 90 सेकंड्स टू अ लाइफ यू लवः हाउ टू टर्न डिफिकल्ट फीलिंग्स इनटू रॉक सॉलिड कॉन्फिडेंस. लंदनः येलो काइट, 2022

रुबिन, जेफरी. फॉरवर्ड टू कैचिआटोर जोआन. बेयरिंग द अनबेयरेबल. सोमरविले, एमएः विज़डम पब्लिकेशन्स, 2017

सेलिगमैन, मार्टिन. फ्लोरिशः अ न्यू अंडरस्टैंडिंग ऑफ हैप्पीनेस एंड वेल-बीइंग. लंदनः निकोलस ब्रेली पब्लिशिंग, 2011

सेप्पाला, एम्मा. द हैप्पीनेस ट्रैकः हाउ टू अप्लाई द साइंस ऑफ हैप्पीनेस टू एक्सेलरेट योर सक्सेस. न्यू यॉर्कः हार्परवन, 2016

शर्मा, रॉबिन. द मोंक हू सोल्ड हिज़ फेरारी. सैन फ्रांसिस्कोः हार्पर, 1999

शर्मा, सुजाता. अ ड्रैगनफ्लाईज़ पर्पस. चेन्नईः नोशन प्रेस, 2019

शिओटा, मिशेल. 'ऑ, वंडर, एंड द ह्यूमन माइंड' इन एनल्स ऑफ द न्यू यॉर्क एकेडमी ऑफ साइंसेस, मार्च 4, 2021

सिंगर, माइकल ए. द सरेंडर एक्सपेरिमेंटः माय जर्नी इनटू लाइफ'स परफेक्शन. लंदनः येलो काइट, 2015

साउंड्स टूः इनसाइट्स एट द एज - गूगल पॉडकास्ट. टैमी साइमन एंड मार्क नेपो

स्पाइरा, रूपर्ट. यू आर द हैप्पीनेस यू सीक. ऑक्सफोर्डः सहज पब्लिकेशन्स, 2018

टेलर, जिल बोल्टे. माय स्ट्रोक ऑफ इनसाइटः अ ब्रेन साइंटिस्ट'स पर्सनल जर्नी. लंदनः होडर एंड स्टॉटन लिमिटेड, 2006

द वर्क ऑफ बायरन केटी. [www.thework.com]

टोल, एकहार्ट. अ न्यू अर्थः क्रिएट अ बेटर लाइफ. लंदनः पेंगुइन बुक्स, 2009

टोल, एकहार्ट. द पावर ऑफ नाउ. सीएः न्यू वर्ल्ड लाइब्रेरी, 2004

वाह्बा, ओरली. काइंडनेस बूमरैंगः हाउ टू सेव द वर्ल्ड थ्रू 365 डेली एक्ट्स. न्यू यॉर्कः फ्लैटिरॉन बुक्स, 2017

Bibliography (In English)

Achor, Shawn. The Happiness Advantage: The Seven Principles that Fuel Success and Performance at Work. New York: Penguin Random House, 2010.

Ardagh, Arjuna. Radical Brilliance: The Anatomy of How and Why People Have Original Life-changing ideas. SelfXPress, Kindle.

Babauta, Leo. 'The Ridiculously Awesome Practice of Surrendering.' Zen Habits. Accessed 11 November 2023, www.zenhabits.net.

Bach, Tara. 'Transforming Two Fears: FOF and FOMO.' March 24, 2021. [Video] https://youtu.be/pXNEM4wjSmE

Bain, Barnet. The Book of Doing and Being: Rediscovering Creativity in Life, Love, and Work. New York: Atria, 2015.

Bindra, Abhinav. 'Lot of People Suffer from Mental Crisis Trying to Handle Failure, in My Case, It Was Success.' The Indian Express, March 13, 2021.

Brach, Tara. 'Living with Courageous Presence.' February 9, 2019. https://www.tarabrach.com/courageous-presence/

Brenner, Gail. The End of Self-Help. USA: Ananda Press, 2015. Kindle.

Brown, Brené. Daring Greatly: How the Courage to Be Vulnerable Transforms the Way We Live, Love, Parent, and Lead. New York: Gotham Books, 2012.

Bryant, Fred B., Veroff, Joseph. Savoring: A New Model of Positive Experience. New York: Psychology Press, 2007.

Burch, Vidyamala. Living Well with Pain and Illness. Colorado: Sounds True, 2010.

Byrne, Rhonda. The Greatest Secret. London: Thorsons, 2020. Kindle.

Cameron, Kim, et al. 'Effects of Positive Practices on Organizational Effectiveness.' Journal of Applied Behavioral Sciences 47, no. 3 (2011): 266–308.235

Chödrön, Pema. The Places That Scare You. Massachusetts: Element, 2013. Kindle.

Chödrön, Pema. Welcoming the Unwelcome: Wholehearted Living in a Brokenhearted World. Colorado: Shambhala Publications, 2019.

Chödrön, Pema. When Things Fall Apart: Heart Advice for Difficult Times. Massachusetts: Element, 2013. Kindle.

Clear, James. Atomic Habits: An Easy and Proven Way to Build Good Habits and Break Bad Ones. New York: Avery, 2018.

Colzato, L.S., Oztruck, A., and Hommel, B. 'Meditate to Create: The Impact of Focused-Attention and Open Monitoring Training on Convergent and Divergent Thinking.' Frontiers in Psychology, 2 April 18:3:116, 2012.

Davis, Jeffrey. Tracking Wonder: Reclaiming a Life of Meaning and Possibility in a World Obsessed with Productivity. Colorado: Sounds True, 2021.

Dwoskin, Hale. 'Thoughts Don't Think.' Podcast 'Letting Go and the Greatest Secret,' Aug 30, 2021.

Eagle, Jack and Amster, Michael. The Power of Awe. London: Yellow Kite, 2023.

Fehmi, Les and Robbins, Jim. The Open Focus Brain: Harvesting the Power of Attention to Heal Mind and Body. Colorado: Shambhala Publications, 2007.

Fogg, B.J. Tiny Habits: Why Starting Small Makes Lasting

Change Easy. London: Penguin Random House.

Foreman, Chad. 'The Incredible Mind-Altering Meditation of Sky Gazing and How to Do It.' The Way of Meditation, 9 December 2015.

Foster, Jeff. 'When You Stop Running Away.' lifewithoutcentre. com, October 1, 2018.

Fredrickson, Barbara. Positivity: Groundbreaking Research to Release Your Inner Optimist and Thrive. Oxford: One World Publications, 2010. Kindle.

Gelb, J. Michael. How to Think Like Leonardo da Vinci. New York: Penguin Random House, 1998.

Gilbert, Elizabeth. Big Magic: Creativity Living Beyond Fear. New York: Penguin Random House, 2015.

Glenie, Evelyn. 'How to Truly Listen.' March 14, 2007, YouTube.

Goleman, Tara Bennet. Emotional Alchemy. New York: Harmony Books, 2001. Kindle.

Goleman-Bennet, Tara. Mind Whispering: A New Map to Freedom from Self-Defeating Emotional Habits. New York: Harper Collins.

Goode, Greg. Standing as Awareness: The Direct Path. Bath, UK:Non-Duality Press, 2009.

Greenspan, Miriam. Healing through the Dark Emotions: The Wisdom of Grief, Fear, and Despair. Colorado: Shambhala Publications, 2004. Kindle.

Hanson, Rick. Hardwiring Happiness: How to Reshape Your Brain and Your Life. London: Ebury Digital, 2013. Kindle.

Harding, Douglas. Face to No-Face: Rediscovering Our Original Nature. North Carolina: Lulu Press, 2020. Kindle.

Harding, Kelli. The Rabbit Effect: Live Longer, Happier and Healthier by the Groundbreaking Science of Kindness. New York: Atria Books, 2019.

Hendricks, Gay. The Big Leap: Conquer Your Hidden Fear and Take Life to the Next Level. San Francisco: HarperOne, 2009.

Hill, Austin Shaw. 'Creativity Matters: Mission.' Accessed 11 November 2023, https://austinhillshaw.com/.

Hougaard, Rasmus, et al. 'Mindful Leadership: Achieving Results by Managing the Mind.' Leader to Leader, 2016(79): 49–56.

Joyce, James. Dubliners—A Painful Case. London: Grant Richards, 1914.

Juster, Norton. The Phantom Tollbooth. London: Harper Collins, 1961. Kindle.

Kaufman, A. Keith. Mindful Sport Performance Enhancement: Mental Training for Athletes and Coaches. Washington D. C.: American Psychological Association, 2017. Kindle.

Kelly, Loch. Shift into Freedom: The Science and Practice of Open- Hearted Awareness. Colorado: Sounds True, 2015.

Keltner, Dacher. The Transformative Power of Everyday Wonder.London: Allen Lane, 2023.

Killingsworth, A. Mathew, Gilbert, T. Daniel. 'A Wandering Mind is an Unhappy Mind.' Science, 330, 932 (2010).

Kiloby, Scott. Natural Rest for Addiction: A Revolutionary Way to Recover Through Presence. Bath, UK: Non-Duality Press, 2017.

Kirsten, Neff Dr. 'Self-Compassion and 3 Components of Self- Compassion.' www.self-compassion.org.

Kotler, Steve. The Art of Impossible: A Peak Performance Primer.San Francisco: HarperOne, 2021.

Kukk, Christopher L. The Compassionate Achiever: How Helping Others Fuels Success. San Francisco: HarperOne, 2017.

Lesser, Elizabeth. Broken Open: How Difficult Times Can Help Us Grow. New York: Random House, 2004.

Lorde, Audre. 'The Transformation of Silence into Action and Language.'

Lyubomirsky, Sonja. The How of Happiness. New York: Penguin Books, 2007.

Maa, Amoda. 'The Jewel within the Darkness.' March 23, 2022. Blog.

Maa, Amoda. Embodied Enlightenment: Living Your Awakening in Every Moment. CA: New Harbinger, 2017.

Macarthur, Robin Marie. 'The Courage to Write: On the Radical Generosity of Letting Yourself Be Seen.' January 28, 2022 (Literary Hub).

Marturano, Janice. Finding the Space to Lead: A Practical Guide to Mindful Leadership. New York: Bloomsbury Press, 2014.

Masters, Robert. Emotional Intimacy: A Comprehensive Guide for Connecting with the Power of Your Emotions. Colorado: Sounds True, 2013. Kindle.

Mecking, Olga. Niksen: Embracing the Dutch Art of Doing Nothing.London: Piatkus, 2010.

Meena Srinivasan. Teach, Breathe, Learn: Mindfulness In and Out of the Classroom. CA: Parallax Press, 2014.

Nepo, Mark. Finding Inner Courage. Oregon: Heron Books, 2012.

Ostafin, B. D. and Kassman, K. T. 'Stepping out of History: Mindfulness Improves Insight Problem Solving.' Consciousnessand Cognition, 21, 2012, pp. 1031–6.

Ostaseski, Frank. The Five Invitations: Discovering What Death Can Teach Us About Living Fully. New York: Flatiron Books, 2017.

Palmer, Parker. 'The Gift of Presence: The Perils of Advice.' On Being with Krista Tippet.

Paquette, Jonah. Awestruck: How Embracing Wonder Can Make You Happier, Healthier, and More Connected. Colorado: Shambhala Publications, 2020.

Pema Chödrön. When Things Fall Apart: Heart Advice for Difficult Times. Colorado: Shambhala Publications, 1996.

Penman, Danny Dr. Mindfulness for Creativity: Adapt, Create and Thrive in a Frantic World. London: Piatkus, 2015.

Phil Jackson and Hugh Delehanty. Eleven Rings. New York: Penguin Press, 2013.

Plett, Heather. The Art of Holding Space: A Practice of Love, Liberation, and Leadership. Vancouver: Page Two, 2020.

Prendergast, J. John. The Deep Heart: Our Portal to Presence.Colorado: Sounds True, 2019.

Rinpoche, Ponlop. Emotional Rescue: How to Work with Your Emotions to Transform Hurt and Confusion into Energy That Empowers You. New York: Penguin Random House, 2016.

Rome, I. David. Your Body Knows the Answer. Boston: Shambhala Publications, 2014.

Rosenberg, Joan. 90 Seconds to a Life You Love: How to Turn Difficult Feelings into Rock Solid Confidence. London: Yellow Kite, 2022.

Rubin, Jeffrey. Foreword to Cacciatore Joanne. Bearing the Unbearable. Somerville, MA: Wisdom Publications, 2017.

Seligman, Martin. Flourish: A New Understanding of Happiness and Well-Being. London: Nicholas Brealey Publishing, 2011.

Seppala, Emma. The Happiness Track: How to Apply the Science of Happiness to Accelerate Your Success. New York: HarperOne, 2016.

Sharma, Robin. The Monk Who Sold His Ferrari. San Francisco: Harper, 1999.

Sharma, Sujata. A Dragonfly's Purpose. Chennai: Notion Press, 2019.

Shiota, Michelle. 'Awe, Wonder, and the Human Mind' in Annals of the New York Academy of Sciences, March 4, 2021.

Singer, Michael A. The Surrender Experiment: My Journey into Life's Perfection. London: Yellow Kite, 2015.

Sounds True: Insights at the Edge - Google Podcast. Tami Simon and Mark Nepo.

Spira, Rupert. You Are the Happiness You Seek. Oxford: Sahaja Publications, 2018.

Taylore, Jill Bolte. My Stroke of Insight: A Brain Scientist's Personal Journey. London: Hodder and Stoughton Ltd, 2006.

The Work of Byron Katie. www.thework.com

Tolle, Eckhart. A New Earth: Create a Better Life. London: Penguin Books, 2009.

Tolle, Eckhart. The Power of Now. CA: New World Library, 2004.

Wahba, Orly. Kindness Boomerang: How to Save the World Through 365 Daily Acts. New York: Flatiron Books, 2017.